零壹智库出品
01caijing.com

零壹财经书系
主编：柏亮

2017 金融科技发展报告 2017

零壹财经·零壹智库◎著　孙爽◎统筹

電子工業出版社
Publishing House of Electronics Industry
北京•BEIJING

—本书编写人员—

研究单位： 零壹财经·零壹智库

课题组组长： 孙　爽

课题组成员： 孙　爽　王　晶　郭　竞　蒋　慧
李万赋　蒋金楠　吴　静

战略合作单位： 宜　信　大数金融　明特量化

研究支持单位： 夸客金融　前隆金融　信和大金融

总　序

零壹智库：探索新金融的广度与深度

“零壹财经”是一个专注于互联网金融研究的团队。我们希望“零壹财经”的每一本书都淳朴、大方、谦卑、有力量。

这是四年前我为“零壹财经书系”所写序言的最后一句话。四年来，“零壹财经书系”出版了近 20 本“互联网金融+”专业书籍，很多朋友跟我说，它已经成为金融领域最具吸引力和影响力的阅读品牌之一。

但是，我们变了。

第一，零壹财经作为一家机构，它的业务已经从互联网金融研究升级为“新金融成长服务”（当然，互联网金融研究依然是我们的一项核心工作）。

第二，与之相应，零壹财经的研究范畴，扩大到“新金融”——在技术革新和市场变迁中不断诞生的新型金融业务及其伴生服务。

第三，我们成立了“零壹智库”。在零壹财经自身研究团队基础上，建立了学术委员会、特约研究员、青年学者计划等丰富的学术研究平台，共同打造一流的新金融智库。除了零壹财经研究团队的专业著作以外，我们也出版智库其他学术成员的优秀著作。

我们也没变。我们坚持“01 思维”：

第一，在研究和思考问题时，回归到“无”的状态（0），清零先入之见，用数据、事实描述事物的基本面目。

第二，关注事物的初始状态（1），尽最大努力厘清它的来龙去脉，注重基础、探望前沿。

以开放的心态，沉浸于新金融世界。求其变，知其不变。

我们现在这样向您介绍：我们专注于新金融研究，不仅仅是一个团队，而是智库平台。我们依然希望零壹智库的每一本书都淳朴、大方、谦卑、有力量。

零壹财经创始人兼 CEO　柏 亮

序 ›

金融科技，打开一个怎样的时代

我们动态地理解金融科技，它是一个时代概念，而不是一个行业概念。

全球金融稳定理事会对金融科技（Financial Technology，Fintech）的定义如下：泛指通过技术手段推动金融创新，对金融市场、机构和服务产生重大影响的业务模式、技术应用、流程和产品。

这是目前被引用最广泛的定义。这也是一个不得已的定义，因为它几乎无所不包，似乎挑不出毛病，但是也不免失之宽泛。其实，任何静态地定义金融科技的尝试都是非常困难的：金融科技带有强烈的技术特征，而“技术手段推动”几乎能够涵盖一切，因为技术手段是日新月异变化的。

我们从另一个角度来看“金融科技”：它作为一个概念的时代特征是什么？这些时代特征在当下比较突出的落脚点在哪里？

直观地看，“金融科技”的兴起是最近3~5年的事情，尤其是最近两年，它成为泛金融界使用频率最高的词汇之一。

第一，它充分运用了移动互联网，这使得金融服务人群的极速扩张具有明显的历史阶段性特征。

互联网对金融的改造已经非常深远，但是移动互联网是一次新的飞跃，它从两个角度深刻地改变了金融（尤其是个人金融）的形态和效率：

一是使金融服务脱离了地理限制，不仅仅是从网点脱离出来（这一点 PC 互联网也能做到），而是从任何固定地理位置解放出来，成为随时随地的服务。

二是移动互联网的普及使金融服务人群急剧下沉、快速扩张，这在中国等发展中国家尤其明显，它极大程度地改变了金融市场的结构，这种改变是历史性的。

第二，数据成为最重要的金融资源，金融风险定价进入全新时代。

数据已经成为最重要的金融资源。互联网使市场主体的行为高度数据化，移动互联网使智能设备成为“人”的一部分，人的行为既是数据源，也是数据的结果。金融业成为资金和数据合力形成的新生态。你会发现，最近几年，围绕金融业形成了大批新公司，它们几乎都在为金融业做一件事：“弄”数据——数据采集与交易、获客、征信、反欺诈、评分、评级、资产结构化，等等。它们使金融业在两个方面实现了本质上的提升：交易效率的提升和风险定价的精准性。

第三，人工智能重塑金融“行为”，金融市场会进入更“有效”的时代吗？

智能化在很大程度上依赖数据化，也在另一个维度改变了金融业：理性与人性。在很长时间内金融理论都构建在经济人假设上：人是理性的，市场是有效的。无论是大型金融危机还是微观交易事件，都一再推翻这个假设。近些年，“动物精神”成为经济学的热门话题，“行为经济学”再度获得诺贝尔经济学奖，这些都是经济学界的反思，它试图重新发现经济现实中的人性。人性中的非理性因素是市场波动的重要原因，一些经济学家甚至认为它是金融危机的根源。那么，人工智能，一种不断接近人的思维能力却没有人的非理性因素的“人”，成为金融业务中的“决策者”，是否会让金融市场变成“经济人”的“有效市场”呢？人们不得不重新思考这个问题。

第四，数字货币和区块链的萌芽中，可能酝酿着下一个金融科技时代。

技术对金融的改变，是从微观开始的，是微观变革的积聚、发酵和突破。其中一些革命性的技术和模式虽然还在萌芽期，发展也不稳定，但有可能改变未来的金融格局。典型的例子是数字货币。它从技术实现方式、市场主体和运营体系等维度为全球支付体系提供了一种全新的可能性；而为支撑比特币运行而产生的区块链技术，开始作为一种独立的技术形态和思维方式发展起来，开始向广泛的金融领域和实体经济领域渗透扩展。支付体系和信息交换体系的全新变革，将为金融科技的下一阶段积蓄强大的动力。

第五，金融风险也进入“科技时代”。

金融如何创新，风险就会如何“创新”。金融发展的速度，也是风险积聚的速度，市场对新金融的热情，也是对风险敞开的大门。技术本身是中立的，它被一些人用于金融创新，也被一些人用于金融诈骗，它的速度和效率，它的运行方式，在不成熟的金融业态中，本身就是风险。它创新性强，破坏性也很大。

这些时代特征扎根在具体的业务和业态中。本书试图从发展历程、发展现状、新技术的应用、案例、监管、面临的挑战和发展趋势等方面剖析金融科技的几种典型业态：第三方支付、征信与风控、区块链与数字货币、互联网保险、智能理财、智能信贷、互联网众筹和智慧银行。

这远远不是金融科技的全部，它只是在 2017 年我们选取的几个样本。我们相信，2018 年，你还会看到金融科技时代不一样的特征，不一样的金融科技发展报告。

这是一个生机勃勃的时代，是一个危机四伏的时代，是一个创造的时代，也可能是一个毁灭的时代。

零壹财经创始人兼 CEO　柏 亮

目录 Contents

Chapter 1

第三方支付

一、发展历程

（一）探索期（1998—2005 年）

第三方支付机构的主要功能是提供多银行网关的接入和支付服务。1998 年，我国首家独立第三方支付平台——首信易支付（原首都电子商城网上支付平台）成立，是中国首家实现跨银行、跨地域提供多种银行卡在线交易的多功能网上支付服务平台。1999 年首信易支付在中国首创 B2C 第三方支付服务。目前首信易支付能直连 23 家全国性银行和中国银联核心支付系统，支持全国发行的银行卡和全球发行的国际信用卡，包括 VISA、MasterCard、AE 和 JCB 的在线支付。

2002 年 3 月，中国银行卡联合组织银联经国务院同意、中国人民银行批准设立，其通过银联跨行交易清算系统，实现商业银行系统间的互联互通和资源共享，保证银行卡跨行、跨地区和跨境的使用，解决了多银行接口承接问题。

2003 年，淘宝网推出支付宝服务。

（二）市场启动期（2005—2010 年）

2005 年，支付宝公司提出担保交易概念，以解决买卖双方之间可能存在的不信任问题，运作模式为：买家先付款到支付宝→支付宝收到买家付款后即时通知卖家发货→买家收货后如果满意即通知支付宝付款给卖家（不满意则由支付宝退款给买家）→卖家收到货款。支付宝的担保交易促进了中国电商的发展，2006 年，淘宝交易总量的市场占比由 9%上升到了 70%。2010 年 11 月，支付宝对外推出了针对非淘宝用户的独立担保交易模式，该功能主要针对非淘宝上购物的用户群，如论坛交易、个人交易等。

2009 年 11 月，支付宝推出手机支付服务。移动互联网对第三方支付的影响日益深刻。

2010 年年底，支付宝和工商银行、建设银行、中国银行合作，这三家银行在本行发行的信用卡中，为支付宝添加类似 MOTOpay[1]的功能，这是后来为人所熟知的“快捷支付”，其不仅改善了用户体验，而且使支付宝在事实上履行了银行卡清算功能。

（三）规范发展期（2010 年至今）

2010 年 6 月，央行发布《非金融机构支付服务管理办法》，该文件堪称我国非金融机构支付行业的“基本法”。

2013 年支付宝推出账户余额增值服务“余额宝”，开启互联网金融“元年”。2013 年年底，余额宝规模达 1853 亿元。

2014 年春节，微信凭借红包，通过熟人社交关系链，完成大规模用户绑卡，对支付宝的业务造成了相当大的冲击。

2015 年 7 月 18 日，由央行等印发的《关于促进互联网金融健康发展的指导意见》将互联网支付纳入“互联网金融”的发展，明确了其监管主体（央行）、定位和监管重点。

2016 年 4 月拉开大幕的互联网金融专项整治也将非银行支付机构纳入整治范畴，《非银行支付机构风险专项整治工作实施方案》印发。

表 1.1 所示为 2016 年第三方支付行业大事记。

---

[1] Mail Order and Telephone Order payment，信用卡远程收款系统，主要为商家与消费者解决非面对面交易的支付问题，用户通过电话或者网络进行支付时，只需填写自己的姓名、信用卡卡号、有效期及 CV2 码（安全校验码），随后银行进行代扣。

表 1.1　2016 年第三方支付行业大事记

时间	事件
2月	Apple Pay 入华
4月	《非银行支付机构风险专项整治工作实施方案》印发
6月	央行发布《银行卡清算机构管理办法》
7月	《非银行支付机构网络支付业务管理办法》实施；央行牵头的网联（线上支付统一清算平台）方案成型
8月	央行支付清算协会下发《条码支付业务规范》，正式承认二维码支付的地位
10月	央行发布《关于加强支付结算管理 防范电信网络新型违法犯罪有关事项的通知》
11月	蚂蚁金服和泰国支付企业 Ascend Money 签订战略合作协议，复制支付宝模式

资料来源：公开信息，零壹财经·零壹智库整理。

2017 年 3 月 31 日，非银行支付机构网络支付清算平台（“网联平台”）启动试运行，首批接入部分银行和支付机构。试运行期间，将验证网联平台的系统功能、业务规则和风控措施的完整性和有效性。试运行结束后，将按计划、分批次安排其他银行和支付机构陆续接入系统。网联首批接入四家商业银行和支付宝、财付通、网银在线，第二批包括快钱支付、平安付、百付宝等，以后每个月陆续接入技术筹备到位的银行和第三方支付机构。网联的上线意味着第三方支付将由银行直连模式过渡至第三方平台统一转接清算模式。

二、发展现状

（一）业务模式

根据央行印发的《非金融机构支付服务管理办法》，非金融机构支付服务主要包括网络支付、预付卡的发行与受理和银行卡收单三种业务。

- 网络支付业务指的是依托公共网络或专用网络在收付款人之间转移货币资金的行为，包括货币汇兑、互联网支付、移动电话支付、固定电话支付、数字电视支付等。
- 预付卡指的是以营利为目的发行的、在发行机构之外购买商品或服务的预付价值，包括采取磁条、芯片等技术以卡片、密码等形式发行的预付卡。
- 银行卡收单指的是通过销售点（POS）终端等为银行卡特约商户代收货币资金的行为。《银行卡收单业务管理办法》将“银行卡收单”界定为收单机构与特约商户签订银行卡受理协议，在特约商户按约定受理银行卡并与持卡人达成交易后，为特约商户提供交易资金结算服务的行为。

预付卡、固定电话支付和数字电视支付等细分业态由于消费者习惯的改变，市场规模已经大幅缩减。本书认为，我国第三方支付可以分为在线支付和线下收单两种业态，前者又可细分为PC端支付和移动支付两类。

（二）业务规模与竞争格局

根据中金公司研究部的测算，2016 年第三方支付整体交易规模（线下 POS 流水+线上交易规模）同比增长 73%至 87 万亿元，其中：①线下 POS 收单流水增长 54%至 22 万亿元，占整体比重约为 25%；②互联网支付金额（消费之外也包含金融产品购买/转账等）增长 81%至 65 万亿元，占整体比重约为 75%，其中 PC 端、移动端各占 29%、71%（分别增长了 36%、110%），如图 1.1 所示。

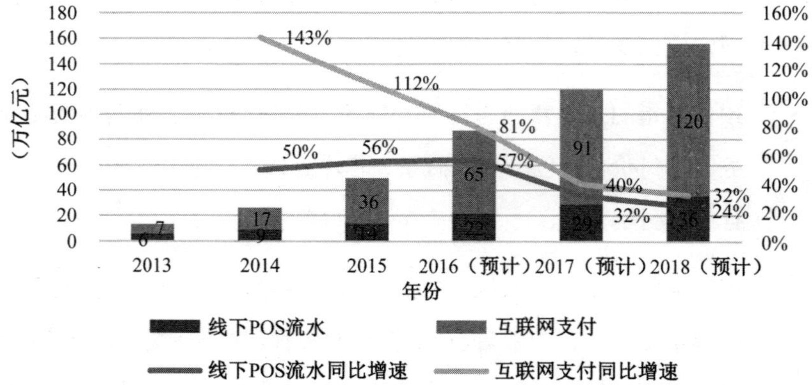

图 1.1　第三方支付交易规模

注：本图所指第三方支付仅考虑银行卡 POS 收单、互联网 PC 端及移动端支付。

资料来源：中国人民银行、支付清算协会、易观智库、中金公司研究部。

根据央行支付清算协会发布的《中国支付清算行业运行报告（2017）》，2016年商业银行处理网上支付业务金额达2084.95万亿元，同比增长3.31%；支付机构共处理网上支付业务金额为54.25万亿元，同比增长124.27%。在移动支付领域，商业银行共处理业务257.1亿笔，金额为157.55万亿元；支付机构处理移动支付业务970.51亿笔，金额为51.01万亿元。

三、新技术的应用

近年来，越来越多的金融机构和非金融机构在探索将区块链和生物识别技术等新技术应用于支付中。

（一）虚拟现实技术

虚拟现实（Virtual Reality，VR）技术，是一种可以创建和体验虚拟世界的计算机仿真系统，它利用计算机生成一种模拟环境，是一种多源信息融合的、交互式的三维动态视景和实体行为的系统仿真，使用户沉浸到该环境中。

2016年“双十一”期间，淘宝发行的buy+体验版是完整的VR购物、支付闭环，消费者可采用目光凝视进行密码输入完成VR支付，但是该支付方式耗时长，消费者使用体验有待改善。

（二）物联网

2017年2月16日，IBM和VISA公司宣布开启第一批合作项目，结合了IBM Watson物联网平台与认知能力，以及VISA的全球支付能力，让企业能够即刻在它们所有的产品线中嵌入安全、易用的数字支付功能。预计到 2020 年，IBM 和 VISA 能够支持全球多达 200 亿台互联设备上发生的商业和支付行为，让它们全部变成新的支付点。这种新的系统方案，让未来小到一只手表或单反相机，大到一部电器或一台汽车，用户都可以根据自己使用设备的情况来支付相应的费用。比如，应用上 IBM 与 VISA 合作的方案后，用户可以不用“买车”，而是让系统根据用户每天使用汽车的情况自动收费。

根据《移动金融产业年度报告（2016）》预计，到 2020 年，全球新增的物联网设备接入量将从 2016 年的 20 亿台增长到 240 亿台（包含 100 亿台个人智能设备）。采用上例中的方式与物流设备服务商合作也是我国支付机构可以考虑的方向。

（三）区块链

理论上，世界经济论坛（World Economic Forum，WEF）在 2016 年 8 月发布的报告《金融基础设施的未来：区块链重塑金融服务的野望》（*The future of financial infrastructure: An ambitious look at how blockchain can reshape financial services*）中提出，区块链的实时结算能通过降低流动性和运营成本来提高跨境支付的利润率，智能合约能通过驱动权利义务的履行和生成报告来减少运营错误、加粗结果的产出。该报告提出区块链应用于支付需要解决的问题包括：①通过标准的“了解你的客户（KYC）”流程确保合规；②确保用哈希加密算法来交换价值是合法的；③建立标准和确保协同能力。

实践中，部分第三方支付机构在探索将区块链应用于支付以外的事务中，直接将区块链应用于第三方支付业务中的机构尚不多见，其中较为知名的是蚂蚁金服将区块链应用于慈善的实践。2016 年 6 月，蚂蚁金服牵头的慈善平台 Ant Love 上线，其能将支付宝爱心捐赠平台上的区块链公益筹款项目中每一笔款项的操作记录在区块链上，用户可以查看具体捐赠记录、善款拨付发放情况。

（四）生物识别技术

目前在支付业务的很多流程中，消费者需要自行提交个人身份和交易信息（如用户名、密码、身份证、动态口令等），如果生物识别技术足够发达，这一流程可以被自动化，以加速支付流程和减少人工输入的错误。

根据央行支付清算协会发布的《2016 年移动支付用户调研报告》，超过 70%的用户能够接受使用生物识别技术来进行移动支付身份识别和交易验证，用户在使用生物识别技术进行移动支付身份识别和交易验证时，最担心的问题仍为个人隐私泄露及安全隐患，占比分别为 69.5%和 49.3%。

生物识别技术如何确保支付和个人信息的安全性仍有待探索，相关监管措施也有待研究。

1. 指纹识别

指纹是指人手指末端正面皮肤上凹凸不平的纹线，指纹识别是通过比较不同指纹的细节特征点（纹线的起点、终点、结合点和分叉点）来进行鉴别。指纹识别在支付中的应用已经较为广泛，早在 2014 年苹果和支付宝就推出了指纹支付功能，根据央行支付清算协会发布的《2016 年移动支付用户调研报告》，指纹是用户了解最多的生物识别技术。

2. 人脸识别

人脸识别是基于人的脸部特征信息进行身份识别的一种生物识别技术，用摄像机或摄像头采集含有人脸的图像或视频流，并自动在图像中检测和跟踪人脸，进而对检测到的人脸进行分析。这类识别方式具有唯一性、可测量、可自动识别与验证、终身不变等特点，因而能提供比密码、智能卡、令牌更高层级的安全保护。

2015 年，阿里巴巴集团董事局主席马云在汉诺威 CeBIT 展会上用一张自拍向观众演示了蚂蚁金服与 Face++联合研发的人脸识别技术。据蚂蚁金服专职研发生物识别技术的负责人透露，从 2015 年 7 月开始，人脸识别技术已经在支付宝重置密码、换绑手机、风险支付校验等功能中应用，比如，用户重置密码时，除了采用校验原密码、身份证号、银行卡信息、手机短信等信息外，用户还可以选择刷脸验证。

3. 虹膜识别

虹膜是位于人眼表面黑色瞳孔和白色巩膜之间的圆环状区域，具有唯一性、稳定性、非接触性等诸多优势。虹膜识别技术通过对比虹膜纹理特征之间的相似性，可有效确定人们的身份，是目前世界上最精准、最安全的生物识别技术之一，其准确性和稳定性或远超过指纹扫描和人脸识别。

2016 年 9 月，民生银行将虹膜识别技术应用于移动支付领域，可用于手机银行话费充值、便民缴费、商城支付等支付场景。此次民生银行上线的虹膜支付，是与中科院自动化研究所、北京中科虹霸科技有限公司联合开展的，是业内首次将虹膜识别技术应用于支付实践。

4. 声纹识别

声纹是用电声学仪器显示的携带言语信息的声波频谱。声纹识别是将声信号转换成电信号，再用计算机识别。

声纹识别在我国支付产业已有案例。2016 年 3 月，中国银联与得意音通签署“声纹识别身份验证服务合作协议”，利用得意音通的专利产品“声密保”，该服务将于近期开放。具体来说，“声密保”指身份认证时要求用户读出 8 位随机密码，系统通过语音识别技术判断用户读出的动态密码是否正确，同时通过声纹识别技术判断说话人是否正确，两种认证手段都通过时才判断认证通过，安全系数较高。

四、案例分析

（一）财付通

1. 发展历程

财付通平台于 2005 年 4 月上线，2011 年 5 月获得第三方支付牌照，是首批获得该牌照的企业之一，当前的业务类型为“互联网支付、移动电话支付、银行卡收单”。财付通还在 2012 年 4 月获得了基金支付牌照。在 2013 年 8 月，财付通联合微信发布了微信支付。

2. 发展现状

2016 年 12 月，腾讯移动支付的月活跃账户及日均支付交易笔数均超过 6 亿。根据企鹅智酷发布的《微信 2017 用户研究和商业机会洞察》，超市和便利店是目前微信支付最主要的场景，2016 年接近 40%的受访用户使用微信支付的总支出在 500 元以内，20%左右的为 500~1000 元，30%左右的为 1000~5000 元，只有 10%左右的为 5000 元以上。

市场份额方面，根据比达咨询提供的数据，2016 年中国第三方移动支付交易规模市场份额中，支付宝以 52.3%居首，财付通 33.7%位列第二。2016 年年底，马化腾在腾讯年会上宣布微信支付线下已经超越支付宝，成为线下最受欢迎的移动支付工具。

境外市场方面，2015 年 11 月 19 日，微信支付团队宣布将向境外商户全面开放微信支付功能。截至 2017 年 4 月，微信支付服务可在 19 个地区使用，可以用 10 种外币结算。

3. 产品和服务

财付通既有面向个人的服务，也有面向企业的服务。前者指的是财付通为微信支付和 QQ 钱包提供底层技术支持，后者指的是为 B2C 电商、餐饮、保险、互联网金融、航旅、零售、停车场、快递和交通等行业提供 Web 快捷支付、微信支付、手 Q 支付和企业批量付款等支付解决方案。

4. 企业特色

财付通的特点是背靠巨量 QQ 用户和微信用户，具有强烈的社交属性。通过 2014 年推出的微信红包功能，财付通堪称“一战成名”。此后，财付通陆续和滴滴打车、大众点评、京东等进行合作，不断增添应用场景。2017 年除夕，国人共收发微信红包 142 亿个。

（二）银联商务

1. 发展历程

2002 年 12 月，银联商务成立，其由 2002 年开业的银联控股，专门从事银行卡受理市场建设和提供综合支付服务。

2011 年 5 月 3 日，银联商务获得央行颁发的支付许可证，业务类型为互联网支付、移动电话支付、银行卡收单和预付卡受理。2016 年 5 月 3 日，银联的业务类型增加了“移动电话支付”一项。

2016 年 12 月，银联正式推出银联二维码支付标准，主要包括《中国银联二维码支付安全规范》和《中国银联二维码支付应用规范》两个规范，正式进军二维码支付市场。这是业内首次针对二维码支付出台的相应规范。

2. 发展现状

银联不仅是一家银行卡清算机构，其旗下还有银行卡收单机构银联商务。由于银联和银联商务皆未上市，与其有关的公开信息相对较少。

银联商务官方数据称，截至 2016 年 6 月底，该公司已在全国除台湾以外的所有省级行政区设立机构，市场网络覆盖全国 337 个地级以上城市，覆盖率为 100%，是国内最大的银行卡收单专业化服务机构。

据零壹财经报道[2]，2015 年银联商务收入达 57.7 亿元，净利润 6 亿元。目前中国银联及关联公司持有银联商务大约 60%的股份，其余主要股东为

---

[2] 零壹财经网，《估值 200 亿的银联商务要上市了，多家老股东选择退出》，http://www.01caijing.com/article/5014.htm。

光大控股、中信产业基金和雅戈尔集团。

3. 产品和服务[3]

(1)“开放式移动泛非接”受理网络系列O2O产品

2015年10月，银联商务正式推出了“开放式移动泛非接”受理网络[4]系列O2O产品。该网络系列O2O产品包括“POS通”“悦单”和“全民惠”三个子产品。

- “POS 通”是银联商务自主开发的移动支付产品，支持用户使用银行卡、银商虚拟账户、第三方钱包等多种支付介质进行支付，具有近场和远程两大支付功能。用户可以使用 NFC、扫码、手输串码的方式轻松在银联商务超过 500 万台 POS 上直接将手机贴近 POS 即可完成支付。此外，“POS 通”还支持优惠券+货币账户的组合支付。“POS通”包括用户手机插件和商户收银终端应用程序两部分，插件被接入各类APP，生成付款码和NFC支付信号；收银终端受理付款码或NFC支付信号。

---

[3] 该部分内容整理自《中国信用卡》杂志刊载的《银联商务：拥抱移动支付时代——银联商务有限公司总裁李晓峰访谈》一文。

[4] 指针对O2O场景支付服务需求，以POS受理网络为基础，紧贴消费者愈加注重支付环节的便利性与安全性的要求，以非接终端为受理机具，以手机为媒介，通过NFC、二维码、串码等多种近场交互方式发起支付，能够受理银行卡（非接）、各类电子账户以及虚拟票券，通过主机虚拟卡（HCE）技术实现支付账户安全数字化，为客户提供开放、安全、可靠的支付受理环境，为商户O2O业务提供营销、交易、管理等全方位服务。

- “悦单”产品具有支付快、停车快、积分快、核销快、购物快等特点，个人用户可以看到不同商户的详细消费账单信息，实时查询自己的消费明细，使用优惠支付方式，获取更多的优惠支付信息。
- “全民惠”是银联商务以轻应用形式在“全民付”手机客户端APP中叠加的一款优惠信息发布与核销平台，可连接银联商务“开放式移动泛非接”受理网络及百余家银行，基于地理位置和用户兴趣定制优惠活动，形成验证支付网络，搭建O2O全渠道体系。

（2）商户贷款和理财平台

2013 年，银联商务正式启动“天天富”互联网金融服务平台，与银行合作为商户提供流动资金现金管理和增值服务。目前“天天富”平台已拥有POS贷、信用卡、保理、T+0和理财类产品等多种选择，呈现出系列化、规模化发展趋势。截至2016年2月末，“天天富”融资产品累计融资金额超过1400亿元，理财产品吸引了2万余家商户开户，累计申购金额达143亿元。

4. 企业特色

银联商务作为银联控股子公司，业务范围广泛，服务种类多样。近年来，在创新业务方面的表现可圈可点，但其在移动支付、理财业务等多项业务上面临强劲的竞争。银联商务上市后，其在资金上将更有助力。

五、监管研读

2015年7月18日，央行、工信部、公安部、财政部、国家工商总局、国务院法制办、银监会、证监会、保监会和网信办十部门发布《关于促进互联网金融健康发展的指导意见》，提出互联网金融各业态的定义和宗旨，明确各业态的监管主体，提出"鼓励创新、防范风险、趋利避害、健康发展"的总体要求。该文件将"互联网支付"定义为"通过计算机、手机等设备，依托互联网发起支付指令、转移货币基金的服务"，并提出互联网支付要坚持服务电子商务发展，为社会提供小额、快捷、便民小微支付服务，明确互联网支付的监管主体是央行。

开展互联网支付的不只包括银行，还包括非银支付机构，本书主要讨论的是后者。

第三方支付，又名非金融机构/银行支付，是指独立于商户和银行，为商户和消费者提供支付服务的机构，是金融体系的基础设施。而金融业作为经营风险的行业，面临严格监管，支付行业也如此。

（一）监管政策梳理

2010 年 6 月，央行发布《非金融机构支付服务管理办法》，提出非金融机构支付服务是指非金融机构在收付款人之间作为中介机构提供下列部分或全部货币资金转移服务：①网络支付；②预付卡的发行与受理；③银行卡收单；④中国人民银行确定的其他支付服务，并明确提出对非金融机构从事支付业务实行牌照管理，提出《支付业务许可证》自颁发之日起，有效期 5 年[5]。

上述文件指明了我国非金融机构支付业务的各大细分业态。其后，针对各细分业态的《预付卡业务管理办法》《银行卡收单业务管理办法》和《非银支付机构网络支付业务管理办法》等文件先后发布（见表 1.2）。

表 1.2　近年来中国人民银行发布的关于第三方支付各细分业态的文件（部分）

业态	时间	文件名	文件内容
预付卡	2012 年 9 月	《预付卡业务管理办法》	明确了预付卡发行、受理、使用、充值、赎回和监管等方面的内容
银行卡收单	2013 年 7 月	《银行卡收单业务管理办法》	对收单机构的特约商户资质审核、业务检查、交易监测、信息安全及资金结算等环节的风险管理进行全面规范
	2015 年 6 月	《中国人民银行关于加强银行卡收单业务外包管理的通知》	加强与外包机构合作管理，强化收单机构管理责任；健全收单外包业务自律管理，维护收单市场秩序；加强自查整改和监督管理，严肃整顿收单市场秩序
	2016 年 3 月	《关于完善银行卡刷卡手续费定价机制的通知》[6]	发卡机构向收单机构收取的发卡行服务费由现行区分不同商户类别实行政府定价，对借记卡、贷记卡（含准贷记卡，下同）执行相同费率，改为不区分商户类别，实行政府指导价、上限管理，并对借记卡、贷记卡差别计费；收单机构向商户收取的收单手续费由现行政府指导价改为实行市场调节……该政策自当年 9 月 6 日起实施，被称为“96 费改”

---

[5] 2015 年 11 月，央行下发《关于<支付业务许可证>续展工作的通知》，明确《支付业务许可证》续展原则、续展材料要求、审慎续展情形、分支行工作机制及相关要求。还提出支付机构存在“十一种情形”中任一情形的，央行将采取包括指导其开展兼并重组、调整支付业务范围和支付覆盖区域、强制退出市场等监管措施。

[6] 该文件由央行和发改委联合发布。

续表

业态	时间	文件名	文件内容
银行卡收单	2017年2月	《中国人民银行关于持续提升收单服务水平规范和促进收单服务市场发展的指导意见》	提出鼓励收单机构服务创新，持续改善特约商户支付效率和消费者支付体验；加强特约商户和外包服务机构管理，强化收单机构管理责任；强化行业自律管理，共同维护收单服务市场秩序；加强监督管理，加大对违规行为的检查和处罚力度
网络支付	2014年3月	《中国人民银行支付结算司关于暂停支付宝公司线下条码（二维码）支付等业务意见的函》	提出立即暂停支付宝线下条码（二维码）支付、虚拟信用卡有关业务，全面评估线下条码（二维码）支付、虚拟信用卡的合规性和安全性。还提出按照属地监管原则，要求辖内商业银行、支付机构在推出创新产品与服务、与境外机构合作开展跨境支付业务时，应至少提前30日履行业务报备义务
	2015年12月	《非银支付机构网络支付业务管理办法》	支付账户分类、支付机构分类管理和支付机构不得为从事金融业务的机构开立支付账户，明确了支付机构开展网络支付业务的客户管理、业务管理、风险管理和客户权益保护等方面的内容
	2016年7月	《条码支付业务规范（征求意见稿）》[7]	央行2014年3月叫停二维码支付后首次官方承认二维码支付地位，明确了条码生成和受理、条码支付特约商户管理和风险管理等方面的内容

资料来源：公开信息，零壹财经·零壹智库整理。

2016年4月，央行发布《非银行支付机构分类评级管理办法》，提出支

[7] 该文件由央行支付清算协会发布。

付机构将被分为5类11级，央行将按照分类评级对支付机构进行差异化、针对性的监管措施，多次出现D、E类评级的机构将被暂停支付业务，直至注销牌照。

2016年4月，央行、中央宣传部、中央维稳办、发改委、工信部、公安部、财政部、住建部、工商总局、国务院法制办、国家网信办、国家信访局、最高人民法院和最高人民检察院发布《非银行支付机构风险专项整治工作实施方案》，其提出要按照安全与效率兼顾、鼓励创新与规范发展相结合、服务与监管并重、监管标准一致性的原则，促进支付机构坚持服务电子商务发展和为社会提供小额、快捷、便民小微支付服务的宗旨，坚守支付中介的定位和职能，同时清理整治无证机构，遏制市场乱象，优化市场环境。

上述专项整治工作的重点内容一方面是开展支付机构客户备付金风险和跨机构清算业务整治，包括加大对客户备付金问题的专项整治和整改监督力度，建立支付机构客户备付金集中存管制度，逐步取消对支付机构客户备付金的利息支出，规范支付机构开展跨行清算行为，按照总量控制、结构优化、提高质量、有序发展的原则，严格把握支付机构市场准入和监管工作；另一方面是开展无证经营支付业务整治，排查梳理无证机构名单及相关信息，并根据其业务规模、社会危害程度、违法违规性质和情节轻重分类施策，整治一批典型无证机构，发挥震慑作用，维护市场秩序。该方案确定了相关整治内容的职责分工和时间安排。

关于备付金，2013年6月，央行发布《支付机构客户备付金存管办法》，明确了备付金银行账户管理、客户备付金使用与划转等方面的内容。2017年1月，《中国人民银行办公厅关于实施支付机构客户备付金集中存管有关事项的通知》发布，其提出自 2017 年 4 月 17 日起，支付机构应将客户备付金按照一定比例交存至指定机构专用存款账户，该账户资金暂不计付利息。支付机构应交存客户备付金的金额根据上季度客户备付金日均余额与支付机构适用的交存比例计算得出，每季度调整一次，每季度首月 16 日完成资金划转（遇节假日顺延）。商业银行为支付机构交存的客户备付金不计入一般存款，不纳入存款准备金交存基数。

关于聚合支付，2017 年春节前夕，央行发布《关于开展违规“聚合支付”服务清理整治工作的通知》，提出收单机构与聚合技术服务商开展业务合作的，应严格遵守银行卡收单业务规定，切实承担收单主体责任，不得将商户资质审核、受理协议签订、资金结算、收单业务交易处理、风险监测、密钥管理等业务外包；不得允许聚合技术服务商以大商户模式入网。

关于跨境支付，相关监管机构出台了一系列政策：

- 2013 年 10 月，《国家外汇管理局综合司关于开展支付机构跨境电子商务外汇支付业务试点的通知》发布，其提出为积极支持跨境电子商务发展，规范支付机构跨境互联网支付业务，防范互联网渠道外汇支付风险，在上海、北京、重庆、深圳、浙江等地区开展试点，允许参加试点的支付机构集中为电子商务客户办理跨境收付汇和结售汇业务。

- 2014 年 2 月，央行上海总部发布《关于上海市支付机构开展跨境人民币支付业务的实施意见》，明确了开办业务主体、开办业务条件、备案材料、开业业务内容、备付金管理和风险管理等方面的内容。提出申请开办业务主体的支付许可范围包括互联网支付。

- 2015年1月，《国家外汇管理局关于开展支付机构跨境外汇支付业务试点的通知》发布，提出在全国范围内开展支付机构跨境外汇支付业务试点，将单笔交易限额由等值1万美元提升至5万美元，提出支付机构办理“贸易外汇收支企业名录”登记后可试点开办跨境外汇支付业务，提出申请试点的机构应具有《支付业务许可证》，许可业务范围应包括互联网支付。明确了试点业务申请、业务管理、账户管理、信息采集和监督核查等方面的内容。《国家外汇管理局综合司关于开展支付机构跨境电子商务外汇支付业务试点的通知》自《国家外汇管理局关于开展支付机构跨境外汇支付业务试点的通知》下发之日起废止。

（二）牌照发放情况

2011年5月，央行公布首批获得《支付业务许可证》的27家单位，包括支付宝、财付通、快钱等。根据央行支付清算协会发布的《中国支付清算行业运行报告（2017）》（以下简称《报告》），2017年4月，因注销、主动申请注销、不予续展和续展合并等因素，非银支付机构由270家缩减为255家。

另外，根据《报告》，截至2017年1月，人民银行共清理非法从事支付业务机构239家，部分已经移送公安部门处理，累计处罚13家违反客户备付金相关管理规定的支付机构，注销3家机构业务许可证（浙江易士、广东益民、上海畅购）如表1.3所示。

表 1.3　注销支付牌照的机构

机构名称	注销日期	注销前最新业务类型	注销原因
浙江易士企业管理服务有限公司	2015 年 8 月 24 日	预付卡发行与受理	一是通过直接挪用、向客户赊销预付卡、虚构后台交易等方式，大量违规挪用客户备付金，造成资金链断裂，预付卡无法使用，持卡人权益严重受损。二是伪造、变造支付业务、财务报表和资料，欺骗、掩饰资金流向。三是超范围违规发行网络支付产品
广东益民旅游休闲服务有限公司	2015 年 10 月 8 日	预付卡发行与受理	涉嫌以高息为诱向社会群众吸纳资金
上海畅购企业服务有限公司	2016 年 1 月 5 日	互联网支付（全国）、预付卡发行与受理（上海市、江苏省、浙江省、安徽省、山东省）	存在大量挪用客户备付金、伪造财务账册和业务报表等严重违规行为，扰乱支付服务市场秩序，且造成重大损失，严重损害客户合法权益，性质恶劣
北京润京搜索投资有限公司	2016 年 10 月 20 日	预付卡发行与受理	主动注销

资料来源：公开信息，零壹财经 • 零壹智库整理。

跨境支付方面，截至 2015 年年末，共有包括汇付天下、银联电子支付、拉卡拉等公司在内的 22 家第三方支付机构获得跨境支付牌照。

六、面临的挑战

（一）欺诈多发，交易安全性有待增强

第三方支付面临的一个巨大挑战是安全性有待提高。2016年，46.5%的移动支付用户担心安全隐患，42.6%的担心付款失败。在用户关心的问题中，安全性问题排在第一，52.4%的用户认为未来移动支付交易安全性还需加强[8]。

中国银联发布的《2016移动支付安全调查报告》提出，约有1/4的被调查者表示遭遇过网络诈骗并发生过损失。该报告显示，64%的被调查者曾使用手机号码同时注册多个账户，包括金融类账户、社交类账户和消费类账户等，其中遭遇过电信诈骗并发生损失的比例过半，高于平均水平。

目前我国已有针对支付业务中电信网络新型犯罪的相关政策，例如，2016年9月发布的《中国人民银行关于加强支付结算管理防范电信网络新型违法犯罪有关事项的通知》，央行要求相关加强账户实名制管理；加强转账管理；加强银行卡业务管理；强化可疑交易监测；健全紧急止付和快速冻结机制；加大对无证机构的打击力度；建立责任追究机制。

另外，二维码支付的风险也值得重视。举例来讲，2017年3月14日，中国银联发生首起扫码支付盗刷案件，浙江绍兴的吉先生银联钱包中绑定的6张信用卡一夜全部被盗，合计13289元，全部通过扫码支付，该事件引发了大量关注。

---

[8] 数据来自中国人民银行下属的支付清算协会发布的《2016年移动支付用户调研报告》。

（二）分业监管模式面临挑战，法律监管体系不完善

支付机构向综合化金融服务机构转型是我国第三方支付行业一个明显可见的趋势，然而我国的金融监管体系是分业监管制。如何解决这一矛盾，是我国支付业监管面临的挑战。例如，越来越多第三方支付机构为证券基金引流，此种行为至少涉及支付机构的监管主体央行和证券基金的监管机构证监会两方，对它的监管应该遵循实质性监管和功能监管的原则。

我国第三方支付不仅面临着上述行政监管的难题，还面临着法律监管设施不完善的问题。例如，我国没有专门的《支付结算法》，也没有专门的《金融消费者权益保护法》，相关问题亟待研究解决。

另外，中国银联《2016 移动支付安全调查报告》显示，用手机同时注册金融类账户及其他账户，如发生信息泄露，犯罪分子更易接管金融支付账户盗取资金。然而目前，我国尚未出台《个人信息保护法》等专门法律，支付业的个人信息保护问题十分值得重视。

七、发展趋势

（一）包括支付在内的各类业务向移动端迁移集成

根据中国互联网络信息中心（CNNIC）发布的第三十九次《中国互联网络发展状况统计报告》，截至 2016 年 12 月，中国使用网上支付的用户规模达到 4.75 亿，较 2015 年 12 月，网上支付用户规模增加了 5831 万人，年增长率为 14%。中国网民使用网上支付的比例从 60.5%提升至 64.9%。其中，

手机支付用户规模增长迅速，达到 4.69 亿，年增长率为 31.2%，网民手机网上支付的使用比例从 57.7%提升至 67.5%。

该报告指出，网络支付企业大力培育市场促使线下支付场景极大丰富，网民在饭馆、超市、便利店等线下实体店使用移动网络支付工具的习惯初步养成，网民在线下实体店使用手机支付结算的比例已达 50.3%，出门“无钱包”时代悄然开启，并且线下支付拥有较强的下潜力度，四、五线城市分别达到 43.5%和 38%，农村地区使用率已达 31.7%。

随着我国移动互联网技术的发展、智能手机的普及、欠发达地区对金融服务需求的觉醒，我国包括支付在内的各类业务将继续向移动端迁移集成，各地市移动支付等移动金融服务的渗透率将不断提高。

（二）支付业务微利化，支付机构向综合服务转型

支付是金融体系的基础设施，通过掌握支付信息，支付机构可以在此基础上了解商户的经营情况和消费者的交易情况。第三方支付公司正在向客户关系管理、库存管理等应用平台转型以打通商户经营的信息流和资金流，并在此基础上为商户提供精准营销和保险、理财等增值服务，从而突破单纯的支付业务的盈利“天花板”。

第三方支付机构的典型代表——支付宝，自 2013 年 6 月上线“余额宝”起就开始了综合化金融服务的“征程”。2014 年 10 月，以支付宝为主体的小微金融服务集团被正式命名为“蚂蚁金融服务集团（以下简称蚂蚁金服）”。目前，蚂蚁金服旗下拥有支付宝、蚂蚁聚宝、网商银行和芝麻信用等多个品牌。

（三）聚合支付规范化发展

聚合支付，也被称为第四方支付，是指结合多种第三方支付平台、合作银行及其他服务商接口，为商户提供基于技术解决方案的服务，其能帮助商户避免复杂的账号申请、财务对账等流程，并提供各种增值服务。

然而，部分聚合支付服务商可能涉嫌“二清（指没有获得央行支付业务许可的单位和个人在持牌收单机构的支持下从事支付业务和资金清算）”，对商户账户安全造成威胁。2013 年 10 月，财付通因与深圳市威富通科技有限公司等第三方公司合作涉及“二清模式”，而被央行叫停或责令整改。

随着《关于开展违规“聚合支付”服务清理整治工作的通知》和《中国人民银行关于持续提升收单服务水平规范和促进收单服务市场发展的指导意见》等文件的下发，我国聚合支付服务将迎来规范发展期。

（四）巨头出海步伐加快

近年来，包括支付宝和财付通在内的第三方支付巨头在海外多有布局，尤其是支付宝，它进行着全方位的输出：商业模式、资本和技术等。

- 支付宝。目前，印度尼西亚 EMTEK 集团、韩国社交平台 Kakao、泰国支付企业 Ascend Money、新加坡电商平台 Lazada 和印度电子钱包 Paytm 等平台都和蚂蚁金服有合作。根据公开资料，支付宝在海外已经跟 200 多家金融机构达成合作，包括 VISA、万事达、JBC、花旗银行、渣打银行、巴克莱银行、德意志银行等。在货币结算上，目前支付宝支持 18 种境外货币结算。
- 微信支付。2015 年 11 月 19 日，微信支付团队宣布将向境外商户全面开放微信支付能力。2017 年 4 月 11 日，微信在中国香港发布“支付+会员”解决方案，笼络中国香港本地商家。据英国媒体 2017 年 4 月 7 日报道，在中国颇为流行的微信支付不久将正式进入英国，英国将成为继意大利之后第二个开展中国微信业务的欧洲国家。截至 2017 年 4 月，微信支付服务可在 19 个地区使用，可以用 10 种外币结算。

- 银联也一直没有停止海外输出的步伐。截至 2017 年 2 月底，银联卡在全球 160 个国家和地区都开通了受理业务。
- 聚合支付服务商钱方好近。2016 年 11 月 23 日，钱方好近宣布获日本私募基金 Whiz 及日本旅游地图出版商昭文社 2 亿元人民币投资，三方达成战略合作协议，成立“钱方日本”合资公司。

可以预见的是，未来我们可以继续看到我国支付服务商在海外进行布局，其动机包括①获得新用户，抢占新市场；②输出商业模式、资本和技术，获取投资回报。我国支付服务商在海外布局的特点是：①当地金融服务（尤其是支付服务）渗透率低；②当地政府支持金融科技发展。

Chapter 2

征信与风控

一、发展历程

自我国出现最早的一家征信机构到现在，已经有了 80 多年的历史。但从改革开放以来，中国征信业才进入了真正的发展阶段。改革开放以来，随着国内信用交易的发展和扩大、金融体制改革的深化及社会信用体系建设的深入推进等，我国征信业开始迅速发展。纵观行业历程，大体可将我国征信行业的发展分为以下四个阶段。

（一）探索阶段（20 世纪 80 年代后期—1995 年）

20 世纪 80 年代后期，为适应企业债券发行和管理，中国第一家信用评级公司——上海远东资信评估有限公司于 1988 年成立；同时，为满足涉外商贸往来中的企业征信信息需求，对外经济贸易部计算中心和国际企业征信机构邓白氏公司合作，相互提供中国和外国企业的信用报告。

我国第一家社会化专业资信评估机构——中诚信国际信用评级有限公司于 1992 年成立。

1993 年，专门从事企业征信的新华信国际信息咨询有限公司正式对外提供服务。此后，一批专业信用调查中介机构随之相继出现，征信行业的雏形在这一阶段开始显现。

（二）起步阶段（1996—2002 年）

这一时期，随着中国经济的快速发展和商品“买方市场”的初步形成，银行信用和商业信用规模都在不断扩大，客观上对信用调查的市场需求也在增加，从而加速了我国征信行业的发展。在此阶段，人民银行及政府机构在征信领域进行了大规模的布局。

表 2.1 所示为我国征信业起步阶段大事件表（部分）。

表 2.1　我国征信业起步阶段大事件表（部分）

年份	事件
1996	人民银行在全国推行企业贷款证制度
1997	上海开展企业信贷资信评级，经中国人民银行批准上海市进行个人征信试点
1999	社会信用体系概念在我国首次被提出
1999	7 月，中国人民银行批准成立了上海资信有限公司，开始从事个人征信与企业征信服务
	银行信贷登记咨询系统上线运行
2001	深圳市政府正式颁布了《深圳市个人信用征信及信用评级管理办法》，是国内首次以政府令形式发布的并首次为个人信用征信定规的政府规章
2002	银行信贷登记咨询系统建成地、省、总行三级数据库，实现全国联网查询

资料来源：公开信息，零壹财经·零壹智库整理。

（三）规范阶段（2003—2014 年）

2003 年，国务院赋予中国人民银行“管理信贷征信业，推动建立社会信用体系”职责，中国人民银行征信管理局正式成立，标志着中国征信事业迈出了前进的一大步。

2008 年 5 月，中国人民银行征信中心正式在上海挂牌成立。从目前情况看，我国的央行征信中心已建成世界上迄今为止规模最大的征信系统，也是覆盖面最广、类型最为复杂的一个系统。截至 2015 年年末，央行征信中心有效覆盖 8.8 亿人信息，其中 3.8 亿人有信贷记录。

表 2.2 所示为我国征信业规范发展阶段大事件。

表 2.2　我国征信业规范发展阶段大事记

年份	事件
2004	人民银行建成全国集中统一的个人信用信息基础数据库
2005	银行信贷登记咨询系统升级为全国集中统一的企业信用信息基础数据库
2006	企业及个人两大征信系统完成初步建设，并在全国联网运行，全国集中统一的信贷征信系统基本建立
2008	国务院将中国人民银行征信管理职责调整为“管理征信业”并牵头社会信用体系建设部际联席会议
2011	牵头单位中增加了国家发展改革委员会
2013	3 月，《征信业管理条例》正式实施，明确中国人民银行为征信业监督管理部门，征信业步入了有法可依的轨道

资料来源：中国人民银行征信中心官网等，零壹财经 • 零壹智库整理。

（四）市场化发展阶段（2015 年至今）

2015 年被称为“中国个人征信市场化元年”。2015 年 1 月 5 日，央行印发《关于做好个人征信业务准备工作的通知》，公布了首批获得个人征信试点机构资格的 8 家机构名单，分别为腾讯征信有限公司、芝麻信用管理有限公司、中诚信征信有限公司、深圳前海征信中心股份有限公司、鹏元征信有限公司、中智诚征信有限公司、拉卡拉信用管理有限公司、北京华道征信有限公司。

企业征信方面，据统计，目前存续的备案企业征信机构共有 134 家，其中东方安卓、上海倍通等在多地备案。

表 2.3 所示为 2016 年征信业发展大事件。

表 2.3　2016 年征信业发展大事记

时间	事件
3 月	央行发布《企业征信机构备案管理办法》
4 月	同盾科技获 3200 万美元 B+轮投资
5 月	央行征信管理局下发《征信业务管理办法（草稿）》
6 月	证监会发布《证券市场资信评级机构评级业务实施细则（试行）》
10 月	央行发布《信用评级业务管理暂行办法（征求意见稿）》
11 月	支付宝“圈子事件”，芝麻信用评分 750 分以上才能在“圈子”评论、打赏引热议
11 月	央行发布《关于加强征信合规管理工作的通知》
12 月	《上海市社会信用立法条例（草案）》提交上海人大常委会一审

资料来源：公开信息，零壹财经 • 零壹智库整理。

监管方面，2016 年，征信业多项监管政策发布，监管不断加码。监管政策覆盖的领域不断增多，2016 年企业征信和信用评级都有管理（暂行）办法出台，社会信用方面已有地方性立法实践。个人征信则没有太多动态。

在业界，支付宝“圈子事件”引发了大量舆论关注，该事件的一个焦点是“信用的边界应该是什么？”随后，蚂蚁方面进行了道歉。这一年，也有部分征信链条上的数据和技术服务商获得融资，但类似事件并不多。

表 2.4 所示为 2016 年征信机构获融资情况（部分）。

表 2.4　2016 年征信机构获融资情况（部分）

公司简称	融资时间	融资金额	融资轮次	投资方	国家
91 征信	3 月 21 日	—	Pre-A	经纬中国等	中国
Deemly	4 月 5 日	—	天使轮	SyddanskTeknologisk Innovation	丹麦
ZestFinance	7 月 18 日	—	—	百度	美国
有数金服	11 月 1 日	千万元级	A+	拓尔思	中国

资料来源：公开信息，零壹财经·零壹智库整理。

二、发展现状

按照业务，我国征信市场存在着个人征信、企业征信、信用评级和征信服务等细分业态。除了个人征信机构、企业征信机构和信用评级机构，我国征信市场上还活跃着大量征信服务机构，这些机构有的提供独特数据，有的专注于提供细分服务（例如，信用评分聚合查询、信用修复和企业信用信息查询平台）。本书在此仅介绍个人征信、企业征信和信用评级市场的发展概况。

（一）个人征信初具规模，股东背景、资料来源和产品多样

央行个人征信系统是我国个人征信体系的重要组成部分。根据《中国社会信用体系报告 2017》，截至 2016 年 9 月初，央行个人征信系统（全名为“金融信用信息基础数据库”）共有 2927 家接入机构，其中，个人征信系统为小微型金融机构（包括村镇银行、小额贷款公司、融资性担保公司、贷款公司、汽车金融公司、消费金融公司等）提供系统接入和查询服务，接入小微型金融机构超过 1200 余家。

股东背景上，我国个人征信机构分为有政府背景的机构和社会征信机构两种，前者指的主要是央行征信中心和央行控股的上海资信。社会征信机构的背景各异。

资料来源上，央行个人征信系统信息采集的范围已经扩大到商业银行以外，既有小额贷款公司、保险公司等非银行金融机构提供的信息，也有税务、法院、环保、公积金管理中心等公共部门提供的信息，信息采集范围日益广泛。社会征信机构的资料来源则更为广泛，但根据《征信业管理条例》，持牌金融机构没有义务将数据报送给央行征信系统以外的数据库，而个人在持牌金融机构的信贷记录是与判断该人信用状况强相关的数据维度，社会征信机构掌握的数据与信用的相关性有待验证。

产品和服务方面，央行个人征信系统提供3种基础产品和2种增值产品。其中，基础产品主要有个人信用报告、个人信用信息提示和个人信用信息概要 3 种；增值产品包括个人业务重要信息提示和个人信用报告数字解读。社会征信机构的产品及服务则更为多元（见表 2.5）。

表 2.5 八家个人征信试点机构产品及服务

征信机构	主要产品和服务
鹏元征信	鹏元系列评分、信用报告、信用评价体系、互联网征信整体解决方案、个人身份保护服务、大数据挖掘与分析服务、商业决策数据支撑服务、数据整合服务、数据清理服务
中诚信征信	万象分、信用体系建设、信用报告、信用信息验证等
中智诚征信	个人征信评分服务、申请反欺诈服务、全国公民身份信息认证服务等
芝麻信用	芝麻信用评分、信用报告、反欺诈、行业关注名单等
腾讯征信	腾讯信用评分、信用报告、人脸识别等
前海征信	数据类（风险度提示、好信度等）、云系统（信贷云、反欺诈云、催收云等）、功能插件（好信易申请、好信认证、生物特征识别等）
考拉征信	考拉个人信用分、考拉商户信用分、考拉职业信用分和考拉企业信用分
华道征信	消费信贷信息共享平台（CISP）、华道猪猪分、反欺诈、华道信用评估模型、个人信息信用评分等

资料来源：公开信息，零壹财经·零壹智库整理。

（二）企业征信遍地开花，股东背景多样

近十年来，在央行企业征信系统不断发展的同时，社会化企业征信机构也在不断涌现。特别是互联网巨头不断涌入企业征信业。具体来看，2016年7月，芝麻信用宣布正式推出小微企业信用洞察服务“灵芝”系统；2016年11月，京东金融与美国大数据公司ZestFinance发起的合资公司ZRobot宣布开业；2017年2月，阿里巴巴推出企业诚信查询平台cheng.xin，当月，同盾科技宣布战略入股外滩征信。

和个人征信机构一样，我国企业征信机构可以分为有政府背景的征信机

构（包括央行征信中心和上海资信）和社会征信机构两类，企业信用信息查询平台在严格意义上不属于征信机构，而是征信服务机构，此处将其列入只为介绍其基本情况。

根据《征信业管理条例》，我国企业征信的监管采用的是备案制。参考源点信用的统计，目前我国存续的备案企业征信机构共有 133 家，其中东方安卓、上海倍通等在多地备案（未合并统计）。

地域分布上，已备案的企业征信机构分布在各地区的情况如下：北京 38 家，上海 34 家，广东 8 家，山东 7 家，四川 6 家，陕西 6 家，浙江 6 家，内蒙古 5 家，辽宁 4 家，江苏 3 家，天津 3 家，河北 2 家，吉林 1 家，福建 2 家，河南 1 家，贵州 2 家，重庆 2 家，江西 1 家，湖南 1 家，湖北 1 家。

股东背景上，已备案的企业征信机构的股东背景多样，既有互联网公司（例如，考拉征信服务有限公司属于拉卡拉集团），又有传统金融机构（例如，北京东方金诚信用管理有限公司的实际控制人为中国东方资产管理公司）；既有有政府背景的征信机构（例如，上海资信征信有限公司），又有大量社会征信机构。

值得一提的是，部分已备案的企业征信机构也有着做个人征信业务的准备，例如，考拉征信服务有限公司、中诚信征信有限公司、上海资信征信有限公司、广东鹏元征信有限公司和芝麻信用管理有限公司等。

（三）产业链初步形成

征信业的核心是信息主体的信用信息，而信用信息，尤其是借款人的偿债信息，是在信息主体和信贷机构（信息提供者）发生信贷关系时产生的。

征信业产业链按照信息的传递过程可以分成信用信息的采集和应用两个环节，如图 2.1 所示。具体而言，前者包括信用信息的采集和保存，它一般由益博睿、艾克飞等征信机构完成，后者包括信用信息的整理和加工，它一般由 FICO 等信用评估机构完成。

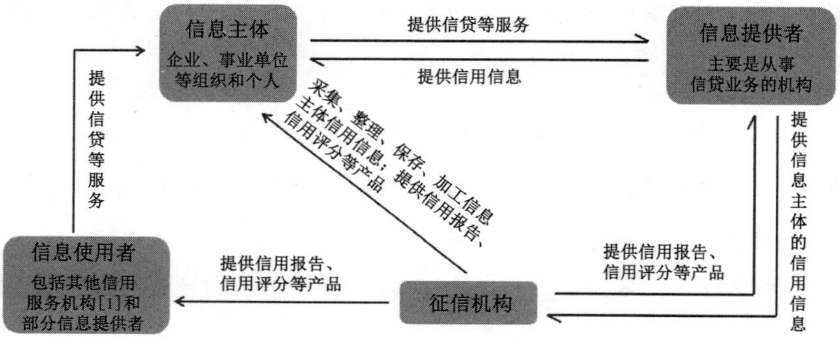

图 2.1　征信产业链

注：其他信用服务包括信用服务产品聚合查询、信用修复等。

资料来源：公开信息，零壹财经 • 零壹智库。

（四）盈利模式较为单一

征信业的产品和服务包括信用报告、信用评分和决策分析服务等，服务对象包括企业和个人。具体来说，面向企业，征信业会向对信息主体的信用信息有需求的信贷机构、保险机构等提供信用报告和信用评分等产品以帮助后者进行信贷决策，面向个人，征信业会提供个人信用报告一站式浏览、信用评分改善咨询和身份信息盗用监测等服务。

通常来讲，征信机构和信用评估机构还向信贷机构、保险机构等提供反欺诈、风控模型搭建等服务，这些服务对技术的要求较高。

三、新技术的应用

征信，作为金融业的基础设施，对系统稳定性、安全性、可靠性要求较高，对新技术的应用十分谨慎。从征信业的具体业态来看，由于征信和信用评估涉及大量用户信息，并且消费者能直接了解到自己的信用报告和信用评分，它对新技术的应用较为审慎。相对而言，反欺诈业务更为“内向”，它只关乎征信服务机构的客户（企业）是否要向消费者提供服务，不涉及与消费者的更多交互，决策权在征信服务机构的客户手上，对新技术应用的态度较为开放。

就新技术本身而言，云计算和区块链贯穿于业务流程的始末，它们的应用关乎整个业务系统的架构，大数据、人工智能和生物识别则更多是对业务本身的改造，影响面不及云计算和区块链广泛。因此，大数据、人工智能和生物识别被征信服务机构探索的更多。

（一）人工智能

征信（服务）机构应用人工智能有其特定对象，主要是以往由于可获得的相关数据较少（如信用历史较短）而被其所忽视的人群，这些人群被称为“信用不可见人群（Credit Invisibles）”。

- 艾克飞在信用评分中应用了机器学习软件 NeuroDecision。
- ID Analytics 称在反欺诈和信用评分中应用了深度学习技术中的卷积神经网络，并称希望利用人工智能帮助信用文件有污点的人群找到其他证明还款意愿的证据，从而帮助该类人群获得金融服务。
- 益博睿的信用评分采用的是传统的逻辑回归方法，但它的全球数据实验室也在试验机器学习技术，一旦发现机器学习技术能显著改善相关结果，益博睿将在信用评分中采用该技术。益博睿为了让客户体验机器学习技术，专门设立了沙箱，并提供历史信用数据和一套机器学习工具。
- 小微企业和个人信用评估机构冰鉴科技称拥有独特的机器学习核心算法，在收到金融机构转交的小微企业或个人信用评估申请后，能在数分钟内给出评估结果。

人工智能应用于征信服务有其如下局限性：

- 人工智能的应用建立在存在大量可供“训练”的数据集的基础上，如果数据不充分，人工智能应用的效果会受到牵连。
- 人工智能（尤其是无监督机器学习）探索更多的是数据之间的相关性，而非因果性。基于人工智能的信用评分像“黑匣子”，透明度低。如果借款人被拒，人工智能难以向其和监管层给出令人信服的理由。而征信业作为受到严格监管的金融基础服务机构，新技术的应用如何满足合规要求有待深入讨论。

（二）云计算

征信机构和信用评估机构对云计算已经有如下较多应用：

- FICO 为将客群从高端金融机构下沉至中端客户，决定开展云计算服务，并在 2013 年发布了基于 OpenStack 的决策分析云平台 FICO Analytic Cloud（FAC），FAC 向应用开发者、商业用户和 FICO 的合作伙伴提供一站式的、通往其决策管理平台的 IaaS 和 PaaS 服务，它能使客户创建、定制和部署分析驱动的应用和服务来决策和降低风险。其后，FICO 还和亚马逊云服务（Amazon Web Services，AWS）进行了合作，例如，FICO 的客户可以将客户交流应用（例如，还款提醒和促销通知）迁移到 AWS 上。
- 益博睿数据质量服务使用 SaaS 提供客户联系地址管理服务（例如，客户联系地址清理），益博睿还与虚拟机服务商 VMware 进行过 IaaS 的概念验证。
- 艾克飞的决策管理解决方案 InterConnect 是基于云的，该方案能使获客过程中的开户、风险管理决策、交叉销售和减轻欺诈影响自动化。
- 环联将消费者信用数据置放于私有云中，并将 API（Application Programming Interface，应用程序编程接口）分配给客户，这样，客户可以通过 API 了解消费者信用数据，因此，环联省去了相当大的客户开发成本。

目前，云计算尚未建立统一的服务和监管标准，如能建立，征信服务机构将省去调研云计算服务平台的大量成本，对云计算服务的利用将更为广泛。

（三）大数据

和我国一样，目前多家国外征信服务机构在探索信用记录、信用历史等传统征信数据以外的数据与信用的相关性。

- FICO 在 2016 年 4 月推出了名为 XD 的信用评分，它的基础数据来自风控服务商律商联讯风险解决方案（LexisNexis Risk Solutions）和艾克飞，资料来源是电话缴费记录、公用事业账单数据、房地产交易记录等。FICO XD 针对的主要是没有信用报告、信用报告中有过时或只有有限信息的，甚至无法获得征信局评分的年轻人。

- 信用评估公司 ZestFinance 由谷歌前首席信息官 Douglas Mrrill 创立，它使用机器学习和大数据分析现金贷（Payday Loan）人群的信用风险。ZestFinance 曾获得京东和百度的投资。2016 年 11 月，京东金融和 ZestFinance 成立了合资大数据信用评估公司 ZRobot。

大数据应用于征信被认可之处在于其有潜力帮助信贷历史较短的人群获得金融服务，但其应用于征信也存在争议：大数据中的“数据”可能是不完整的、不准确的，它可能会在“无意中”得出政治不正确的结论，例如，某些特定种族的人群信用较好；“大数据”没有明确的定义，是否所有数据都可以用于征信？如何获取用户授权？是否授权一次，即可无限次使用？如何从法律和行政监管上保证大数据应用于征信不侵害消费者权益是值得深入研究的。

（四）区块链

目前，区块链应用于征信业尚无实际落地案例，只有少数几家有如下动静：

- 上海保险交易所在2017年3月联合9家保险机构成功通过区块链数据交易技术验证，从功能、性能、安全、运维四个维度验证了区块链在保险征信方面的可行性。
- 甜橙信用（天翼征信有限公司）在2016年7月宣布与区块链技术服务商布比就打造中国首个区块链征信数据平台达成战略合作。

根据中国信息通信研究院和腾讯研究院区块链联合课题组发布的《区块链在征信业应用的探讨：优势与特点及场景分析》，区块链应用于征信至少有如下两大问题：

- 私钥泄露或丢失将损害用户的信用资产。区块链中的私钥由用户自己生成并负责保管，一旦丢失，用户无法授权征信机构和其他机构，征信机构无法使用及追溯用户数据，此问题的解决较为复杂。
- 用户的“被遗忘权”与区块链的不可篡改性存在本质矛盾。根据《征信业管理条例》第十六条，“征信机构对个人不良信息的保存期限，自不良行为或者事件终止之日起为5年；超过5年的，应当予以删除。”这与区块链的不可篡改性有着天然的矛盾。

（五）生物识别

由于很多生物识别信息属于个人隐私，在反欺诈领域而非征信领域有如下应用：

- 我国部分地区的央行征信服务窗口配置了具有人脸识别功能的个人信用报告自助查询设备，居民可持本人身份证到自助查询设备进行查询操作，设备将自动对查询人头像和身份证照片进行比对，比对成功后自动打印输出信用报告。

- 信和大金融正在研发情绪识别反欺诈技术，通过麦克风、摄像头和情感识别算法，以人脸识别、语音识别等方式，鉴别欺诈用户的微表情等情绪信号，鉴别出欺诈用户的微表情等情绪变化。

- 艾克飞在2017年3月与文件验证和人脸识别公司Jumio和Paycasso合作推出了解决方案Document Verifier。该方案能在数秒之内识别出金融产品的申请人的身份是不是真实的，方式是通过智能手机或安装有网页摄像机的设备比对人脸和护照或驾照的照片。这一自动化的技术能识别超过200个国家的官方文件是否存在篡改或异象。

- 益博睿在2017年4月和技术服务商BioCatch合作，通过个体打字速度和用鼠标浏览网页的方式等行为特征进行金融产品的在线反欺诈。上述机构称行为特征对识别欺诈者利用“暗网”中被盗窃的身份信息、通过自动化程序脚本进行欺诈的行为尤其有效。BioCatch时任副总裁Frances Zelazny举例称，欺诈者相较于普通用户填写生日和名字等身份信息可能较慢，但由于熟悉相关表格的架构，填写其他问题可能较快。

- 环联在2015年4月宣布正在和南非声纹识别服务商OneVault合作开发“声音银行（Voice Bank）”，当时环联呼叫中心向该项目提供了3万个声纹。2014年，环联还和生物识别服务商ImageWare

Systems 在反欺诈业务上达成了合作。2016 年，ImageWare Systems 联合环联在亚马逊云服务（AWS）平台上推出了生物认证管理 SaaS 服务，该服务支持包括人脸识别、声纹识别和指纹识别在内的多种生物识别方式。

目前，主流的生物识别方式各有其如下局限。

- 指纹识别方面：指纹传感器价格较为昂贵；部分人无指纹，或由于职业原因指纹可能被损坏；指纹可能被复制，存在安全风险；采集需要对象配合，便捷性差。
- 人脸识别方面：容易受到姿态、光照、遮挡、照片清晰度等因素影响。
- 虹膜识别方面：摄像头较为昂贵；采集虹膜需要对象配合，便捷性不高。

由于上述种种局限，生物识别在征信业应用得并不多。

四、案例分析

由于国外征信机构发展得较为成熟，本书选取两家国外公司（益博睿和 FICO）作为案例分析的对象。其中，益博睿（Experian）是全球最大的征信机构，FICO 是著名的信用评分技术机构。

（一）益博睿

1. 发展历程

益博睿的前身是从百货商店 Great Universal Stores（GUS）分期付款合同管理部门脱胎而成的诺丁汉商业信用有限公司。1996 年，GUS 收购了美国征信公司 Experian，新公司采用后者之名。2006 年，益博睿作为独立的公司在伦敦证券交易所上市。

2. 发展现状

Experian 是一个相当国际化的公司，它目前拥有约 17000 名员工，他们分布于 37 个国家。Experian 在英国诺丁汉、美国加利福尼亚和巴西圣保罗设有运营总部，在英国、美国和巴西业务的前身分别是 CCN、TRWIS&S 和 Serasa。

3. 产品和服务

根据 Experian 2016 年年报，Experian 拥有信用服务、决策分析、市场营销服务和消费者服务四大业务条线。

- 信用服务：主要指的是向放贷机构提供信用报告，具体来说，是向放贷机构提供消费者、企业历史还款和以往信用申请记录等数据，以帮助后者做出其提供的信用产品对消费者和企业来说是否适当、是否应提高授信额度等决策。Experian 信用服务的市场地位在各个国家基本上是第一或者第二的水平。Experian 信用服务的竞争对手是 Equifax、TransUnion 和邓白氏。Experian 信用服务的费用是以交易为基础的，按照信用报告的购买数量分层收取。

- 决策分析：主要指的是向客户提供评分、检查、决策软件和系统。其中，评分和检查的费用是以交易为基础的，按照客户购买量分层收取的；软件和系统的收费类型包括安装费、经常性软件授权费和交易手续费（Transactions）。Experian 决策分析的竞争对手是 FICO、IBM、SAS 和一些利基市场的服务商。Experian 的决策分析部门是英国非盈利反欺诈服务平台 Nation Hunter 的系统提供方，该平台上有信贷申请人在 90 多家英国金融机构的申请记录。
- 市场营销服务：能对消费者进行画像从而帮助客户识别潜在买家、获取新用户、提高客户留存率、开发更符合消费者需求的产品、以最符合消费者习惯的方式联系消费者。Experian 认为其在市场营销服务的数据、数据质量和交叉销售的营销能力上处于市场领先地位。Experian 在市场营销服务业务上的主要竞争对手是 Acxiom、Adobe、Epsilon、IBM、Oracle、Salesforce.com 和 Teradata。Experian 市场营销服务的费用是以交易为基础的、根据客户购买量分层收取的数据授权费和订购费。
- 消费者服务：使消费者能在线查看自己的信用报告和信用评分、理解和改善自己的信用状况、防止欺诈和身份被盗用。Experian 为实时扫描包括社交网络在内的网络中未被消费者授权却出现的消费者的个人信息、联系方式和财务信息，来帮助消费者防止身份被盗用。Experian 在消费者服务上的竞争对手是 CallCredit、CreditKarma、Noddle、Equifax、FICO、TransUnion 和其他利基市场服务商。Experian 消费者服务的费用包括按月收取的直销面向消费者提供服务（Direct-To-Consumer）的订购费、消费时才会收取费用的附加项目（Add-Ons）和向有密切合作的伙伴收取的费用。值得一提的是，如果消费者怀疑自己的身份信息已经被盗用者用于欺诈，消费者可以联系当地的征信局，后者会在消费者的信用报告上标注出警示信息，这样如果盗用消费者身份信息的人试图以消费者的名义申请信用，放贷方会进行更多的检查来确定申请人是不是真的是消费者本人。

根据 Experian 2016 年年报，每天 Experian 生产的信用报告数达 3500 万份。

各业务条线对 Experian 营业收入的贡献占比如图 2.2 所示。

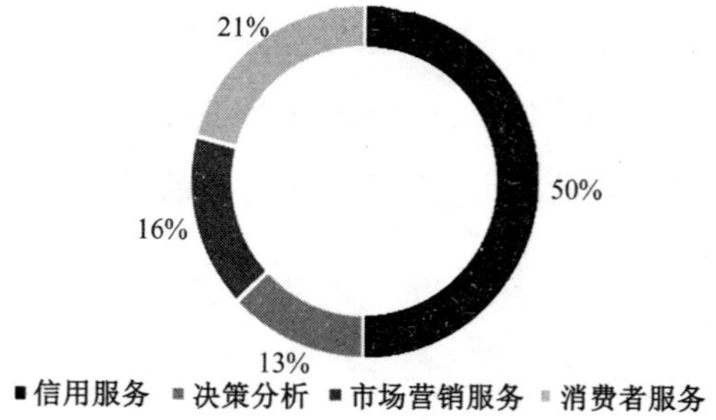

图 2.2　Experian 各业务对总体业务的贡献（按营业收入）

资料来源：Experian 2016 年年报，零壹财经 · 零壹智库整理。

4. 企业特色

益博睿的服务有以下特点。

（1）产品和服务全面

既有面向个人提供的信用服务，又有面向企业提供的信用服务、决策分析服务和市场营销服务。

（2）国际化特点突出

例如，在经济危机时，Experian 开始进行全球增长计划，放眼全球进行投资。“在别人恐惧的时候贪婪”，经济危机时的投资在某种程度上有抄底的意味。在全球增长计划下，Experian 投资了 20 多个项目。比如，在印度，Experian 与其他机构合资成立了征信局，当地的年轻群体正变得越来越富有。Experian 视北美为最大的新兴市场，在北美进入医疗等领域帮助医院等机构管理还款。

（二）FICO

1. 发展历程

FICO（FairIsaacCorporation，中文名为费埃哲公司）致力于利用大数据和算法预测消费者行为，通过提供 FICO 评分和决策管理系统的方式，为企业提供决策依据。FICO 还为个人用户提供信用评分服务，其拥有 www.fico.com 网站和面向个人的 www.myfico.com 网站。

FICO 成立于 1956 年，总部位于硅谷。

- 1958 年，费埃哲公司（Fair Isaac Corp.，FICO）发明了第一个信用评分模型。
- 1981 年，FICO 为征信局打造了第一个评分模型。

- 1989年，FICO发布了第一个通用的FICO评分。

总之，FICO是业内第一个信用评分的发明者。

2016年6月30日，FICO有3008名员工。

2. 发展现状

根据FICO 2015年年报，其拥有153个美国专利和14个国外专利，还有93个专利正在申请中。另外，FICO拥有38个商标。

机构客户方面，FICO的客户集中在银行、保险、零售、医疗行业和政府机关。2015财年，FICO 73%的营业收入来自银行和保险业的客户，而2014财年，这一数字是69%。

具体而言，FICO的客户包括100%的美国前100大金融机构、2/3的全球前100大银行、超过700家保险公司（包括美国前十大财产和意外灾害保险公司）、超过400家零售商和百货商店（包括超过1/3的美国前100大零售商）、超过150家政府或公共事业单位、超过150家医疗保健公司（包括全球前10大制药公司中的8家）等。

FICO称，2015年《财富》500强保单中的前10家公司皆是其客户。

个人用户方面，FICO能接触到在美国三大征信局（Equifax、TransUnion和Experian）收集了信贷数据的约2亿消费者。FICO通过三大征信局销售其信用评分。2013年、2014年和2015年，FICO有16%、15%和16%的营业收入来自和三大征信局的合同。

FICO 的业务已经相当国际化。2013 年、2014 年和 2015 年，FICO 分别有 40%、42%和 40%的营业收入来自美国以外的客户（包括经销商和最终消费者）。

3. 产品和服务

FICO 将其产品和服务分为应用、分数和工具三个部分。

（1）应用

应用部分指的是为了特定目的（市场营销、信贷决策、客户管理、反欺诈、催收、保险理赔管理和相关专业服务）而预先装置的决策管理软件或 FICO 分析云平台上的 SaaS 应用。

（2）分数

分数部分主要指的是 B2B 的信用评分解决方案和 B2C 的 myFICO 消费者解决方案。这部分服务直接提供给消费者，或者通过主流征信局提供。

FICO 最知名的产品即为其信用评分的 FICOScore（以下简称“FICO 分”）。FICO 分的用途主要如下：为营销项目预先审查候选人、评估贷款新申请人的信用状况和管理现有客户。FICO 分的区间是 300～850.FICO 分，其资料来源是美国三大征信局（TransUnion、Experian 和 Equifax），FICO 会选用自己的几个评分模型中的一个来处理数据。放贷人会根据使用信用评分的情况向三大征信局付费，征信局会向 FICO 支付相应费用。2015 财年年初，FICO 发布了 FICO 分的最新版——FICOScore9。

FICO不仅有FICO分，还有针对特定行业的FICO评分。金融机构的客户可以向FICO定制评分。2015年，FICO宣布推出和Equifax、LexisNexis合作的试点项目FICO ScoreXD，该评分使用了一些替代数据（Alternative Data）来扩大可评分人群。FICO Score Open Access项目使其客户能向自己的客户提供有助于其了解自己FICO分影响因素的免费宣传材料。FICO Custom Credit Education项目也有帮助客户进行信用教育的作用。

根据FICO 2015年年报，FICO通过征信局向美国以外的12个国家的消费者和中小企业提供FICO分。FICO已经在9个国家为客户装置了客户定制版的FICO分系统。FICO分在美国以外的20个不同国家正在被使用。

FICO的评分系统也提供给保险商和市场营销人员，这些客户运用其预测申请人和承保人的车险或房屋保险赔付率。FICO的保险评分只有美国和加拿大的客户能使用。

FICO还通过myFICO.com和其授权机构向消费者提供以下产品与服务：

①查看FICO分和信用报告。2015财年，FICO从三大征信局手中获取了19个最常被使用的FICO分版本，使其可以被消费者所用，这些版本代表了约95%的FICO销售和被放贷人使用的信用评分。消费者可以通过myFICO.com购买FICO分和与其FICO分相关的信用报告、其信用评分的影响因素和定制化的管理信用评分的建议。

②模拟FICO分。消费者可以利用此服务看到何种行为会如何改变自己的FICO分。

③监测 FICO 分。当消费者的 FICO 评分发生变动或者其信用报告内容被查看时，FICO 的监测服务可以通过邮件或者短信告知消费者。

④监测身份盗用。消费者可以利用该服务识别其身份盗用风险并进行修复。

（3）工具

工具部分指的是消费者可以用 FICO 的应用（FICO 决策管理套件）来创造满足自己个性化需求的决策管理软件。这些工具预先装置于用户的电脑上或者通过 FICO 分析云平台来提供。

2015 财年，FICO 向其决策管理套件加入了两款新产品：大数据分析工具、数据管理与整合平台，前者是使客户能查看 Hadoop 上任何类型、大小的数据和观点的分析环境，后者是一个数据分析和分布式实时处理平台。

2013 财年和 2014 财年，应用、分数和工具占 FICO 总营业收入的比例分别是 64%、24%和 12%。2015 财年，应用占总营业收入的比例降低到了 63%，分数的这一数字提升到了 25%，工具的这一数字不变。这与人们的普遍认知不同，通常人们认为 FICO 的分数业务应该占大头，实际上只占 25%左右。

从表 2.6 中可以看出，在 FICO 的三大业务条线中，2015 财年“分数”的增速最快。

表 2.6 最近 3 个财年 FICO 各业务条线营业收入及增速（单位：千美元）

	2013	2014	2015
应用	476084	504256	526274
增速		6%	4%
分数	180813	186469	207007
增速		3%	11%
工具	86547	98260	105500
增速		14%	7%
总计	743444	788985	838781
增速		6%	6%

资料来源：FICO 2015 年年报，零壹财经·零壹智库整理。

从表 2.7 中可以看出，FICO“应用”和“分数”业务收取的主要是交易和维护费，尤其是“分数”，其交易和维护费占其总收入的 97%，而工具的主要收入类型是“软件使用许可费”。

表 2.7 2015 财年 FICO 各业务条线

	应用	分数	工具	总计
交易和维护费	306738	175281	32285	514304
占比	64%	97%	37%	69%
专业服务费	110081	4012	21101	135194
占比	23%	2%	24%	18%
软件使用许可费	59265	1520	33161	93946
占比	12%	1%	38%	13%
总计	476084	180813	86547	743444

资料来源：FICO 2015 年年报，零壹财经·零壹智库整理。

4. 企业特色

（1）靠技术起家和树立护城河

FICO 开发了第一个信用评分，此后该业务也一直是 FICO 的重要支柱。由于三大征信局要向 FICO 支付信用评分模型使用费等，为了节省该笔费用，它们还联手打造了与 FICO 评分直接竞争的信用评分：Vantage 个人信用评分（以下简称“Vantage 评分”）。Vantage 评分官网 6 月 28 日发布的数据显示，2015 年有超过 2000 家放款机构和其他从业者使用了 Vantage 评分，其中包括美国前十大银行中的 7 家和 3 家抵押贷款促成机构。FICO 信用评分的市场领先地位并未动摇，一个重要的原因是 FICO 前期已经与大量客户建立了业务合作关系，而且其有用性也并没有受到严重的质疑，至少在短期内，仍然难以替代。

（2）依赖征信局

FICO 信用评分的基础数据来自征信局，产品售卖也会依赖征信局。2013 年、2014 年和 2015 年，FICO 有 16%、15%和 16%的营业收入来自和三大征信局的合同。这在一定程度上说明了美国征信体系已经形成角色分明的产业链，各家机构在不同领域都有自己的竞争优势。

（三）百融金服

百融金融信息服务股份有限公司（以下简称“百融金服”）利用大数据和人工智能技术为各级金融机构提供针对个人与小微企业的获客引流、客群分析、风控管理（反欺诈、贷前信审、贷中监控、贷后管理）全生命周期产品和服务。该公司于2014年12月5日正式取得由人民银行授予的企业征信备案资质，并获得了公安部颁发的与银行同等级别的国家信息系统安全等级保护三级认证。

1. 发展历程

百融金服成立于2014年3月，最新融资轮次是B+轮。截至2017年11月，百融金服已获得来自中金前海发展基金、华融资产管理、红杉资本、高瓴资本、IDG和浙报传媒资本等投资机构共计6.7亿元。

2. 发展现状

百融金服已为建设银行、招商银行、光大银行、广发银行、浦发银行、兴业银行、华夏银行、微众银行等180余家银行及捷信、中银消费、北银消费、马上消费等大型持牌消费金融公司，以及部分网贷企业（P2P）、小贷公司等2000余家机构提供贷前审核、贷中监控等多种产品和服务。百融金服也与中国人保、中国人寿、太平洋保险、新华保险、中华保险在内的多家财、寿险公司在营销获客和产品设计等方面进行着合作。

2017年8月，百融金服与国家信息中心签署了信用信息共享协议，以推动各类信用信息共享公用，加快联合奖惩措施在金融领域的落地应用。

3. 产品和服务

百融金服为金融机构客户提供全流程服务（信贷业示例见表2.8），本书重点介绍其反欺诈和信用风险评估服务。

表 2.8　百融金服信贷服务方案内容（部分）

业务环节	详情
准入（贷前）	营销获客、反欺诈、信用评估、客制化联合建模
经营（贷中）	存量客户监控、动态风险预警、睡眠客户激活
逾期（贷后）	不良资产定价

资料来源：公开信息，零壹财经·零壹智库整理。

反欺诈方面，其存在于金融业务的多种场景，意指借款人恶意利用金融规则的漏洞、以非法占有为目的、采用虚构事实或者隐瞒事实真相的方法骗取借款，如表 2.9 所示。

表 2.9　多种场景中的欺诈行为

用户行为场景	详情
注册	垃圾注册、羊毛党欺诈
登录	暴力破解、撞库、信息获取
申请	异常行为、短时间内多次申请、黑中介和黑设备、使用虚假信息
提现	异常行为、短时间内多次提现、黑中介和黑设备

资料来源：公开信息，零壹财经·零壹智库整理。

百融建立了反欺诈框架来应对多种欺诈，如表 2.10 所示。

表 2.10　百融反欺诈框架

层级	内容	详情
底层（第一层）	反欺诈相关数据	将业务需求与百融大数据相结合，利用反欺诈相关数据服务于高风险客户的识别与防范

续表

层级	内容	详情
第二层	规则、权重、工具	在大数据的基础上，结合信贷业务场景，设计相关的规则并辅以权重，利用设备反欺诈、图分析等相关工具，综合辅助对申请人欺诈度的判断
第三层	反欺诈模型	适用于不同的信贷业务场景，评估申请人欺诈风险
第四层（顶层）	欺诈评分	基于反欺诈模型得出申请人的欺诈评分，在贷前过滤高风险借款人

资料来源：公开信息，零壹财经・零壹智库整理。

百融金服的反欺诈服务应用了监督学习和无监督学习等机器学习技术。

①监督学习指通过已有的训练样本（已知数据及其对应的输出）去训练得到一个最优模型，具有对未知数据进行推测和分类的能力，比如，在已知"好"和"坏"标签的前提下，尝试从历史数据中，挖掘出欺诈团伙的典型特征和行为模式，从而遇到相似的行为时可以分辨是否是欺诈团伙。监督模型虽然在预测准确性上有不错的表现，但是，实际情况中，"好"和"坏"的标签往往很难得到。因此，在没有额外信息的时候，就需要通过无监督学习模型进行分析。

②无监督式学习网络在学习时并不知道其分类结果是否正确，也没有告诉它何种学习是正确的，仅提供输入范例，而它会自动从这些范例中找出其潜在类别规则。当学习完毕并经测试后，便可以将它应用到新的案例上。

表 2.11 所示为百融金服反欺诈技术。

表 2.11　百融金服反欺诈技术

环节	详情
启动与初始应用	以专家判断（规则+权重）为主，百融将基于大量信贷机构的服务经验提供欺诈分的初始应用策略；以机器学习为辅，通过实证违约数据不断训练机器学习模型，评估规则的判断强度和误报率
实证分析与验证	利用强规则（欺诈黑名单或确定欺诈）直接过滤欺诈分子（一票否决），并通过机器学习模型持续总结欺诈特征，提炼强规则；将非强规则（欺诈灰名单或疑似欺诈）作为机器学习模型的维度，与强规则的应用形成互补
交叉应用与持续改进	在专家判断实时监控申请人行为的同时，通过机器学习模型弥补实时行为可能带来的规则误判，并通过模型的结果（欺诈分）控制风险容忍度；持续监控模型有效性并不断改进模型设计与应用策略

资料来源：公开信息，零壹财经·零壹智库整理。

2015 年 12 月，百融金服上线“风险罗盘”一站式服务平台，全面支持反欺诈和信用风险评估两大类产品，提供信贷全生命周期管理方案，如表 2.12 所示。

表 2.12　百融金服“风险罗盘”服务

产品功能	详情
反欺诈	身份验证；申请信息核实；负面信息；团伙欺诈（设备异常等）……
信用风险评估	还款能力评估；还款意愿评估；稳定性评估）……

资料来源：公开信息，零壹财经·零壹智库整理。

使用“风险罗盘”的具体步骤包括如下三个。

第一步：接入规则中心。

风险罗盘在百融金服数据产品的基础上，预先设置了上百条反欺诈和信用高风险规则，支持分客群评分，支持调整规则权重，自定义规则。如果借款用户行为命中规则总权重且超过了阈值，可以拒绝信贷申请；命中规则但未超阈值，可以进一步人工审核；未命中规则，则系统审核通过申请。

反欺诈规则方面，百融预置规则集可以根据客户需求选择适用规则投入使用，如黑灰名单查询、法院执行情况查询、申请信息关联查询等规则策略、设备反欺诈规则集等。同时，通过后续对信贷机构客群的了解加深和对数据的细致分析，百融会开发客制化规则并检验效果。

信用评估规则方面，百融可以通过自有的客群评分模型帮助信贷机构在自有数据不足的情况下，对相应的消费场景和客群做信用评估，可以满足客户的冷启动的需求；对于有一定数据量积累或冷启动后信贷机构积累一定量的数据后，百融可以根据信贷机构的信贷应用场景，进行定制化的模型建设。

第二步：在线审批。

客户可使用百融金服“在线审批”服务，也可以通过 API（Application Programming Interface，应用程序编程接口）对接的方式来使用服务，第二种方式所需时间较长。“风险罗盘”支持单笔和批量两种查询方式。其中，单笔查询和批量查询都可满足实时返回查得结果需求。

第三步：风险可视化。

“风险罗盘”会将进件量走势、匹配率变动、风险趋势和地理分布、评分分布、规则命中和规则排名等信息进行可视化呈现。

五、面临的挑战

（一）央行征信系统覆盖率较低，而社会征信机构的数据源与信用的相关性有待验证

从覆盖信息主体的数量来看，央行征信系统覆盖率有待提高[1]。从覆盖的信息提供者种类来看，央行征信系统覆盖的机构种类有待丰富[2]。从覆盖的信息提供者数量来看，目前央行个人征信系统在国有商业银行、政策性银行和金融资产管理公司等类型的金融机构方面覆盖率较高，央行企业征信系统在金融资产管理公司方面覆盖率较高，央行征信系统对其他机构的覆盖率

---

[1]截至2015年年末，央行个人征信系统收录8.8亿自然人数，其中3.8亿人有信贷记录；企业征信系统收录企业及其他组织2120万户，其中577万户有信贷记录。而根据国家统计局数据，2015年我国共有13.75亿人，仅规模以上工业企业（年主营业务收入达到2000万元及以上的企业）超过38万个。根据中商情报网数据，2015年年末，全国工商登记中小企业超过2000万家，个体工商户超过5400万户，此二者共计7400万户。也就是说，央行个人征信系统收录的自然人数仅占全国人民总数的64%，有信贷记录的个人占全国人口总数的比例仅为27.6%；央行企业征信系统收录的企业数占全国企业总数的28.65%（2120/7400），有信贷记录的企业占全国企业总数的比例则低至0.8%（577/7400）。

[2]目前接入人民银行征信中心的机构除银行业金融机构外，还有部分证券业金融机构、保险业金融机构、融资担保机构和小额贷款公司等。可以看出，央行征信系统覆盖的主要是持牌金融机构的放贷业务，其所覆盖的能反映个人信用信息的其他类型的数据源较少。另外，央行征信系统没有覆盖网络借贷信息中介等新型平台，这些平台虽然在理论上不承担信用风险，但其了解信息主体的借贷情况，如能覆盖此类平台，央行征信系统无疑可以更全面地掌握信息主体的信用记录。

仍有待提高[3]。

在央行征信系统覆盖率较低的情况下，为了满足社会经济的发展需要，我国鼓励社会征信机构与人民银行征信中心错位发展、功能互补，形成完整的征信体系，以满足社会全方位、多层次、多元化的征信需求。

（二）信用信息标准体系尚未建立，共享机制不完善，数据质量不高

我国征信系统数据质量有待提高表现在专业度不够、广度不够等方面。

广度不够的一个原因是我国数据共享机制尚未建立，仅就公共数据而言，当前我国很多政府信息未公开；政府间数据尚未打通，散落于教育、金融、工商、法院等各个部门，尚未实现有效整合；政府数据也未大面积向征信机构开放，其向后者开放的有偿交换机制有待探索。

我国征信系统数据质量有待提高还表现在信用信息共享标准尚未建立上，这表现在各数据源基本是割裂的，没有统一的数据采集和整理格式。不过2005年央行征信管理局启动了征信标准化工作，迄今共发布了7项标准，中国电子商务协会和工信部等单位也组织网易、建设银行、信和大金融等机构就金融大数据标准化进行了研讨，社会各界对征信自身和大数据应用于征信等领域相关标准的认知正不断完善。

---

[3]以小额贷款公司为例，根据央行发布的数据，截至2015年年末，我国共有小额贷款公司8910家；截至2016年年末，我国共有小额贷款公司8673家。而2016年9月初，央行个人征信系统覆盖的小额贷款有限公司仅有1210家，同期央行企业征信系统覆盖的小额贷款公司数为1081家，即使简单相加，亦能看出覆盖率有待提高。

（三）个人征信牌照迟迟不发，社会征信机构公信力不足

2015 年 1 月，央行官网称其已印发《关于做好个人征信业务准备工作的通知》，要求芝麻信用管理有限公司、腾讯征信有限公司、深圳前海征信中心股份有限公司、鹏元征信有限公司、中诚信征信有限公司、中智诚征信有限公司、拉卡拉信用管理有限公司和北京华道征信有限公司八家机构做好个人征信业务的准备工作，准备时间为 6 个月。这一信息被解读为这 8 家机构有可能获得第一批个人征信牌照。

然而截至本书完稿，未有机构获得个人征信牌照，也未见有未发放个人征信牌照的“书面理由”，该牌照仍未发布，原因可能与前文所述的我国与征信业相关的法律法规体系不健全有关。

不确定的监管预期会打击从业者和创新者的积极性、不利于吸引资本投入和对社会进行信用教育，甚至，根据《征信业管理条例》，“未经国务院征信业监督管理部门批准，任何单位和个人不得经营个人征信业务。”

另外，就个人征信机构而言，由于我国个人征信牌照迟迟不下发，很多社会征信机构因缺乏背书，难以获取数据、难以开展业务。

社会征信机构公信力不足在同业征信联盟的建设中表现较为突出，由于同业征信联盟具有明显的“网络效应”（平台上贡献数据的机构越多，则平台越有吸引力），由社会征信机构发起的同业征信联盟步履维艰，如果牌照/备案迟迟不发，拥有信用数据的机构难以选择加入哪个同业征信联盟，在某种程度上，这是后者难以成为央行征信系统的有力补充的一个阻碍因素。

此外，由于多家社会征信机构皆欲打造同业征信联盟，并欲利用网络效

应获得市场领先地位，所以其存在重复建设的问题。如果监管机构早日发放征信牌照，则获得牌照的征信机构所打造的同业征信联盟有望在短时间内聚集大量会员，这有利于资源的集中使用，避免浪费。

（四）部分征信机构并非独立第三方

我国征信业一个引人注目的现象是部分第三方征信机构并非独立第三方，其母公司或兄弟公司直接从事授信金融业务，这存在一定的道德风险问题。具体而言，此类征信机构是否会被要求向母公司或者兄弟公司提供本机构所运营的征信平台上的、与其他机构有关的非公开数据？信息提供者出于此种担心，将对与此类征信机构的合作存疑，此类征信机构的业务开展势必较为困难。

部分非独立第三方征信机构还提供信用评分等服务，这引发了大众另一个担忧：是否只有经常使用这些机构的服务，信用评分才能较高？毕竟此类征信机构没有公布其所使用的各个维度的具体内容和权重，后者就像一个“黑匣子”。在各项评分依据与一个人真实的信用状况的相关性尚未验证的情况下，非独立第三方征信机构信用评分的可用性有待验证。

另外，通常来讲，此类非独立第三方征信机构又拥有着独特数据源，例如，消费者在电商平台的消费记录，或者消费者的社交记录。此类数据源对探索与征信相关的维度有重要意义。如何设计出让此类机构有动力或者必须共享平台上数据的机制是值得探讨的话题。

（五）法律法规体系不健全

如果说征信是金融的基础设施，相关的法律法规则是征信的基础设施。

我国法律法规体系的不健全体现在以下三方面：①没有专门的法律；②个人信息保护立法有待加强；③对征信机构的安全等级要求不够严格。

（六）“征信”定义不明

2013 年公布的《征信业管理条例》称其所指的征信业务为“对企业、事业单位等组织的信用信息和个人的信用信息进行采集、整理、保存、加工，并向信息使用者提供的活动”。

这一定义不够明确，可能存在套利空间。例如，极力避免自身被称为“征信机构”，而仅称为“数据/信息服务机构”以规避征信业的强监管，此种套利活动有可能损害消费者的知情权、退出权等权益。也有一些机构打着“征信”的旗号做着其他业务。社会公众对“征信”“信用评估”“大数据征信”“大数据风控”等概念的定义也缺乏认识。

（七）消费者权益保护不足

消费者和服务商同为市场主体，却在信息和其他资源等方面较后者处于弱势地位，因此，监管的一个重要内容是保护消费者合法权益。具体来看，我国征信监管在消费者权益保护方面至少有以下不足：①对消费者的知情权保护不足；②对消费者的纠错权保护不足；③对消费者使用自身信用信息的权利保护不足；④消费者权益保护监管机制不完善。

六、监管研读

征信是对企业、事业单位等组织信用信息和个人的信用信息进行采集、整理、保存、加工，并向信息使用者提供的活动[4]。

2013 年出台的《征信业管理条例》是我国征信业的一个重要文件，其明确了如下很多内容：

- 监管部门方面，明确央行是征信业监管部门。
- 监管制度方面，我国个人征信监管实行牌照制（经营个人征信业务需要经营许可证），企业征信监管实行备案制。
- 征信业务的规则和异议及投诉方面，明确信息提供者、征信机构和信息使用者的义务，以及信息主体的权利。
- 金融信用信息基础数据库方面，明确其由专业运行机构建设、运行和维护，该运行机构不以营利为目的，由央行监管，并提出从事信贷业务的机构应当按照规定向该数据库提供信贷信息。金融信用信息基础数据库运行机构可以按照补偿成本原则收取查询服务费用，收费标准由国务院价格主管部门规定。
- 法律责任，明确了违反条例应受到的处罚。

《征信业管理条例》之后出台的征信业管理文件基本是该条例的细化：

- 机构管理方面，2013 年出台的《征信机构管理办法》细化了《征信业管理条例》涉及征信机构管理的条款。2015 年出台的《征信机构监管指引》进一步细化了《征信业管理条例》中涉及征信机构

[4] 见《征信业管理条例》。

管理的内容。

- 个人征信方面，《关于做好个人征信业务准备工作的通知》是对《征信业管理条例》中有关个人征信机构管理内容的细化。
- 企业征信方面，《企业征信机构备案管理办法》是对《征信业管理条例》中提出的企业征信备案内容的细化。
- 业务规则方面，2016 年网传央行下发的《征信业务管理办法》则细化了《征信业管理条例》中涉及征信业务的规则和异议，以及投诉等方面的内容（见表 2.13）。

表 2.13　我国征信业监管政策概况（部分）

出台时间	文件名	出台机构	主要内容
2006 年	《人民银行信用评级管理指导意见》	央行	明确了信用评级机构的工作制度和内部管理制度、评级原则、评级内容和评级程序等内容
2013 年	《征信业管理条例》	国务院	对征信机构的设立条件和程序、征信业务的基本规则、征信信息主体的权益，金融信用信息基础数据库的法律地位及运营规则、征信业的监管体制和法律责任等内容进行了规定
2013 年	《征信机构管理办法》	央行	细化了《征信业管理条例》涉及征信机构管理的条款，规范征信机构的设立、变更和终止程序
2014 年	《征信机构信息安全规范》	央行	从安全管理、安全技术和业务运作 3 个方面明确了不同安全保护等级征信系统的安全要求

续表

出台时间	文件名	出台机构	主要内容
2015年	《关于做好个人征信业务准备工作的通知》	央行	要求芝麻信用、腾讯征信、拉卡拉信用、深圳前海征信、鹏元征信、中诚信征信、中智诚征信及北京华道征信 8 家公司做好个人征信业务的准备工作，准备时间为 6 个月
2015年	《征信机构监管指引》	央行	规定了对征信机构的许可和备案、保证金提取、非现场监管和现场检查办法等方面的内容
2016年	外商投资征信机构的有关事宜	央行、商务部	明确了外商设立经营个人征信业务和企业征信业务的程序
2016年	《征信业务管理办法（草稿）》	央行	规定了征信机构在信息采集、整理、保存、加工、提供、使用和信息安全、征信产品、异议及投诉、征信机构的监管、法律责任、跨境信息流动等方面的内容
2016年	《企业征信机构备案管理办法》	央行	要求企业征信机构需在注册地央行省级分支行办理备案，并接受其监督管理。明确了企业征信备案受理、审核和管理等方面的内容
2016年	《信用评级业管理暂行办法（征求意见稿）》	央行	明确了信用评级机构、从业人员、程序及业务、独立性、信息披露、监管和法律责任等方面的内容
2016年	《关于加强征信合规管理工作的通知》	央行	要求全面开展征信合规自查自纠工作、保证征信信息安全、加强征信合规教育

资料来源：公开信息，零壹财经·零壹智库整理。

据零壹数据不完全统计，目前人民银行对征信业违规事件的处理至少有 74 起，累计罚款金额达 785 万元，还有 4 家企业征信机构[5]被注销了备

[5]被注销备案的公司是博昌征信有限公司、华夏信融信息技术有限公司、望洲征信服务有限公司和中原征信有限公司，注销备案原因皆为“连续六个月以上未实质开展征信相关业务，违反了《征信业管理条例》和《企业征信机构备案管理办法》的相关规定”。

案资质。

七、发展趋势

坊间的揣测和监管层、央行征信中心官员的集中发声都预示着各方在不断对我国征信业监管进行思考，可预期的是，我国的法律和行政监管将不断完善，在基础设施逐渐完善的情况下，征信牌照的发放和备案的登记会进一步落实。

（一）替代数据应用于征信的有效性被更多探索

如前所述，目前被我国征信系统覆盖的人群和企业仍然不足，未被覆盖的这部分人群和企业对信用需求方而言即是“不可见的（Credit-Invisible）”，造成这一局面的原因有很多，其中很重要的一点是它们没有与银行等信息提供者发生信贷关系，因为这部分信息提供者认为这部分人群和企业的信用状况不好。

可以看出，这是一个恶性循环：被征信系统掌握的数据少，则被银行等信息提供者拒绝提供信贷服务，如此一来更难以被征信系统掌握数据……打破这一恶性循环的关键是征信机构探索使用房租上缴信息等替代数据来获取一个人的信用状况。毕竟这些“信用不可见”人群尽管可能被银行等信息提供者拒绝提供信贷服务，却可能由于较多使用移动互联网而在互联网中留存了大量数据，这给使用替代数据进行征信在技术上提供了可能。

2017 年 2 月 16 日，美国消费者金融保护局（CFPB）宣布就“在征信过程中使用替代数据和模型技术”征求意见，目的是更好地对缺乏信用记录的人群进行信用评估，其所指的替代数据包括手机账单支付记录、房租支付记录等。我国部分社会征信机构或许已经在探索将公共事业缴费、手机账单支付记录等数据应用于信用评分模型中， 随着我国互联网渗透率的持续升高、征信市场竞争的不断加剧、监管和业内人士对征信的认识不断加深，征信业使用替代数据大概率会成为一种趋势。

（二）区块链等技术被更多探索、应用

在科技发展日新月异的我国，新技术更多地被应用于征信业，比较典型的是大数据技术和区块链技术。

大数据技术方面，大数据的“大”主要体现在大量（Volume）、高速（Velocity）、多样（Variety）等方面。我国有很多初创公司宣称自己在探索“大数据征信”的发展，其含义更多地体现在爬取大量互联网公开数据上，例如，电商消费记录、法院失信被执行人信息等，如前文所述，这些数据与信用的相关性有待探索。随着大数据技术本身的发展，其应用于征信的程度或将持续增强。

区块链技术方面，根据工信部指导、中国区块链技术和产业发展论坛编写的《中国区块链技术和应用发展白皮书（2016）》，区块链是分布式数据存储、点对点传输、共识机制、加密算法等计算机技术在互联网时代的创新应用模式，其在我国金融业被不断探索，征信业也不例外。目前，我国已经有创业公司宣布推出了区块链征信平台（如银通征信旗下的云棱镜），北京网贷协会的信用信息共享系统 X-Credit 也宣称采用了区块链技术。

（三）征信系统覆盖人群不断增加、下沉

首先，央行征信系统近年来在覆盖个人和企业的数量上一直维持着增长势头，在政策的持续推动下，其保持增势是可预期的。在机制上，央行征信中心副主任汪路在《我国征信业顶层设计研究》中设想央行征信中心改制后将是一家国家控股的公司，如果此番设想成为现实，改制后央行征信中心为提升竞争力或将更能吸引人才、为人才提供更有诱惑力的薪酬激励，为进一步提升竞争力，其自身将更有动力覆盖更多个人和企业。

其次，社会征信机构在征信牌照/资质下发/登记完成后公信力增强，有望覆盖更多人群。

展望我国征信业前景，征信系统覆盖人群除了会不断增加外，也会不断下沉。具体而言，理论上只有信用文件较厚的人才等获得银行的服务、在央行征信系统留下信贷记录，信用文件较薄的人只能在非银借贷机构获得融资服务，而非银借贷机构正越来越多的应用移动互联网技术，这部分人群的信用状况被近年来兴起的、善于获取和分析移动互联网数据的社会征信机构捕捉。另外，上海资信等有政府背景的征信机构也在不断探索在互联网金融机构间共享个人的信用信息，这些都预示着我国征信系统覆盖人群相较于以往在不断下沉。

（四）征信市场呈寡头垄断格局

征信作为基础设施，存在着网络效应和马太效应。一家征信机构掌握的数据越多，则其在市场上的竞争力越大，反之则反是。因此，征信机构为了获取竞争优势，必然需要投入大量人力、物力（尤其是在发展的前期），由于拥有此类实力的机构并不多，征信市场终将呈现寡头垄断格局。发展较早

的海外征信业已经形成此番格局，例如，美国征信业在个人征信市场上有环联、益博睿和艾克飞三大巨头，在企业征信市场上有邓白氏，在信用评级市场有标准普尔、穆迪和惠誉三大巨头。

征信市场呈寡头垄断发展前景的观点在我国监管层、业内已经渐渐达成共识。可以预期的是，我国目前有大量征信机构，在通往寡头垄断竞争格局的道路上，我国征信业必然会出现并购的现象。

（五）征信产品和服务体系不断完善

当前我国征信服务产品较为单一，主要是信用报告，缺乏有公信力的信用评分。我国公信力最强的央行征信系统迄今未大面积推出信用评分服务，社会征信机构推出的信用评分公信力较弱，这使得我国征信业离满足金融业务的需要还有距离。部分银行等放贷机构也推出信用评分，但其基本上只服务于银行自身业务，难以惠及其他机构。上述情况表明我国目前没有一个像美国 FICO 评分一样等成为金融业务“标配”的依据和尺度。

不过，我国征信业有后发优势。以信用评分为例，近年来，我国征信业监管层和业内相关机构与 FICO、邓白氏、益博睿等公司进行了大量技术合作，甚至还有股权合作，这种合作有利于我国学习海外先进征信技术和管理经验。借助于我国领先的移动互联网技术，我国征信业存在着赶超海外发达国家的可能。

另外，市场营销、决策分析、催收等征信衍生服务将不断涌现。从海外征信巨头的发展来看，其营业收入来源皆较为多元，FICO、邓白氏、益博睿、环联、艾克飞皆有营销业务，包括帮助客户获得新客户、管理现有客户等；决策分析服务也是国际征信巨头的重要业务种类，其主要帮助客户满足监管要求、监测和分析风险；催收管理、资产保全管理也是一些征信巨头正在开展的业务。当前我国已经有些机构开展着催收管理、决策分析等业务，在我国金融市场迅猛发展，尤其是消费金融业务突飞猛进的情况下，征信机构为了获得竞争优势，将会在征信衍生服务上展开更多探索。

（六）分工愈加明确，出现专注于细分领域和行业的征信机构

从其他行业和征信业自身的发展进程看，行业分工会更加明确，征信产业链更加清晰。这主要是因为征信机构在自身发展的过程中，出于资源禀赋的不同，抑或为在某一细分市场获取竞争优势，会在某一细分行业树立品牌。

首先，征信业基础服务会出现细分化的趋势，例如，部分机构专注于提供信用报告、部分机构专注于提供信用评分；另外，由于征信机构资源禀赋的不同，个人征信和企业征信可能会出现不同的巨头。

其次，征信业增值服务会出现细分化趋势，例如，我国已经出现专注于提供信用修复的机构，也出现了聚合信用评分的机构。例如，美国征信巨头艾克飞专门提供劳动力解决方案，提供雇用前背景调查、失业索赔管理、税务抵免服务、合规服务等多项服务。当前，我国拉卡拉集团旗下的考拉征信推出了职业雇用征信服务平台。又如，艾克飞在发展之初曾专注于服务保险公司，尤其是车险和火险领域，艾克飞在发展历程中还曾提供医疗信息服务。在竞争激烈的征信市场环境中，我国征信业或将出现更多此类专项服务。

（七）法律监管不断完善

随着征信业务的逐步开展、各方专业人士的不断呼吁，可以预期的是，

我国征信业法律监管会不断完善。例如，2017 年“两会”上，多位全国人大代表呼吁制定《公民个人信息保护法》，还有代表提交了加快制定《中华人民共和国征信法》的议案；另外，根据公开信息，2017 年 5 月 9 日，最高人民法院、最高人民检察院联合发布了《关于办理侵犯公民个人信息刑事案件适用法律若干问题的解释》（以下简称《解释》），进一步明确了公民个人信息的定义、侵犯公民个人信息罪的定罪量刑标准、涉案公民个人信息的数量计算规则等内容。

（八）分类监管渐成共识

《征信业管理条例》明确了我国对个人征信实行牌照制、企业征信实行备案制的监管模式，但在个人征信牌照迟迟不发、企业征信备案资质据传也暂停登记的背景下，有越来越多对我国征信业行政监管模式的讨论，这些讨论越来越多地指向要求征信机构实现“独立第三方”和“征信业实行分类监管”的前景。

关于征信业分类监管，坊间的一种揣测是我国征信业监管层在研究和讨论对征信业实行分类监管，具体分成综合类第三方征信机构和专项类第三方征信，也有说法认为征信应对基础征信和普通征信进行分类监管[6]。不论如何，将个人征信进行分类监管已经渐渐成为共识。

[6]央行征信中心副主任汪路对此阐述较多，他在《我国征信业顶层设计研究》提出将拟审批发放的征信牌照区分为基础征信牌照和普通征信牌照。其中，基础征信指的是在全国范围内全面采集个人和企业信用信息，牌照只少量发放 2~3 张；其他不是定位于在全国范围全面采集个人和企业信用信息的非基础征信或普通征信服务机构（包括专注于行业、地区的数据采集、加工分析、征信产品如各类评分模型开发、风控服务等），要么根据市场需求组有控制地发放牌照，要么实行备案管理。

Chapter 3

区块链与数字货币

本书所指区块链技术是比特币的底层技术，而比特币最早起源于化名为“中本聪”（Satoshi Nakamoto）的学者在 2008 年发表的奠基性论文《比特币：一种点对点电子现金系统》，该论文重点阐述了与 P2P 网络技术、加密技术、时间戳技术、区块链技术等技术有关的电子现金系统的构架理念。2009 年 1 月 3 日第一个序号为 0 的比特币区块诞生，2009 年 1 月 9 日出现序号为 1 的区块，两者相连，形成链，区块链自此诞生。

在比特币形成过程中，区块（Block）是一个一个的存储单元，记录了一定时间内各个区块节点全部的交流信息。各个区块之间通过随机散列（也称哈希算法[1]）实现链接（Chain），后一个区块包含前一个区块的哈希值，随着信息交流的扩大，一个区块与一个区块相继续，形成的结果就叫区块链。

区块链是一项分布式记账与数据存储系统，该系统是由分布式数据存储、P2P 传输[2]、共识机制[3]、加密算法等互联网技术组合而成的应用。根据工信部《2016 中国区块链技术和应用发展白皮书》的定义，区块链是一种按照时间顺序将数据区块以顺序相连的方式组合成的链式数据结构，并以密码学方式保证的不可篡改和不可伪造的分布式账本。广义来讲，区块链技术是利用块链式数据结构来验证与存储数据、利用分布式节点共识算法来生成和更新数据、利用密码学的方式保证数据传输和访问的安全、利用由自动化脚本代码组成的智能合约来编程和操作数据的一种全新的分布式基础架构与计算范式[4]。

目前，区块链技术已经被众多大型金融机构所重视，被认为是有潜力改变企业内部或企业之间业务及运作模式的颠覆性技术。

---

[1]哈希算法是一种计算机二进制加密算法，这个小的二进制值称为哈希值。哈希值是一段数据唯一且极其紧凑的数值表示形式。如果散列一段明文而且哪怕只更改该段落的一个字母，随后的哈希都将产生不同的值。要找到散列为同一个值的两个不同的输入，在计算上是不可能的，所以数据的哈希值可以检验数据的完整性。一般用于快速查找和加密算法。

[2] 点对点传输：P2P 网络计算技术已被广泛用于开发各种应用，如即时通信软件、文件共享和下载软件、网络视频播放软件、计算资源共享软件等。

[3]共识机制：区块链事务达成分布式共识的算法及规则。

[4] 计算范式：计算公式。

比特币是区块链技术应用最成熟的代表，相对于此前的电子货币，它的优势体现在交易成本较低、无通胀等方面，如表 3.1 所示。

表 3.1　比特币的优势

优势	释义
交易成本低	比特币的交易无须第三方，采用点对点网络结算。这种去中心化的机制使得交易成本较低
安全透明	系统通过时间戳[5]阻止对历史数据的篡改，通过全网节点参与加密计算来提升当前交易的安全性，另外每笔交易全网广播，这增加它的公开透明程度
防通胀	比特币系统的设计类似黄金供应，其上限数量为 2100 万个，致力于防止央行滥发货币导致的通胀

资料来源：零壹财经·零壹智库

但是比特币还存在很多问题，价格波动剧烈、总量有限（不利于国家货币政策的应用）等问题都制约着比特币全球化的普及推广。但区块链技术由于去中心化、开放性、自治性、信息不可篡改，以及匿名性等特性能够应用到金融交易、智能合约和社会管理等其他领域中，解决信息互联网的信任问题，解决价值安全传输的痛点，成为备受关注的新技术热点。

根据区块链技术的不同设计体系和应用框架，区块链技术的分类也有如下不同：

公有链：以比特币这类数字货币体系为代表的是公有链，它的特征是完

[5] 时间戳：一个能表示一份数据在某个特定时间之前已经存在的、完整的、可验证的数据，通常是一个字符序列、唯一地标识某一刻的时间。

全去中心化，公有链的各个节点可以自由加入和退出网络，并参加链上数据的读写，网络中不存在任何中心化的服务端节点。

联盟链：联盟链的典型代表是类似 R3CEV 这样的联盟组织，这样的联盟链的各个节点通常有与之对应的实体机构组织，各节点通过授权后才能加入与退出网络。各机构组成利益相关的联盟，共同维护区块链的健康运转。

私有链：私有链现如今还没有很典型的机构代表，但是私有链的特性是私有链的各个节点的写入权限收归内部控制，而读取权限可视需求有选择性地对外开放。私有链仍然具备区块链多节点运行的通用结构，适用于特定机构的内部数据管理与审计。

一、发展历程

从区块链的发展历程来看，它的发展主要分成以下三个阶段：

（一）区块链和比特币相生相伴（2008—2012 年）

早期阶段，区块链技术就是比特币的附庸，是记录全网所有已发生的比特币交易的公开账本。这个账本由比特币矿工不断地创造新的区块来记录最新的交易，所以该账本理论上会一直增长、延长。同时，这些区块是按照时间顺序线性地加到区块链上。

这一阶段最明显的特征是区块链技术与比特币应用紧密相连，相生相伴。同时市场上的关注焦点在于比特币应用而非区块链技术。

（二）区块链技术衍生出多种数字货币[6]（2012—2015 年）

随着比特币的发展，这种数字货币能带来的经济效益被不断开发，除比特币外，莱特币、以太经典、聚宝币、美通币、狗狗币、点点币等网络货币层出不穷，形成币圈。同时，数字货币的底层技术——区块链开始被关注。

这一阶段最明显的特征是区块链技术和比特币应用解绑，开始广泛用于数字货币领域，多种数字货币兴起，同时围绕数字货币的完整产业链逐步形成。

（三）币圈链圈开始分流，区块链技术应用开始双向发展（2015 年至今）

自 2015 年起，区块链技术的诸多技术特性（去中心化、共识信任机制、信息可追溯且不可篡改等）逐渐受到社会诸多领域的关注和追捧，区块链技术开始被移植到金融、科技、司法等领域中去。与此同时，区块链行业自身的发展也受到诸多助力，一方面在投融资领域，区块链正成为一个新的创业和投资的风口，毕马威数据显示，仅 2015 年一年，投资到区块链和比特币领域的金额就高达额 4.74 亿美元；另一方面区块链和比特币初创企业数量迅速扩张，截至 2016 年，相关企业近千家，并且广泛分布在全球 90 多个国家和地区。

这一阶段最明显的特征是，区块链技术和虚拟货币逐渐解绑，开始诞生专注于将区块链技术与各行业结合的区块链企业，“链圈”形成。链圈逐步

---

[6] 数字货币是集合了电子货币和虚拟货币部分优点的一种新型电子加密货币。

与币圈（专注于虚拟货币的相关企业）并行发展。

表 3.2 所示为区块链发展大事件（一）。

表 3.2　区块链发展大事记（一）

时间	事件
2008 年	中本聪发表论文“Bitcoin：A Peer-to-Peer Electronic Cash System”（《比特币：一种点对点的电子现金系统》），提出区块链概念
2009 年	中本聪挖出第一批 50 个比特币，它们被称为上帝区块
2010 年	第一个比特币交易平台 MT.GOX[7]成立
	比特币价格首次与美元平价
	比特币与英镑、巴西币的兑换交易平台上线
2011 年	Mybitcoin 遭到黑客攻击，超过 7.8 万个比特币下落不明（当时价值 80 万美元）
	莱特币诞生
	第一次比特币会议和世博会在纽约召开
2012 年	Ripple 系统发布，跨国转账引入区块链技术
	法国比特币中央交易所诞生，这是首个在欧盟法律框架下进行运作的比特币交易所
2013 年	美卡币区块链断裂，交易中断 1 天
	德国承认比特币合法货币地位
	泰国封杀比特币
	中国央行明确比特币为“网络虚拟商品”而非货币
2014 年	MT.GOX 因安全漏洞关闭网站
	区块链并购投资火热，Chain 获 950 万美元投资
	Tilecoin 发布集成物联网实验设备

[7] 曾是世界上最大的比特币交易商，承担着超过 80%的比特币交易。后来在 2014 年下线。

续表

时间	事件
2015年	IBM 加入开放式账本项目（Open Ledger Project）
	Microsoft 宣布支持区块链技术
	德勤推出 Rubix 允许客户基于区块链的基础设施创建各种应用
	R3CEV 与 20 余家公司结成联盟，共享区块链研究数据、想法和技术
2016年	纳斯达克推出基于区块链技术的证券交易平台 Linq
	中国首个区块链联盟——中国分布式总账基础协议联盟成立

资料来源：零壹财经・零壹智库

根据乌镇智库的数据统计，自 2012 年以来全球区块链企业数量以每年 65.2%的增量飞速增长。从投融资数据来看，2014 年到 2016 年近三年累计融资总额达到 11.7 亿美元，主要公司（如 Ripple、Blocksteam、Chain、DAH、Circle 等）融资规模超过 5000 万美元。另外，仅 2016 年一年，区块链企业全球完成 139 次融资，累计融资规模超过 4.33 亿美元。

从 Google Trend 和百度指数关键词搜索来看，以美国为代表的海外市场从 2013 年便开始关注区块链技术，关注度在 2015 年下半年取得了爆发性的增长。相比之下，国内从 2015 年下半年才开始关注区块链技术，但 2016 年关注热度呈爆发式增长，产学研各界和政府都对区块链技术表示出了极大的兴趣。

表 3.3 所示为区块链发展大事件（二）。

表 3.3 区块链发展大事记（二）

发生时间	事件概述	事件影响
2015 年 9 月	全球银行巨头组建成立 R3 区块链联盟	为银行提供探索区块链技术的渠道及建立区块链概念性产品
2015 年 9 月	巴克莱银行和以色列一家初创公司共同完成了全球首笔区块链贸易结算	打响区块链技术在金融业落地的第一枪
2015 年 11 月	伦教证券交易所、伦敦清算所、法国兴业银行、瑞银集团（UBS）以及欧洲清算中心（Euroclear）等机构联合成立了区块链集团	探索区块链技术如何可以改变证券交易的清算和结算方式
2016 年第一季度	区块链财团 R3 CEV 发布了首个分布式账本实验。该实验使用了以太坊和微软 Azure 的区块链服务（Baas），并连接了巴克莱银行、BMO 银行金融集团、瑞士信贷银行等州家成员银行	R3 认为，这些银行将通过分布式账本上的代币资产来模拟交易，无须中心化的第三方参与
2016 年第一季度	联合国会发展部（UNRISD）发布《加货币以及区块链技术在建立稳定金融体系中的作用》的报告	报告提出了利用区块链技术构建一个更加稳固的金融体系的想法，并认为区块链在改善国际汇兑、国际结算、国际经济合作等领域有着很大空间
2016 年 11 月	10 家 R3 区块链联盟银行成员成功测试区块链身份登记系统	该登记系统作为银行间的共享平台，为金融领域提供一种 KYC 管理机制[8]

[8] KYC 系统运作机制首先是利用各项风控技术对资产进行风险分类，同时对用户进行测评，并将用户分为五大类：保守型、稳健型、平衡型、成长型、进取型（这只是一种常见的分类方式）或对投资者风险承受力评估结果进行量化，从而根据既定的适配系统实现资产和资金的精准匹配，确保合适的产品卖给合适的投资人。

续表

发生时间	事件概述	事件影响
2016 年 11 月	高盛和桑坦德接连退出 R3 联盟	区块链联盟发展蒙上阴影
2017 年 1 月	美国金融业监管局就区块链技术向公众征求意见	加速美国监管对区块链的探索

资料来源：零壹财经·零壹智库。

国内的区块链技术发展及应用虽然起步较晚，但目前区块链技术在我国受到了越来越多的关注，这场颠覆式的创新浪潮如今愈演愈烈。

表 3.4 所示为区块链发展大事件（三）。

表 3.4　区块链发展大事记（三）

发生时间	事件概述	事件影响
2015 年 10 月	上海召开《区块链一新经济蓝图》全球区块链峰会	由中国第一家区块链技术专业机构万向区块链实验室宣布成立。银行、政府及其他金融机构开始关注区块链
2015 年 12 月	中国区块链应用研究中心成立	标志着中国区块链应用探索进入跨领域合作阶段
2016 年 1 月	中国人民银行行长周小川表示已成立央行数字货币研究小组，将对区块链应用展开研究	监管首次发声，肯定区块链的作用
2016 年 2 月	北京中关村区块链产业联盟成立	为打造完整的产学研区块链产业链奠定了基础

续表

发生时间	事件概述	事件影响
2016年9月	第二届区块链全球峰会在上海召开	万向区块链实验室宣布将成立“万向创新聚能”，投资额度高达200亿元，成为当时全球最大的区块链应用项目
2016年9月	中国人民银行金融研究所、中国社会科学金融研究院等机构联合发布《中国互联网金融发展报告（2016）》蓝皮书，指出区块链将有望主导共享金融	监管层多次发声，区块链迎来多项利好
2016年10月	由工信部和软件服务司指导的中国区块链技术和产业发展论坛成立大会在北京召开，大会发布了《中国区块链技术和应用发展白皮书》	对区块链产业未来发展具有重要指导意义
2016年12月	贵阳市政府发布区块链发展和应用白皮书	希望构建主权区块链应用示范区
2017年2月	央行推动的基于区块链的数字票据交易平台已测试成功	全球范围内中国央行可能将成为首个发行数字货币并开展真实应用的中央银行
2017年5月	中国人民银行成立金融科技委员会	为区块链在金融领域的发展提出方向
2017年7月	中国贵阳发布ICO沙盒计划	为ICO监管提供指导意见
2017年9月	央行联合六部委联合下发《关于防范代币发行融资风险的公告》	定性ICO为“非法金融活动”，要求ICO项目组织和个人作出清退安排

资料来源：零壹财经·零壹智库。

二、发展现状

当前区块链行业主要分为币圈和链圈两大类，币圈和链圈并没有官方或权威机构的定义和分类，是区块链相关从业者依照区块链应用场景或应用目的来划分的。所谓币圈就是专注于挖矿、炒币及进行数字货币融资（俗称ICO[9]）的这部分从业者。专注于区块链技术的开发、商业应用的创业者则聚集在“链圈”。由于在上述章节已经提到数字货币发展从比特币诞生开始就一直在发展进化，如今基于数字货币的区块链技术已经较为成熟，对“币圈”来讲区块链技术的进一步发展已经不是他们的重心所在，而对于“链圈”来说由于目前区块链技术本身还存在很多技术瓶颈，同时和其他领域结合应用也存在很多问题，所以他们还在积极探索中。币圈和链圈之间虽然不存在绝对矛盾，但中间也可谓泾渭分明。

本章节从币圈和链圈两大维度来梳理区块链行业的整体发展现状。

（一）币圈

谈到币圈，不得不提到数字货币的发展，而数字货币的快速发展又离不开ICO的融资推动。所以数字货币和ICO的发展是紧密相连的。本章节主要梳理数字货币及ICO的国内外发展概况。

---

[9] ICO全称为Initial Coin Offerings（首次代币公开发行），Coin一般指的是Crypto-Token（加密代币）。一般而言，ICO指区块链初创项目在区块链平台上发行项目独有的加密代币、投资者通过使用指定的数字货币（如比特币、以太币）购买代币的方式为项目进行众筹融资的行为。ICO项目参与方主要包括ICO项目发起者（国际上比较著名的是比特币和以太坊、国内是小蚁等）、ICO平台（这里主要指二级交易平台、比较著名的有ICOAGE、ICO365等）和投资者。

作为区块链技术的一大应用领域的数字货币在国内的发展更加曲折：2016年，比特币搭上了区块链的快车，价格一路飙升。2016年8月起，比特币价格势如破竹，最终定格在6800元左右，与年初2351元相比，翻了几番。但在2017年年初，比特币价格在短时间内突破8800元，价格动荡引起监管层注意。监管快速跟进，央行北京、上海分支机构约谈火币网、币行（OKCoin）、比特币中国（BTCChina）三大比特币交易平台负责人。

2017年5月24日，来自全球21个国家的56个数字货币公司就比特币扩容问题达成共识。当日比特币价格最低从14400元涨至16651元。本次比特币扩容共识的达成带动了国内外投资人士的做多情绪，从而带来了一波大涨行情。比特币最高价格曾一度突破20000元人民币。

随着2017年以来以比特币为代表的数字货币价格疯涨，以火币网、币行（OKCoin）、比特币中国（BTCChina）为代表的国内比特币交易平台，这几年持续处在舆论浪尖。一方面，它们盘活了整条比特币产业链，占据全球70%以上的比特币交易量；另一方面，刷单、洗钱等质疑也层出不穷。

1. 全球数字货币概况

根据VISA发布的《全球数字资产关键数据调查》，截至2017年9月，全球数字资产的整体规模越来越大，各种数字货币的总体市值已经突破250亿美元大关，其中的全球参与者（数字资产使用者）保底也有290万人。

2. 全球ICO融资概况

2013年是ICO萌芽阶段，2014年影响力较大的主要是以太坊融资；2015年，从融资规模上，相对平淡 ；2016年，以The DAO ICO为标志，国内外 ICO 市场井喷式爆发。从全球的 ICO 融资额来看，据统计，2015 年全球 ICO 融资额仅为 1400 万美元，但到 2017 年，国内外 ICO 市场规模呈爆发式增长态势。Autonomous NEXT 的区块链 ICO 状况报告相关数据显示，仅 2017 年上半年，全球主要 ICO 项目就超过 100 个，合计融资金额超过 12 亿美元，平均融资额 2260 万美元，然而在 ICO 爆发式增长的背后，隐藏风险也在迅速放大。

图 3.1 所示为全球 ICO 融资规模。

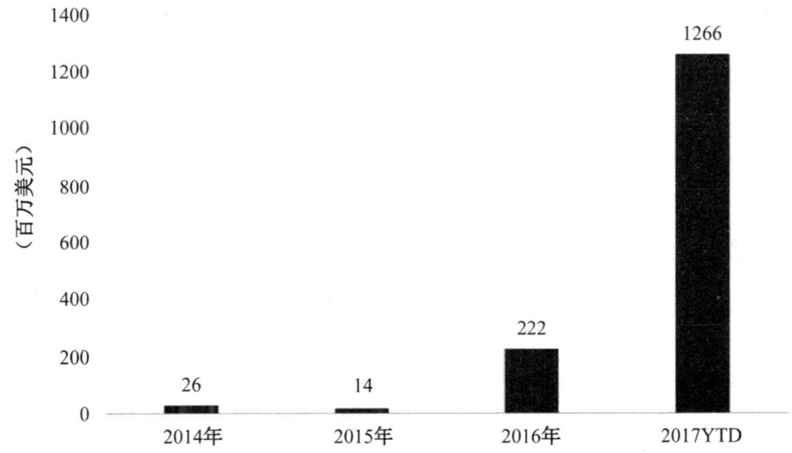

图 3.1　全球 ICO 融资规模

资料来源：Autonomous NEXT。

3. 国内 ICO 概况

国内方面，根据国家互联网金融安全技术专家委员会发布的《2017 上半年国内 ICO 发展情况报告》，截至 2017 年 7 月 19 日，ICO 市场累计成交规模26.16亿元，累计参与人次达10.5万。而据零壹数据统计，截至2017年9月4日央行政策落地时，国内平台发起的ICO项目募集资金总额为60亿～70亿元。

据零壹数据统计，截至2017年9月11日，至少有73家平台曾开展ICO服务。从平台所属地域来看，北京共有10家、上海12家、深圳7家，一线城市总共29家，其他区域37家，另有7家未透露所在地域。此外，香港有4家[10]。

4. ICO风险高企，已成非法融资工具

自2017年以来，因为ICO受监管限制较少、门槛极低、融资速度较快、跨国融资便捷等优势的影响，在国内外ICO市场规模呈爆发式增长态势。

根据2017年8月美国证监会（SEC）发布的谨防ICO骗局的警告，目前部分市场声称与ICO有关，实则可能存在诈骗，同时该警告还表示一些ICO企业可能存在“拉高出货”和“市场操作”的风险。

一方面，很多ICO发行方或者平台通过操纵ICO价格，创造高回报来吸引投资者进场接盘，然后通过放出ICO代币来榨取高额利益。这就是俗称的“割韭菜”。

另一方面，ICO假借区块链的名义来从事金融交易，绕开金融监管机构，

---

[10] 各地家数分布详情：广东（16）、上海（12）、北京（10）、贵州（3）、湖北（2）、江西（2）、浙江（2）、四川（2）、江苏（2）、安徽（2）、吉林（1）、宁夏（1）、重庆（1）、河南（1）、辽宁（1）、福建（1）、香港（4），以及美国（1）、加拿大（2）、未知（7）。

使得 ICO 游离在金融监管之外。由于 ICO 规模发展迅速，已经逐渐形成规模效应，导致正常的金融生态体系遭到破坏。

再有，信息披露极度缺乏，资金的筹集和使用缺乏托管机构监管，以及对投资者没有相应的风险提示及教育，容易诱发跑路风险及群体性事件。

最后就是 ICO 本身的界定问题，由于 ICO 本身是新生事物，监管主体并不明确，法律法规更是极度缺失。所以 ICO 本身已成为法外之地，这本身会对社会稳定带来很大的风险。

5. ICO 成引爆点，监管层密集表态

2017 年以来，ICO 以高收益引发投资者热烈追捧，但因市场良莠不齐、制度欠缺，其潜在风险受到多方关注。从监管层密集表态要对 ICO 出台严格监管措施，直至 9 月 4 日央行等七部委联合发声将 ICO 定性“涉嫌从事非法金融活动”并彻底取缔，中间不到 1 个月时间。

具体时间如表 3.5 所示。

表 3.5　2017 年国内 ICO 监管表态概况

时间	主体	表态内容
8 月 16 日	北京市金融工作局局长霍学文	凡是“管别人钱的活动”都应纳入监管，ICO 也应该纳入监管
8 月 17 日	央行金融市场司组织，证监会、银监会多个主要司局针对 ICO 监管举行会议	会议主要涉及控制 ICO 规模，加强信息披露，监督募集的数字货币，发布投资风险警告书等。此外，如果发现大的风险，监管甚至会暂停所有 ICO 行为并加以整顿

续表

时间	主体	表态内容
8月24日	银监会首次针对虚拟货币筹资做出规定	银监会起草了《处置非法集资条例（征求意见稿）》指出：未经依法许可或者违反国家有关规定，以虚拟货币等名义筹集资金的行为，应当进行非法集资行政调查
8月28日	北京市网贷行业协会发布风险提示	点名ICO五大风险：①相关线上交易平台，存在非法经营和涉税等风险；②相关项目发起人和机构，存在洗钱、非法集资和组织传销、涉税等风险；③相关投资人，存在参与非法集资、传销等风险；④相关技术、媒体服务/研究机构，存在参与、组织非法集资、传销、虚假宣传等风险；⑤相关监管机构已经高度重视并提示ICO的风险
8月30日	中国互联网金融协会发布《关于防范各类以ICO名义吸收投资相关风险的提示》	提示了两大主要风险事项：①国内外部分机构采用各类误导性宣传手段，以ICO名义从事融资活动，相关金融活动未取得任何许可，其中涉嫌诈骗、非法证券、非法集资等行为；②由于ICO项目资产不清晰，投资者适当性缺失，信息披露严重不足，投资活动面临较大风险。投资者应冷静判别，谨慎对待，自行承担投资风险
9月4日	央行等7部委联合下发《关于防范代币发行融资风险的公告》	对ICO定性"涉嫌从事非法金融活动"且严重扰乱了经济金融秩序。公告要求各类代币发行融资活动立即停止。已完成代币发行融资的组织和个人应当做出清退等安排，合理保护投资者权益，妥善处置风险。公告显示，代币发行融资中使用的代币或"虚拟货币"不由货币当局发行，不具有法偿性与强制性等货币属性，不具有与货币等同的法律地位，不能也不应作为货币在市场上流通使用
9月13日	中国互联网金融协会发布《关于防范比特币等所谓"虚拟货币"风险的提示》	比特币等所谓"虚拟货币"缺乏明确的价值基础，市场投机气氛浓厚，价格波动剧烈，投资者盲目跟风炒作，易造成资金损失，投资者需强化风险防范意识。值得注意的是，比特币等所谓"虚拟货币"日益成为洗钱、贩毒、走私、非法集资等违法犯罪活动的工具，投资者应保持警惕，发现违法犯罪活动线索应立即报案

资料来源：零壹财经·零壹智库。

这不到一个月的监管密集表态，尤其是以 9 月 4 日的央行联合六部委发布的《关于防范代币发行融资风险的公告》规格最高、影响最大。

6. 各大交易所陆续关停，虚拟货币前途未卜

2017 年 9 月 13 日，中国互联网金融协会发布《关于防范比特币等所谓“虚拟货币”风险的提示》（以下简称《提示》），《提示》明确指出，近年来，比特币、莱特币等各类所谓“虚拟货币”在一些互联网平台进行集中交易，涉及人数逐渐扩大，所形成的金融和社会风险隐患不容忽视。

随着《提示》的发出，虚拟货币交易所被带到了风口浪尖。虚拟货币交易所是指虚拟货币和法币之间的中介交易平台。现如今，虚拟货币所大体分为两类，第一类是较大型交易所，也就是比特币的一手交易平台（如 OKCoin 币行、火币网、比特币中国等）。这类平台较为正规，投资人需要实名注册，并且目前交易所币种都是国际公认的主流虚拟货币（如比特币、以太币等）。还有一类是 OTC 场外交易平台，也就是二手交易平台（主要提供比特币或以太币及非主流虚拟货币交易）。该类平台也是 ICO 项目的主要交易平台。此类平台有两大弊端，第一是此类平台一般不像前者那样需要实名制和身份认证。第二是平台自身对于 ICO 项目的审核和把控不严，极易出现虚假项目及虚假交易。

ICO 事件之所以造成如此恶劣的影响，部分虚拟货币交易所难逃罪责，它们提供了法定货币与虚拟货币，以及虚拟货币之间的交易通道，并且对虚拟货币项目方没有起到审核及把关的作用。这使得国内虚拟货币市场币种泛滥，再加上大量投资人把这些虚拟货币作为投机工具，国内虚拟货币数量飞速增长且良莠不齐。

表 3.6 所示为主要交易所关停时间表。

表 3.6　主要交易所关停时间表

平台名称	暂停时间及暂停业务	最后关停节点
火币网	1.2017 年 9 月 15 日 21:30 起，火币网暂停注册、人民币充值业务 2.火币网将于 9 月 30 日前通知所有用户即将停止交易 3.火币网将于 10 月 31 日前，依次逐步停止所有数字资产兑人民币的交易业务	10 月 31 日前
OKCoin	1.2017 年 9 月 15 日 21:30 起，OKCoin 币行暂停注册、人民币充值业务 2.OKCoin 币行将于 9 月 30 日前通知所有用户即将停止交易 3.OKCoin 币行将于 10 月 31 日前，依次逐步停止所有数字资产兑人民币的交易业务	10 月 31 日前
比特币中国	比特币中国将于 9 月 30 日关停一切交易，包括比特币中国交易平台上的比特币/人民币、莱特币/人民币、比特币/莱特币交易，以及区块链+交易平台上的比特现金/人民币、以太坊/人民币交易	9 月 30 日 12 时
中国比特币	1.中国比特币从 2017 年 9 月 15 日 24:00 点起，暂停新用户注册、人民币充值业务，撤销充值通道 2.下架工作会逐步依次开展，但最迟不会超过 10 月 31 日	10 月 31 日前
微比特	1.9 月 22 日 16:00：停止新用户注册、停止所有人民币和数字货币的充值 2.9 月 25 日 24:00：停止所有交易对的交易； 3.9 月 30 日 24:00：微比特交易平台网站将正式关闭，不再提供服务	9 月 30 日 24 时

续表

平台名称	暂停时间及暂停业务	最后关停节点
比特币交易网	1.2017 年 9 月 15 日 23:00 起，比特币交易网停止新用户注册、人民币充值业务； 2.比特币交易网将于 9 月 30 日前依次逐步停止所有数字资产兑人民币的交易业务	
大比特	1.从 2017 年 9 月 20 日 12:00 起，大比特网将暂停注册、人民币充值业务 2.大比特网将于 9 月 30 日前通知所有用户即将停止交易 3.大比特网将于 10 月 31 日前，依次逐步停止所有数字资产兑人民币的交易业务	10 月 31 日前
大红火	1.9 月 15 日：停止注册、资产充值 2.9 月 16 日：上午 11:00 停止所有交易对的交易 3.9 月 30 日：中午 12:00 网站停止服务	9 月 30 日 12 时

资料来源：零壹财经 • 零壹智库。

据零壹财经 • 零壹智库不完全统计，除了上述几家主流交易所以外，已经关停的其他虚拟货币交易所还包括币创网、BitVC、云币网、币贝网、BTC100、币贝网、币盈网和币兴网等十余家。随着更多的虚拟货币交易所关停，国内的虚拟货币发展很有可能出现停滞。

7. 海外监管趋严，ICO 项目转战海外或成空

央行联合六部委发布的《关于防范代币发行（ICO）融资风险的公告》（以下简称《公告》）将 ICO 定性为非法行为，同时要求合理安排清退工作。随着监管公告的出台，多家 ICO 项目及平台一边根据监管要求安排清退工作，另一边认识到国内形势严峻，希望转战海外市场。根据零壹财经 • 零壹

智库不完全统计，小蚁、量子链、印链等国内多家著名 ICO 项目在投资者公告中都提到正在和国外对接的安排。

国内的 ICO 项目方幻想或成空。早在 2017 年 3 月，日本内阁通过《关于虚拟货币交换业者的内阁府令》，规定从事数字资产交易业务需向政府进行申请并提交相应的信息报备。同年 7 月，美国 SEC 也通过发布调查报告称，部分数字资产的发行和销售应纳入联邦证券法，并要求相关机构进行注册，否则将视为非法。2017 年 9 月，韩国当局的金融服务委员会（FSC）牵头九部委公布了对数字资产的监管施行方案，表示将加强监管，并对洗钱、非法融资及非法交易活动进行调查。随后，日本的监管机构向 11 家比特币交易所发放了数字货币交易许可证。

由于金融业务负外部性较强，对于非法集资的打击是全球共识，所以海外监管整体态势趋严是大势所趋，所以，很多国内 ICO 项目是否能成功出海，犹未可知。

（二）链圈

1. 联盟组织

众多金融机构和互联网企业自发性的成立多个区块链联盟，凸显了这些企业和机构对区块链技术未来前景的看重，如表 3.7 所示。从各个组织的企业构成和已公布的发展目标来看，聚焦于金融行业的主要是国外的 R3 和国内的 China Ledger 联盟及金链盟，这三个组织成员基本上都是金融机构。它们的目标和方向也是探索区块链技术在金融领域的落地。而超级账本联盟的定位则偏向于综合性区块链技术开发平台，该联盟成员涉及多个行业，该组织目标也是为多个行业服务。而中关村区块链联盟则偏重于理论研究层面，例如，行业标准制定、专利体系打造等。

表 3.7　主流区块链联盟构成情况

区块链联盟名称	组织成员构成
R3 区块链联盟	目前已经有 40 多家国际银行组织加入，成员几乎遍布全球。该组织主要致力于为银行提供探索区块链技术的渠道，以及建立区块链概念性产品
超级账本（Hyperledger）	目标是让成员共同合作，共建开放平台，满足来自多个不同行业各种用户案例，并简化业务流程。在行业应用方面，该组织涉及多个领域，例如，制造、银行、保险、物联网等
中关村区块链联盟	在区块链产业研究、政策支撑、网络协议标准、专利体系、创业孵化、创新应用、国际合作方面积极开展工作，目前来看偏交流层面
中国分布式总账基础协议联盟（China Ledger 联盟）	联盟首批 11 家成员包括国企和民企，分别为中证机构间报价系统股份有限公司、中钞信用卡产业发展有限公司北京智能卡技术研究院、浙江股权交易中心、深圳招银前海金融资产交易中心、厦门国际金融资产交易中心、大连飞创信息技术有限公司、通联支付网络服务股份有限公司、上海矩真金融信息服务有限公司、深圳瀚德创客金融投资有限公司、乐视金融、万向区块链实验室
金链盟（金融区块链联盟）	金链盟发起成员共 25 个，分别是安信证券、京东金融、博时基金、重庆股转中心、第一创业证券、富德保险控股、国信证券、恒生电子、南方基金、平安银行、齐鲁股交中心、平安金科、微众银行、金证股份、深金信会、赢时胜、致远速联、四方精创、银链科技、深证通、武交中心、招商证券、招银网络、中股集团、中证信用。此外，华安财险、华为、前海股转、前海人寿、腾讯、山东城商行合作联盟 6 家也是金链盟成员单位
中国区块链研究联盟	由中国万向控股有限公司、厦门国际金融技术有限公司、中国保险资产管理业协会、包商银行股份有限公司、营口银行股份有限公司共同发起
微链盟（区块链微金融产业联盟）	微链盟是一个以区块链微金融为平台和纽带的整合创新联盟，由中望金服、国嘉资本、布比、PDX 全息互信、富友集团、同盾科技、91 征信等 20 家金融服务机构和科技企业发起成立

续表

区块链联盟名称	组织成员构成
银行间市场区块链技术研究组	区块链技术研究组首批成员单位包括中国外汇交易中心、上海黄金交易所、上海清算所、中国国债登记公司、中国银行间市场交易商协会、中国银联、工商银行、农业银行、交通银行、浦发银行、上海银行、汇丰银行、花旗银行、平安保险、中信证券、道富银行、中国金融电子化公司等 19 家机构
陆家嘴区块链金融发展联盟	陆家嘴区块链金融发展联盟由上海市互联网金融行业协会、上海金融业联合会和中国金融信息中心发起成立

资料来源：零壹财经·零壹智库。

2. 金融机构

（1）国际

从 2015 年下半年开始，欧美诸多大型金融机构要么自建实验室积极布局研发行业准则和技术准则，要么积极加入国际区块链联盟，分享技术研究成果，增加行业影响力。表 3.8 梳理了部分欧美金融机构的区块链布局情况。

表 3.8 部分欧美金融机构区块链技术研发情况

欧美金融机构	相关布局情况
瑞士银行	在伦敦设立区块链实验室
花旗银行	推出“花旗币”
高盛银行	建立“SETL Coin”平台，以及参与纳斯达克的区块链系统建设
VISA	印度的研究中心储备技术人才，自主开发区块链系统
摩根大通	参股数字资产控股公司 DAH
万事达	Mastercard 参股 DCG 公司

续表

欧美金融机构	相关布局情况
巴克莱银行	通过“孵化器”项目，选择一系列有潜力的区块链公司开展合作
跨境支付	摩根大通、花旗、巴克莱、桑坦德、Swift 均已完成或正在进行跨境支付测试
R3 金融业联盟	由摩根大通、高盛等逾 50 家大型机构组成
Hyperledger[11]跨行业联盟	由 IBM、英特尔、R3 等机构组成

资料来源：零壹财经·零壹智库。

（2）国内

2016 年以来，多家金融机构态度积极、研发活跃。

①国内先后出现多家区块链联盟：例如，中国区块链研究联盟 2016 年 1 月成立，成员包括万向控股、厦门国际金融技术有限公司、中国保险资产管理业协会、包商银行、营口银行等。又如，中国分布式总账基础协议联盟于 2016 年 4 月成立，首批 11 家成员包括中证机构间报价系统股份有限公司、乐视金融、万向区块链实验室等。再如，金融区块链合作联盟（金链盟）于 2016 年 6 月成立，包括微众银行、京东金融、华为等在内，汇集了 31 家金融公司和企业。

②国内金融机构参与国际性区块链联盟：平安银行、招商银行先后宣布加入 R3 金融业联盟，成为 R3 首家中资机构成员。

③互联网金融企业自主研发在相关金融领域的应用：蚂蚁金服 2016 年

[11] 全球区块链联盟。

7月宣布区块链技术即将上线，并将首先应用于支付宝的爱心捐赠平台。微众银行则借助金链盟，牵头研究区块链底层技术平台、区块链云服务，以及区块链理财产品一级和二级市场。众安科技在2017年年初宣布将输出一个平台区块链云平台。目前众安科技已孵化了一系列创新型产品，并为其提供区块链、图像识别、智能合约等技术支持。京东金融也在2017年3月推出基于区块链底层技术的资产云工厂底层资产管理系统，已帮助消费金融服务公司落地到京东金融的资产云工厂业务中。

零壹财经·零壹智库梳理了2016年以来各家金融机构及金融科技企业（以下简称“金融机构”）在各个金融领域中区块链技术的探索情况，可以看到主要分布在跨境金融、资产证券化、保险、票据、供应链金融等领域，如招商银行区块链跨境清算、点融网、富金通的区块链供应链金融平台、浙商银行数字汇票应用、京东和百度的区块链资产证券化平台都已经上线，还有恒生电子下半年即将上线的区块链数字票据系统，如表3.9所示。

表3.9　国内金融机构/金融科技企业区块链应用探索领域

名称	发生事件	应用领域
中国银联	试水区块链技术的跨行积分兑换系统	跨行积分兑换
民生银行	加入R3区块链联盟	跨境支付
招商银行	基于区块链的跨境清算系统马上正式投产	跨境支付、清算、结算
宜信、大大买钢网	翼启云服运用区块链技术	供应链金融
易见股份、IBM中国研究院	联合发布国内首个区块链供应链金融服务系统—“易见区块”	供应链金融
点融网、富金通	推出名为“Chained Finance”的区块链金融平台	供应链金融

续表

名称	发生事件	应用领域
中国央行	基于区块链的数字票据交易平台测试成功	票据
恒生电子	探索区块链技术应用场景	票据
浙商银行	上线国内首个区块链移动数字汇票应用	票据
百度、华能信托等	正式推出基于区块链技术的资产管理系统，并完成放款	资产证券化
京东金融	正式推出基于区块链技术的资产云工厂底层资产管理系统，现在已经完成首笔放款	资产证券化
众安科技	宣布正式成立全资子公司众安科技，探索区块链业务	保险
人寿保险	与金融服务公司约翰汉考克公司探索保险行业的区块链概念验证	保险
阳光保险	航空意外险的区块链技术落地	保险
中国平安	宣布加入全球区块链联盟 R3，开始对区块链技术进行探索	资产交易和征信
蚂蚁金服	在支付宝爱心捐赠平台上线区块链公益筹款项目，让每一笔善款可被追踪	公益捐赠平台
微众银行、华瑞银行	联合开发区块链系统	贷款的结算、清算
邮储银行	与 IBM 合作推出了基于区块链的资产托管系统	资产托管
万达集团	将推出万达区块链交易所平台	财税票系统

资料来源：零壹财经·零壹智库。

3. 技术服务商

2016 年被称作区块链技术元年，越来越多的金融机构和金融科技公司宣布探索区块链在金融上的运用，国内区块链技术服务商跟随金融机构的脚步，一方面基于以太坊智能合约作为底层架构，通过提供中间层工具及协议和应用层的身份验证、证明、云存储等去中心化应用，帮助金融机构/金融科技公司改造传统金融系统，涉及的金融场景主要为跨境支付清算结算、股份管理交易、供应链金融等。另一方面基于区块链的个性化协议，帮助金融机构/金融科技公司完成区块链系统的底层架构。这两方面我们统称为区块链技术服务商提供的服务。

目前主流的区块链技术服务商的底层架构主要分为两类，分别基于区块链个性化底层协议以太坊智能合约。前者指区块链技术服务商自己搭建底层架构与金融机构/金融科技公司合作，进行不同金融领域区块链技术的个性化定制，例如，矩阵金融（矩阵元）、33复杂美区块链（33区块链）、布比区块链（BubiChain）等，后者指基于以太坊的底层架构，通过智能合约来制定规则，搭建应用场景，如众托邦、朝夕网络、雷盈科技等。虽然底层架构种类较多，但是从应用领域来看，主要是数字票据、供应链金融、股权交易等金融场景的探索和尝试。

表3.10所示为国内部分专注于区块链技术的服务商。

表3.10　国内部分专注于区块链技术的服务商

区块链底层技术	国内区块链技术服务商	应用场景
基于区块链的个性化协议	矩阵金融	支付清算、登记存托、资产交易等领域的区块链系统建设
	33复杂美区块链	票据、清算支付系统
	金丘区块链	信用卡积分
	智能坊	智能合约在互助、股权交易等

续表

区块链底层技术	国内区块链技术服务商	应用场景
基于区块链的个性化协议	布比区块链	数字资产、贸易金融、股权债权
	银链科技	供应链金融
	太一云科技	保险、资产、股权等领域
	趣链科技	票据、供应链金融
基于以太坊智能合约	众托邦	智能合约互助保险
	雷盈科技	智能合约解决资产量化交易
	朝夕网络	智能合约解决金融应用场景方案

资料来源：零壹财经·零壹智库。

区块链技术服务商除了自身技术积累以外，还必须与金融机构合作才能使金融+区块链应用场景实际落地。零壹财经·零壹智库梳理了部分国内区块链技术服务商的服务对象（见表 3.11），可以看出区块链技术服务商的主要的客户群体是金融机构/金融科技公司。通过个性化协议和以太坊底层协议，探索金融+区块链的解决方案，其中涉及多个金融应用场景，如布比与中金支付打造供应链金融服务平台、趣链科技与中国农行的涉农互联网电商融资系统上线，33 复杂美联手美的金融共同打造区块链票据系统，众托帮与阳光保险合作专注于区块链互助平台，云象科技与兴业银行合作的区块链系统已经上线，金丘区块链与银联合作提供银行间信用卡积分区块链解决方案等。总的来说，区块链技术服务商现阶段已经与多个金融机构/金融科技企业合作，共同探索金融+区块链项目，并有一些项目已落地。

表 3.11　部分与区块链技术服务商合作的金融企业

区块链初创企业	金融机构/金融科技公司
布比区块链	中金支付、E 税客、阳光保险、数贝荷包等
趣链科技	中国农业银行、浙商银行、上海证券交易所、中国银行间交易商协会、上海数据交易中心等
33 复杂美区块链	广发证券、海航海平线、阿里云、美的金融等
众托帮	阳光保险
云象科技	兴业银行、民生银行等
金丘区块链	银联

资料来源：零壹财经·零壹智库。

从综合区块链服务商技术发展方向和发展进度来看，国内区块链服务技术服务商大多都是基于以太坊智能、区块链个性化协议作为底层架构，加快与国内金融机构/金融科技公司合作探索相关项目的合作落地。

4. 业务模式

（1）区块链产业链

当前产业链分析：从底层基础到实际应用

区块链产业链的参与者可以分为四个层次：基础层、中间层、应用层及辅助平台，如图 3.2 所示。

①基础层：区块链生态的底层架构、逻辑框架和算法模式等，无论是共识算法[12]的更新、加密模式的创新、奖励机制的完善等，都需要依赖结合实

[12] 在一个节点或者多个节点提议了一个值应当是什么后，使整个分布式系统对这个值达成协定的算法。

际应用来发展基础层的逻辑和架构。

②中间层：基于区块链底层逻辑、技术、算法、机制的中间应用，致力于完善基于区块链逻辑的各种系统的流程改造、二次应用等。

③应用层：开发解决用户实际需求的区块链应用，比如，基于分布式账本开发的应用，包括身份验证、交易所、比特币、云存储等；再比如，基于去中心化体系开发的应用，包括跨境金融、P2P 借贷等。

④辅助平台：扶持、传播区块链技术，制定区块链技术标准。

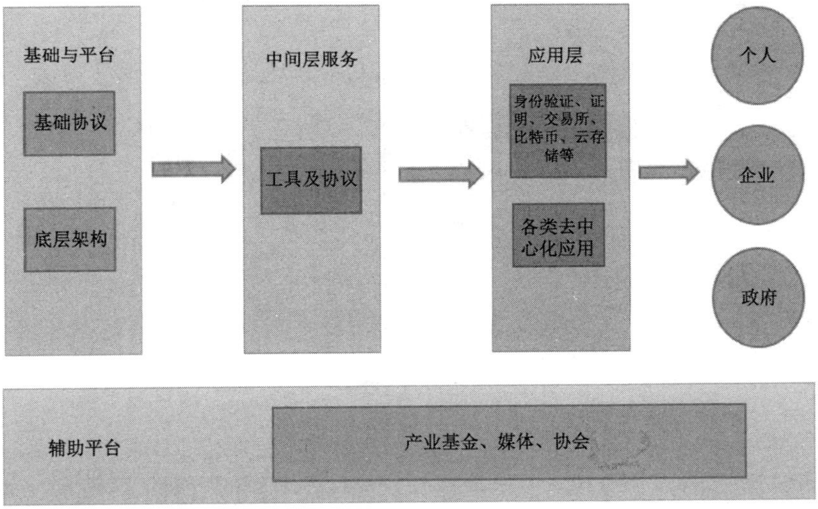

图 3.2　区块链产业链

资料来源：零壹财经·零壹智库。

在区块链技术发展的初期，应用层和基础平台是紧密结合的，区块链的基础协议，以及设定的虚拟货币（比特币）就是为了实现支付功能。而随着区块链技术开始在各个领域的探索，基础平台和应用平台开始脱离，以以太坊为例，它为其他开发者提供更为完善的区块链基础协议，其他开发者可以根据这个基础的协议去开发新的去中心化应用（DApps）。以此为标志，整个区块链的产业链开始衍生出了各个不同的生态层次。

（2）区块链的盈利模式

区块链的本质是去中心化的共享账簿，但商业模式也和传统的商业模式大同小异，以以太坊为例，它是典型的新一代区块链平台，主要提供底层架构平台（基础层设置），其他机构或者用户可以在底层架构上搭建各种应用（应用层设置），就如同建立城市一样，以太坊的角色如同政府和包工头，提供土地和建筑队，其他公司和个人可以根据自己喜好搭建各种建筑。

而以太坊应用的一个例子是 Eris Industries[13]。Eris Industries 可以帮助客户运行一个定制化的“区块链即服务（BaaS）”，令用户可以通过智能合约自行定义协议的规则。

三、新技术的应用

（一）区块链系统的技术内涵

1. P2P 点对点传输技术

P2P 点对点传输技术是区块链系统连接各节点的重要组网技术，学术界将其翻译为对等网络，在多数媒体上则被称为“点对点”或“端对端”网络，该技术是建构在互联网上的一种连接网络所示为一种典型中心化网络模式，

[13] Eris Industries 是一家区块链基础设施供应商，Eris 起初是以太坊的一个分支，运行一个定制化的“区块链即服务”，令用户可以通过智能合约来自己定义协议的规则。

目前主流金融机构的网络模式多采用中心化模式。

P2P网络模式与传统机构的中心化网络模式不同，在网络传输信息时，各个节点的地位平等，不存在中心化的服务器。所有节点间通过特定的软件协议共享部分计算资源、软件或者信息内容。在比特币出现之前，P2P网络计算技术已被广泛用于开发各种应用，如即时通信软件、文件共享和下载软件、网络视频播放软件、计算资源共享软件等。该技术是区块链技术核心架构的组成部分。

2. 非对称加密算法

非对称加密算法是指使用公私钥对数据存储和传输进行加密和解密。公钥（Public Key）与私钥（Private Key）是通过一种算法得到的一个密钥对，公钥是密钥对中公开的部分，私钥则是非公开的部分。公私钥对计算时间较长，主要用于加密较少的数据。举例来说，需要给某人发送信息只需用公钥加密后广播出去，因为只有相应的私钥才能解密获得信息，某人需要证明该信息是出自自己，用私钥加密，其他人使用此人私钥能够解密即能够证明该信息出自此人。比特币系统中公钥相当于账号，私钥相当于密码。区块链正是使用非对称加密的公私钥对来构建节点间信任的，如图3.3所示。

图3.3　非对称加密解密流程

资料来源：工信部区块链白皮书。

3. 分布式数据库技术

随着互联网的发展，数据的类别和存储方式都在发生着变化，类别上是从最初的关系数据到大数据的演变，而从存储方式来看是从最早的关系型数据库，到大数据背景下应运而生的非关系型数据库，再到现如今的分布式数据库系统，如图 3.4 所示。

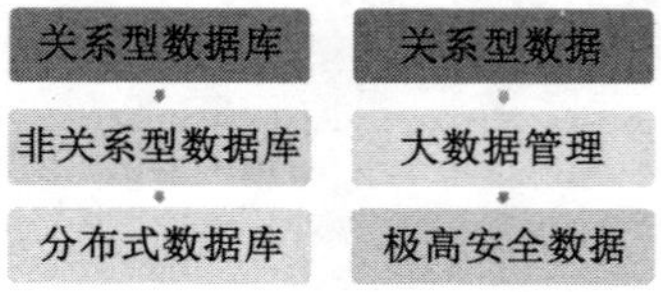

图 3.4　数据及数据库的演进

资料来源：工信部区块链白皮书。

（二）区块链系统的演进

1. 区块链 1.0——数字货币系统

2009 年年初，区块链系统作为比特币重要底层技术，随着比特币网络的正式面世而被大众所知。此后随着时间的推移，在比特币面世多年后，多家金融机构认识到区块链技术作为一种分布式共享账簿，其理念所带来的变革和未来的应用潜能远远超过比特币本身。

2009—2013 年，区块链技术都潜藏在比特币这项应用的底层，无人问津。

区块链的一些技术特点如下：

（1）链状数据块架构

区块链系统各节点通过共识机制算法选取具有打包交易权限的区块节

点，该节点需要将新区块的前一个区块的哈希值、当前时间戳、一段时间内发生的有效交易及其梅克尔树根值等内容打包成一个区块，向全网广播。由于每一个区块都是与前续区块通过密码学证明的方式链接在一起的，当区块链达到一定的长度后，要修改某个历史区块中的交易内容就必须将该区块之前的所有区块的交易记录及密码学证明进行重构，这一架构有效实现了防篡改。

（2）分布式共享账簿

在区块链系统中，每一个系统节点都能够将历史交易记录完整存储，并且会同步到整个网络，实现账本一致，即使对个别节点的数据进行篡改或者攻击，也不会影响其他节点的安全性。此外，由于全网的节点是通过点对点的方式链接起来的，没有单一的中心化服务器，因此不存在单一的攻击入口。同时，全网共享账本这个特性也使得防止双重支付成为现实。

（3）非对称加密

典型的区块链网络中，账户体系由非对称加密算法下的公钥和私钥组成，若没有私钥则无法使用对应公钥中的资产。

（4）系统源代码开源

区块链系统中所有的共识机制都是通过全网一致通过的，此外其源代码也是公开的。

以上技术的组合，就是数字货币体系下区块链系统的典型应用，其完整的技术架构如图 3.5 所示。

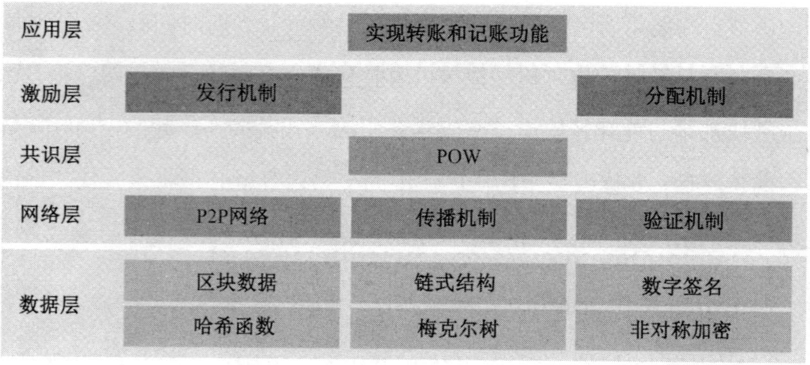

图 3.5　区块链 1.0 的系统框架

资料来源：工信部区块链白皮书。

2. 区块链 2.0——其他领域应用探索

2014 年左右，随着比特币价格回落及各国对比特币这类数字货币的认知发生分流，更多的焦点和目光开始集中到区块链技术本身，人们开始认识到区块链本身的重要性，并开始探索这个技术应用到其他领域的可行性。而在这些探索中，一些新的技术特性开始出现。

①智能合约：区块链系统中的应用，是已编码的、可自动运行的业务逻辑，通常有自己的代币和专用开发语言。

②DApp：包含用户界面的应用，包括但不限于各种加密货币，如以太坊钱包。

③虚拟机：用于执行智能合约编译后的代码。虚拟机是图灵完备的。

区块链 2.0 的系统架构如图 3.6 所示。

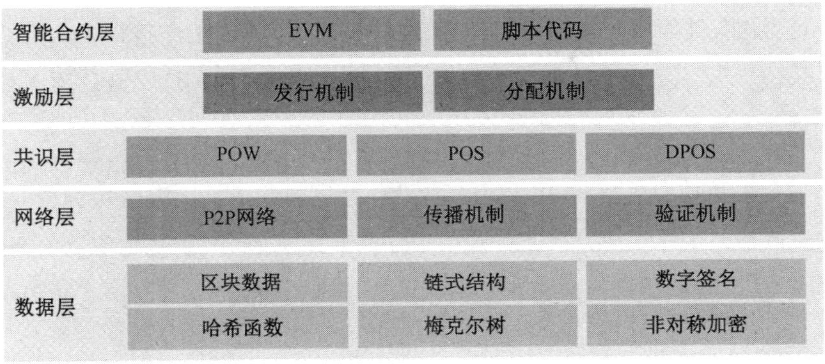

图 3.6　区块链 2.0 的系统框架

资料来源：工信部区块链白皮书。

未来，随着区块链技术和应用不断成熟，区块链 2.0 系统架构将不仅改变各个行业的应用框架，也有潜力改变人们的生活方式。

四、案例分析

（一）众安科技

1. 发展概况

众安科技是众安保险的子公司，2016 年 11 月正式对外宣布成立。众安科技的定位是以普惠金融与健康医疗的加速器为使命，支持整个保险生态的信息化升级，领跑区块链、人工智能等新技术、新方法的研发、应用，助力众安内部及外部合作伙伴创新、创业孵化。

众安科技制定了“1234”计划：一个平台——区块链云平台（安链云）；

立足金融、健康两个命题；以信任、连接和加速为使命；坚持探索人工智能、区块链、云计算和大数据四个领域。在众安科技内部，这又被称为“1234”计划。

众安科技曾先后与20余个商业伙伴共同发起成立上海区块链企业发展促进联盟，并与复旦大学计算机科学院携手设立了“区块链与信息安全联合实验室”，共同进行区块链相关技术的底层理论研究。

2. 安链云设计思路

2017年1月5日，众安科技发布“安链云—链网络白皮书”，安链云网络是由链路由和安链，以及其他区块链系统组成的区块链云网络，目的是实现区块链网络的互联、互通、互信。

安链云，在设计理念上主要从两方面出发，一方面，增强区块链系统对交易的处理能力，实现区块链交易处理能力的水平扩展；另一方面，打通链与链之间的通信壁垒，实现链与链之间的互联、互通、互信。二者构成了所谓的“链路由”的概念，理论上解决了区块链网络属性不够强而仅仅发挥到局域网的程度、安全性和实用性还无法匹配等种种问题。

在设计安链之初，众安科技就严格将其定位为企业级区块链产品。安链的设计目标是满足商业应用的各类要求，具体包括建立切实可行的监管审计机制；交易隐私的保护；稳定高效可靠；为数据分享搭建平台。众安科技希望运用这种设计结构，根据不同业务逻辑和用户需求部署适合的区块链网络系统。

3. 安链云应用架构

安链采用三层架构：①协议层：提供区块链底层原始数据不可篡改的存

储，同步等基础服务。②扩展层：实现安链的各种功能，包括监管、隐私、智能合约、监控分析与结构化数据存储和查询等功能。③应用层：运行安链上的各种应用，例如，银行，医疗等。

图 3.7 所示为安链云应用架构。

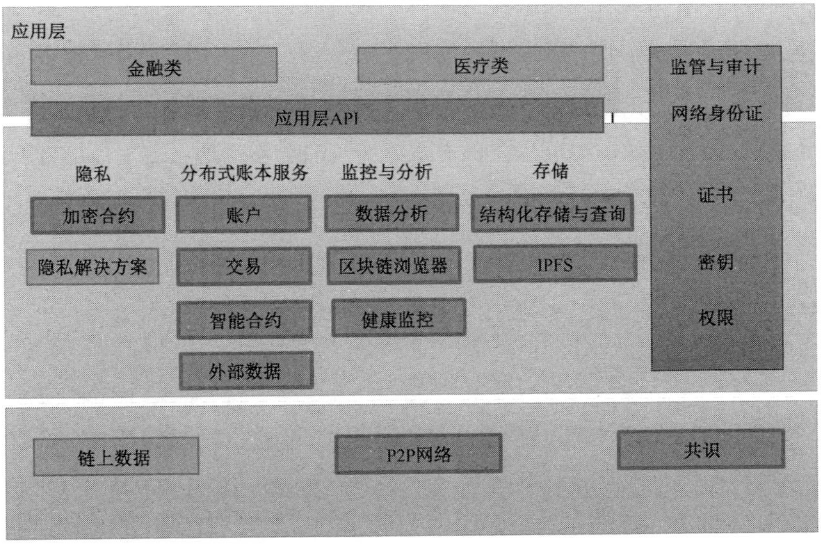

图 3.7　安链云应用架构

资料来源：众安科技官网，零壹财经·零壹智库。

4. 应用场景布局

众安科技认为在构建数据生态和信用生态中发展了自己的技术实现方法，在这个过程中会遇到三个问题：数据开放的隐私问题（主要指数据透明）；数据分析的安全问题（主要指数据授权）；数据流通的权益问题（主要指盗版问题）。

首先，数据开放已经成为一个大趋势，尤其在政府部门和健康医疗行业会记录大量高价值数据，对于数据开放的隐私问题，众安通过同态加密来完成，区块链网路中的节点可以不需要访问原始数据就可以对数据进行运算，从而保证数据的隐私性。

其次，关于数据分析的安全问题，众安设计了环签名、多方计算等技术手段来保障其安全性。而数据的价值在于分析，大部分数据通过建模才能产生对业务有帮助的建议或风控保障。但在现实中很多数据，包括指纹数据、基因数据、健康医疗数据等，时常面临泄露的安全问题，为了保证这些数据的安全，众安在环签名、多方计算的基础上，把数据的哈希值保存在区块链上，只有通过授权，这些数据才可以被访问，同时通过技术手段还解决了数据的监管问题。

另外，关于数据流通的权益问题。如果把数据当成一种特殊商品，它有一个奇特的特性，只要你复制，它就属于你。在数据确权的社会中，这对数据生产者非常不公平，给数据交易产生交易障碍，因为数据生产者会怀疑、恐惧交易后他的数据会被平台留存而滥用；这样数据流通中就会出现盗版的问题，对此，众安提出用区块链注册数字资产，将数据的产生、生长过程记录在区块链上，对所有的交易记录进行全网认可、公开透明、可追溯、可查询，将数据的所有权真正归还给数据所有者。

综上所述，众安科技根据数据流通中的问题（数据隐私、数据安全及数据确权），旨在成为整个保险行业信息化升级的助推器。为此，众安科技推出了 Ti 系列的区块链产品、X 系列的数据及人工智能产品、S 系列的保险行业应用产品，融合区块链、人工智能、云计算、大数据的技术优势，用科技力推动普惠生态发展。Ti系列产品包括以区块链技术为基础的钛空舱（数据安全存储）、钛阳（身份认证）、钛合约（电子合同）、钛印（版权保护）、地平线（积分体系）、安心结（清算结算体系）等标准化产品服务。X系列产品提供一整套数据科学解决方案，包括x-farm数据平台、监控平台（云部署和私有化部署），提供量身定制的解决方案，贴近应用场景，一站式服务。S系列产品是保险行业应用产品，将成为保险生态升级的（Speedup）助推器，服务于保险公司及代理人，即买即用，无须额外投入，大大降低客户接入的成本。

（二）腾讯

1. 设计原则和目标

腾讯区块链致力于提供企业级区块链基础设施，行业解决方案，以及安全、可靠、灵活的区块链云服务。

（1）设计原则

自主创新：腾讯区块链注重自主创新，目前在关键领域已经拥有多项自主知识产权的独特核心技术，在共识算法、十亿级用户管理、海量数据并发处理、账户安全管理、风险控制等方面具有专利和技术积累。

安全高效：基于腾讯多年在支付与金融领域的安全、可靠运营经验的积累，推出腾讯可信区块链，其致力于有效实现信息共享，保护信息安全，提升系统效率。

开放共享：腾讯将搭建区块链基础设施，开放内部服务能力，与行业伙伴共享，共同推动可信互联网的发展，打造区块链的共赢生态。

（2）设计目标

腾讯可信区块链旨在为行业伙伴提供企业级区块链基础设施，行业解决方案，以及安全、可靠、灵活的区块链云服务。通过高性能的区块链服务，在实现安全可靠的交易对接的前提下，通过可视化的数据管理手段，有效降低企业运营综合成本，提高运营效率。

2. 腾讯区块链整体架构

在“自主创新、安全高效、开放共享”设计原则的指导下，腾讯可信区块链方案的整体架构分成三个层次：

底层是腾讯自主研发的 Trust SQL 平台，Trust SQL 通过 SQL 和 API 的接口为上层应用场景提供区块链基础服务的功能，核心定位于打造领先的企业级区块链基础平台。

中间是平台产品服务层为 Trust Platform，在底层（Trust SQL）之上构建高可用性、可扩展性的区块链应用基础平台产品，其中包括共享账本、鉴证服务、共享经济、数字资产等多个方向，集成相关领域的基础产品功能，帮助企业快速搭建上层区块链应用场景。

应用服务层（Trust Application）致力于向最终用户提供可信、安全、快捷的区块链应用，腾讯未来将携手行业合作伙伴及其技术供应商，共同探索行业区块链发展方向，共同推动区块链应用场景落地。

腾讯区块键基础框架如图 3.8 所示。

（1）底层平台（Trust SQL）

用户管理：负责所有区块链参与者的身份信息管理，包括维护公私钥生成、密钥存储管理，以及用户真实身份和区块链地址对应关系维护等，并且在授权的情况下，监管和审计某些真实身份的交易情况。对数字资产等金融交易类的应用，提供了风险控制的规则配置，以保证系统交易安全。

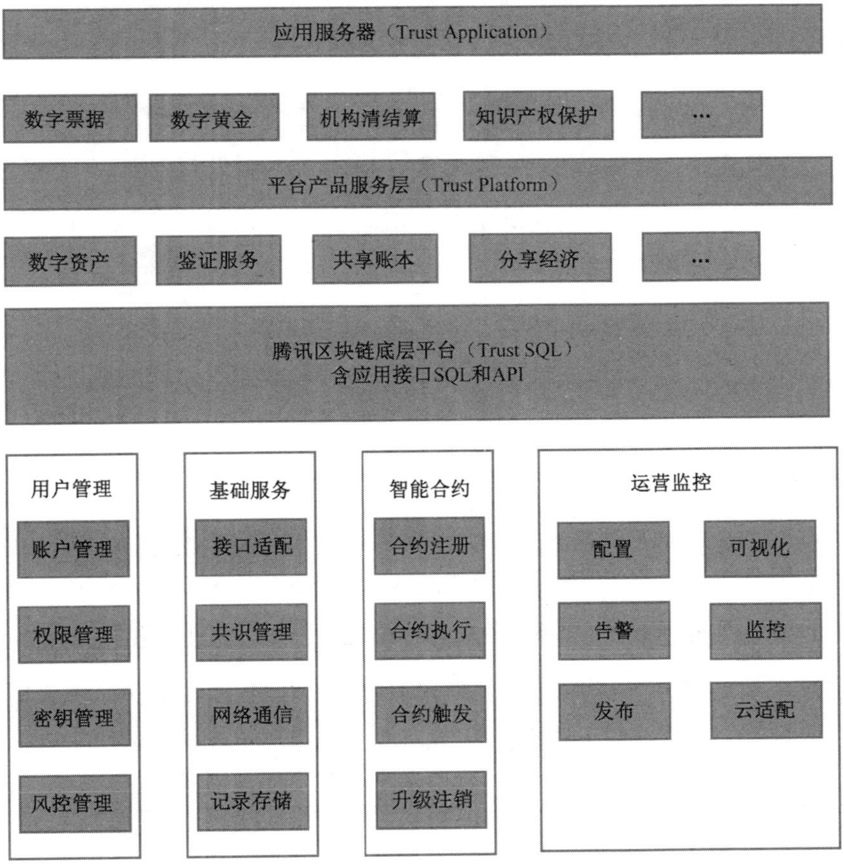

图 3.8　腾讯区块链基础框架

资料来源：腾讯区块链白皮书，零壹财经·零壹智库。

基础服务：基础服务部署在所有区块链的节点上，用来验证业务请求的有效性，并对有效请求完成共识后记录到存储上。对一个新的业务请求，基础服务先对接口适配解析，鉴权处理，然后通过共识算法将交易或者合约加上签名和加密之后，完整一致地存储到共享账本上。共识机制可自适应，在网络和节点都正常情况下具有高并发性，网络异常或者节点欺骗的情况下具有强容错性。

智能合约：负责合约的注册发行，以及合约的触发和执行。用户通过某种编程语言定义合约逻辑，发布到区块链上之后，根据合约条款的逻辑，由用户签名或者其他的事件触发执行，完成交易结算等合约的逻辑。

运营监控：负责产品发布过程中的部署、配置修改、合约设置，以及产品运行中的实时状态可视化的输出，如告警、交易量、网络情况、节点健康状态等。

（2）平台产品服务层（Trust Platform）

平台产品服务层抽象了各类典型的区块链应用，提供典型应用的基本能力和实现框架，用户可以基于这些基本能力，叠加自己业务独有的特性，轻松完成业务逻辑的区块链实现。帮助用户快速“搬迁”已有业务到区块链上，以应对新的场景需求，或者搭建全新的业务场景，利用区块链的不可篡改、防抵赖等特性解决之前难以解决的问题。

数字资产：根据对虚拟货币、游戏装备、商业票据、积分、卡券等数字资产的分析，腾讯认为资产上链是一个关键环节。为此引入“资产网关”的概念，协助用户进行链下资产到链上资产的转换。资产一旦上链，转移、拆分、提现等操作就会通过账户公私钥体系严格控制起来，并且所有的操作都会有签名校验，交易双方都会留下痕迹，不可抹除。例如，商业票据、卡券等存在有效期的资产，还会提供到期自动清算的能力，包括资产发行、资产转让、资产提现、资产清算、资产查询等。

鉴证服务：针对知识产权、保单保全（权益证明）、个人和企业资质证明等应用场景，区块链充分发挥不可抹除和公示的能力，让机构和个人通过一个简单的接口或 APP 客户端就可以把版权资料、投保资料、资质证明等发布到区块链上，让所有记账节点共同为自己作证。另外基于腾讯自建的知识产权平台，用户的维权将更加方便，证据确认更有权威性，如权属登记、权属注销、侵权证据录入等。

共享账本：金融机构间的对账清算目前基本都是以天为周期进行的，对账方式基本也都是互发对账单，对比双方的交易流水。这给最终的交易确认和资金划拨带来一定的延时，一些需要实时付款的业务场景甚至必须要业务运营方去垫资进行。区块链天然的共享账本，让对账不必第二天汇总发送，而是随时都可以进行，双方只要把对账逻辑对接到区块链上，就可以完成资金的核对。基本可以实现准实时的交易确认和资金划拨，并且任意一方都不可抵赖。特别对于资金链条比较长，牵涉环节比较多的业务非常有竞争优势。同时监管机构也可以参与到共享账本记录中。

分享经济：分享经济能否走得长远，一个关键因素就是供需方之间信任的建立，保证分享行为的顺利实施，而区块链从技术层面提供了一种实现途径。技术保证能力的背书，让彼此难以达成信任的多方参与者共同建立起公信力，不再需要中间机构或者服务平台构建强大的内部审核流程、严谨繁复的记账备份体系及配合监管机构做的额外设施，就可以达到相同的效果。从而节约了大量的成本，让分享更加高效可行。

（3）应用服务层（Trust Application）

应用服务层（Trust Application）提供基于区块链方案的应用服务给最终用户的使用。腾讯区块链解决方案中应用服务层将尽力为腾讯的海量用户提供各类区块链场景的服务，未来将在数字票据、贵金属交易、知识产权保护、网络互助、机构清结算、公益等场景为用户提供可信、安全、便捷的区块链服务。腾讯区块链也会本着开放分享的原则，未来将携手各个行业伙伴发掘更多区块链的应用场景，开放区块链底层（Trust SQL）和平台应用层（TrustPlatform）的能力，共同开发新的应用服务，一同维护区块链生态。

3. 行业应用前景

区块链技术已在世界各地呈现方兴未艾的发展态势。但从行业 IT 系统需求的角度来看，要在区块链上构建应用，需要区块链解决方案具备强大的三个底层能力：一是完善的新旧系统兼容/切换能力。二是全新的系统安全能力。三是适用多场景的用户隐私保护能力。

基于腾讯区块链基础平台，区块链技术的应用范畴，可以涵盖货币、金融、经济、社会的诸多领域。从区块链应用价值角度出发，腾讯总结腾讯区块连方案使用场景方向，具体分为鉴证证明、共享账本、智能合约、共享经济、数字资产五大类，具体场景概览示意如表 3.12 所示。

表 3.12　腾讯区块链场景应用方案

鉴证证明	共享账本	智能合约	共享经济	数字资产
购买保险（权益证明和保护） 公益捐助	机构间清算业务 银行保理业务	解决卖家信用问题	剩余实物共享 剩余时间共享	共享积分数字票据、优惠券数字货币
（去向跟踪）追本溯源（源头跟踪） 个人和企业资质证明所有权保护（物权、知识产权）	供应链金融业务	解决买家信用问题	剩余概率共享（网络互助） 去中心化自治（信用基础设施）	跨境转账股权登记、众筹和转移证券清算
鉴证正面核心价值（解决信息不对称存在性证明）	共享账本核心价值（建立信任机制）	智能合约核心价值（提升效率）	共享经济核心价值（去中心化）	数字资产核心价值（价值互联网）

资料来源：腾讯区块链白皮书，零壹财经 • 零壹智库。

五、面临的挑战

（一）国际监管层面

跨地区间的适配性成为重要难点，目前跨境支付成为区块链的重要应用场景之一，但是该应用场景涉及不同国家，不同法律体系，那么在国际上是否可以设立国际监管机构，即使设立如何管理，这些都是业内关心的重要内容。

（二）国内监管方面

从 2015 年下半年开始，区块链技术开始在国内生根发芽，并且快速成长，但是已经过去两年，目前对于这方面的监管条例及法令并没有出台，所以未来区块链行业的整个发展还充满不确定性。

（三）信息的准确性层面

基于区块链不可篡改的特性，如果出现信息输入错误等问题，就会导致相关交易无法调整和撤销，这也会带来重大损失。

（四）技术本身的漏洞

2014年，区块链创业公司DAO“丢失”价值5.5亿美元的以太币，至今没有找回。该事件的起因就是因为黑客找到了相关技术漏洞，进而导致不可挽回的损失。理论上，任何新技术的发展都不是完美的，都有漏洞可循。所以区块链未来的发展，尤其是应用于金融业的发展，还需反复测试，慎之又慎。

（五）成本高

近年来区块链技术持续火热，众多创业公司进入该领域希望分一杯羹，但是要想打造区块链系统，需要专业的技术人才和相关系统机器，这些本身就代表着不低的成本。除此之外，区块链系统也需要持续的运营及测试来不断完善，这些都会给一些初创型企业带来不可背负的成本。

六、监管研读

（一）监管态度

自2015年以来，全球大部分监管机构或重要金融企业都开始关注并逐渐认可区块链在金融领域的探索及其重要意义，如表3.13所示。

表 3.13　全球部分监管或金融机构区块链探索的概览

国家/机构	时间	事件
欧洲央行	2016 年 1 月	召开听证会讨论数字货币，认为区块链将颠覆支付格局
法国巴黎银行、法国信托局、欧洲清算银行、泛欧证券交易所、S2iEM、法国兴业银行和巴黎金融市场协会	2016 年 6 月	巴黎银行等七家金融机构联合开发区块链清算系统
荷兰央行	2016 年 6 月	荷兰央行已完成第二期区块链试验
英国央行	2016 年	将重点基于区块链技术设计高性能英镑结算系统的新蓝图
芬兰科沃拉	2016 年 6 月	芬兰城市获得欧盟 240 万欧元用于测试区块链在物流业的应用
剑桥大学新兴金融中心	2016 年 6 月	剑桥大学新兴金融中心计划在 2016 年年底推出区块链课程
桑坦德银行联合瑞银、意大利联合信贷银行等七家银行	2016 年 6 月	Ripple[14]添加 7 家银行为技术合作伙伴，要建设 R3 式合作网络 Ripple 宣布已经添加 7 家新银行到他们的技术合作网络，有望成为全球第一家真正使用基于区块链的技术来进行跨境转账的公司
高盛	2015 年	2015 年为 SETLcoin 申请了专利，SETLcoin 是一种可以提供“近乎瞬时的执行和结算”虚拟代币系统

[14] 瑞波币是 Ripple 网络的基础货币，它可以在整个 Ripple 网络中流通，总数量为 1000 亿，并且随着交易的增多而逐渐减少，瑞波币的运营公司为 Ripple Labs。

续表

国家/机构	时间	事件
美国银行	2015 年	美国银行（Bank of America）已经申请了与区块链技术相关的 15 项专利，目前正在起草另外的 25 项专利将会在本年晚些时候提交给美国专利和商标局（USPTO）
花旗集团	2015 年	花旗集团，2015 年已开发了 3 条区块链，并在上面测试运行了一种名为“花旗币”（Citicoin）的虚拟货币
纽约交易所	2015 年	2015 年 1 月投资了区块链公司 Coinbase；2015 年 5 月，推出了纽交所比特币指数（NYXBT）
R3 联盟	2015 年 9 月	金融区块链联盟 R3CEV 成立
PayPal	2015 年 10 月	PayPal 和区块链支付应用 BitPay，GoCoin and Coinbase 建立合作伙伴关系，未来将会在 PayPal 中植入数字货币
美国运通	2015 年 10 月	参与了比特币汇款创业公司 Abra 的 1200 万美元 A 轮融资
纳斯达克	2015 年 10 月	2015 年 10 月宣布使用区块链技术来进行投票；2015 年 12 月 30 日，纳斯达克的 Linq 区块链平台首次发行股票
Visa	2015 年 11 月	Visa 联合印度、美国和新加坡的研究实验室，开展区块链技术的研究；和 Coinbase 推出了首张在美国可以使用的比特币借记卡
万事达	2015 年 12 月	投资了比特币创业公司数字货币集团（Digital Currency Group）
德勤	2015 年 12 月	德勤推出区块链技术平台 Rubix，它允许客户基于区块链的基础设施创建各种应用
SEC	2015 年 12 月	美国证券交易委员会（SEC）已批准了在线零售商 Overstock.com（NASDAQ：OSTK）的 S-3 申请，可在该公司自建的区块链平台 tØ.com 上发行该公司新的上市股票

续表

国家/机构	时间	事件
微软	2016 年 1 月	微软公司的 Azure 区块链服务项目（MSFT），与多家区块链初创公司合作，为用户、合伙人和开发者提供技术和服务支持，推进区块链技术的应用场景落地
R3	2016 年 3 月	R3 宣布正在开发 Corda——一种为金融机构量身定做的区块链的分布式账本
R3	2016 年 4 月	R3 透露正在针对 8 个不同的领域进行区块链概念验证试验：系统互操作性，支付，结算，贸易金融，企业债券，回购，互换和保险
加拿大央行	2016 年 6 月	加拿大央行宣布开发基于区块链的数字化加元
澳洲交易所	2015 年 11 月	已确定用区块链技术对其清算和结算系统的升级，将在 2016 年年底开始实施，需要 5 年的时间，成本约 4500 万澳元，大约为交易所年收入的 7%
韩国央行	2016 年	2016 年央行报告建议监测区块链技术发展，并展开自己的研究
日本东京银行	2016 年	近期完成数字货币 MUFG Coin 的开发
印度央行	2016 年 6 月	印度央行加快研究区块链技术 印度央行副行长 H.R. Khan 宣布，将组建一个特殊工作小组，旨在研究区块链协议，用以减少对纸币的依赖性
哈萨克斯坦央行区块链项目	2016 年 6 月	哈萨克斯坦央行区块链项目于 2016 年秋天正式投入使用，主要面向证券及支付相关领域市场
SWIFT	2016 年 4 月	SWIFT 联合 Accenture 发布报告，并宣布将建立分布式账本平台用以区块链支付
中国央行	2016 年 1 月	2016 年 1 月，召开数字货币研讨会，宣布将持续研究基于区块链技术的数字货币发行，2014 年开始部署区块链研究论证工作

资料来源：零壹财经·零壹智库。

因此可以看出，区块链与金融结合度进一步深化，尤其是在2015年和2016年各机构更是动作频频。2016年，中国央行也不断“出手”，这说明国内监管层面也逐渐意识到区块链技术对国内经济发展的重要作用；同时也意识到：如果不在监管层面开始规划和思考就无法应对接下来的发展形势。

综上所述，全球各个政府对于区块链技术态度整体向好，处在加速探索期，但是目前各国对于该技术还处于摸索阶段，还没有切实可行的监管手段和国际化统一的行业标准。

（二）监管手段

目前致力于区块链技术应用探索的金融机构数量增长迅速，尤其是欧美等发达国家，众多的大型金融机构都在积极布局、筹划区块链行业规则和技术准则。同时国际金融监管机构及政府也在顺应时势，紧追脚步，着手研究基于新技术带来的新金融监管架构。

在监管层面，部分国家针对金融科技的快速发展，推出“监管沙盒”等新监管方法。通过沙盒测试，一方面，可以在监管机构的控制下实现小范围内的真实环境测试，在沙盒测试中，受测试者不因测试本身而丧失任何合法的权益；另一方面，沙盒测试可以为监管机构提供清晰的视角来看待监管规定与金融创新的辩证关系，及时发现因限制创新而有损消费者长远利益的监管规定，并第一时间调整，真正让适度监管、包容监管落地。

目前英国、新加坡、澳大利亚等多国已经宣布建立针对金融科技的沙盒机制，新的系统要先放到沙盒机制里进行一两年的试验，如果对金融市场和社会福利有正贡献，那么监管部门则会修改其法律和规则。这样既能降低因为监管沙盒诱发金融系统性风险的可能性，同时也在一定意义上维护了金融科技创新的良性发展。

国内方面，2017 年 7 月中国赣州区块链金融产业沙盒暨地方新型金融监管正式成立。赣州区块链金融产业沙盒园是工信部互联网金融重点实验室第一个落地项目，也是中国第一个区块链沙盒。

（三）行业标准

自 2016 年以来，随着国内外区块链技术和应用的向前推进，国内外都已经开始了探索区块链行业标准的工作。2016 年 4 月，澳大利亚标准协会针对区块链提出全新的国家区块链标准方案，并提交给 ISO（国际标准化组织）。而在 2016 年 9 月，ISO 则成立了全球范围内的区块链标准委员会 ISO/TC307，值得一提的是，中国也在其中。

2017 年 4 月，该委员会举办第一次大会，并在会上成立术语工作组、参考架构工作组、分类和本体工作组、用例研究组、安全隐私工作组、身份认证工作组及智能合约工作组七个小组。而在国内方面则是工信部牵头主导，蚂蚁金服等十多家企业技术支持在 2016 年 10 月发布了国内首个区块链白皮书。

七、发展趋势

（一）场景与应用

区块链在金融业的应用主要包括五大场景：数字货币、跨境支付、票据与供应链金融、证券发行与交易、征信与反欺诈。其中，有潜力直接给金融机构带来成本减免收益的主要有跨境支付、票据与供应链金融和征信。

在近5年的时间中，区块链技术从无人知晓发展为媒体、市场、资本关注的焦点。对区块链技术的研究与创新，已经广泛推动了金融、能源、农业和物联网等多个领域的项目建设。《埃森哲 2016 年技术展望报告》预计，2017年，区块链技术将在金融服务机构中占据一席之地；到2027年，区块链平台有望存储全球GDP 10%的资金。

1. 支付领域

区块链技术目前已在许多业务场景中得到了实践。在支付领域，区块链技术有两个被探讨和实践较多的应用场景——跨境汇款和数字积分（目前众安和银联等多家机构正在进行探索）。

（1）跨境汇款

现有的跨境汇款流程存在一些较为突出的业务瓶颈。第一，成本和费用高昂。交易链条长，参与者多，中间环节产生较大的费用。第二，操作不方便、不安全，如只能在银行工作时间内进行交易、必须准确无误地输入账号和汇款路径代码、一些国家的贸易走廊可靠性和安全性低等。第三，结算缓慢，往往要花费数天的时间。

长期以来，银行及清算机构都在尝试通过不同的方式，达到理想状态（减少中转费用，同时提高跨境汇款的安全性，并加快结算与清算速度，提高资金利用率），区块链技术恰好能提供解决这些问题的可能性。区块链技术可以将目前跨境汇款业务中境内外多个独立银行的代理、对账和清算模式转变成为面向不同记账系统的沟通渠道，实现信息流与资金流的同步。

（2）数字积分

银行、航空公司、酒店等行业为提升客户私性和忠诚度，均创建了积分体系。从实际应用效果来看，却并不显著。目前的积分体系存在着一些问题。第一，客户体验不佳。客户的积分分散于多个不同领域的平台上，功能单一，积分因此往往变成“鸡肋”。积分资源难以被集中使用和优化配置。第二，积分价值低、兑换流程复杂，导致“沉睡”积分难以被“唤醒”，积分附加值未得到充分利用和升华。第三，现有积分应用环境狭窄，单一积分体系所能掌握的资源有限，且较小的用户规模无法带来显著的费率优势。在支付领域，依靠积分维护客户关系的功能还没有发挥作用，尤其在金融脱媒的趋势下，银行需要充分挖掘资源，提升自身的获客能力。

区块链技术具有共享、多中心化、可追溯、防篡改等特点，有可能解决积分实际运用中遇到的难题。使用区块链技术建立“数字积分”体系，或许可以打造一个集积分发行、积分兑换、积分互联互通、积分交易、积分对价于一体的数字积分交易平台，创建基于算法规则的商业上下游自治生态模式，实践金融改革创新。

2. 供应链金融

众所周知，供应链金融的最大痛点在于链条涉及主体众多且交易环节复杂琐碎，所以，企业之间的信任情况存在很多问题。而区块链系统可以把供应链所有相关数据纳入其中（包括订单、运单、收单、融资等经营行为数据），而且由于区块链不可篡改及可追溯的特性，核心企业可以通过相关金融数据，去判断客户较为真实的经营情况。而这样的流程可以大幅减少贷款企业的信用风险管理成本，并提升审批效率。

2017 年上半年，宜信旗下互联网企业级金融服务云平台翼启云服与钢铁 B2B 交易平台“大大买钢网”展开合作，即大大买钢网的供应链数据会实时计入宜信的私有区块链系统 BlockWorm，另外，富士康也与点融网推出了“Chained Finance”这一基于区块链的供应链金融平台。国内已经陆续开始这方面的尝试。

3. 票据市场

票据市场一直是风险的高发地，尤其是近几年，根据数据统计，仅仅 2016 年一年，涉及金额达到数亿元以上的风险事件就发生了 7 件，中国工商银行廊坊分行票据风险涉及金额 13 亿元、中国农业银行北京分行票据风险涉及金额 39 亿元、中信银行兰州分行票据风险涉及金额 9.69 亿元、广发银行票据风险涉及金额 9 亿元、宁波银行深圳分行票据风险涉及金额 32 亿元、天津银行上海分行票据风险涉及金额 7.86 亿元、苏州银行票据风险涉及金额 4.5 亿元，仅上述七起票据风险事件涉及金额总额超百亿元。2016 年 4 月 30 日，央行和银监会联合发布《关于加强票据业务监管促进票据市场健康发展的通知》，要求银行开展票据业务风险排查，并要求各行在 7 月 15 日前将自查情况报送央行和银监会。7 月银监会再次发文要求排查风险，监管力度空前。

虽然目前监管趋严，但是市场上“一票多卖”、空壳公司签发虚假商业汇票等风险事件仍然时常发生。所以解决上述问题，不能只依靠监管层面的努力，还需要技术手段的创新来优化我国票据市场的运行模式。区块链技术拥有提升交易安全性和可追溯性的特性，将电子票据嫁接到区块链底层系统之上，一方面可以实现票据信息的分布式存储和传播，提升其安全性。另一方面还可借助区块链技术的共识信任机制，与多方建立互信机制。最后还可通过区块链的智能合约功能，对票据的用途、方向等方面做出限制条件，在合同之外，增加信用约束。

4. 征信业务

目前，传统金融机构（主要是商业银行）信贷业务的开展，无论是针对企业还是个人，最基础的考虑因素都是借款主体本身所具备的金融信用。商业银行将每个借款主体的信用信息及还款情况上传至央行的征信中心，需要查询时，在客户授权的前提下，再从央行征信中心下载信息以供参考。这其中存在信息不完整、数据更新不及时、效率较低、使用成本高等问题。

在征信领域，区块链的优势在于可依靠程序算法自动记录信用相关信息，并存储在区块链网络的每一台计算机上，信息透明、不可篡改、使用成本低。商业银行可以用加密的形式存储并共享客户在本机构的信用信息，客户申请贷款时，贷款机构在获得授权后可通过直接调取区块链的相应信息数据直接完成征信，而不必再到央行申请征信信息查询。

5. 保险行业

目前，保险行业的发展面临着三个核心问题，即信任、安全和隐私。区块链可以为上述三个痛点提供新的解决方案，例如，区块链的共享透明特点降低了信息不对称风险，还可降低逆向选择风险；而其历史可追踪的特点则有利于减少道德风险，进而降低保险的管理难度和管理成本。

国内的阳光保险于2016年3月8日采用区块链技术作为底层技术架构，推出了系列基于区块链的创新应用产品，第一款产品是发行了可以在客户之间相互赠送的积分，即“阳光贝”。用户在享受普通积分功能的基础上，还可以通过“发红包”的形式将积分向朋友转赠，或与其他公司发行的区块链积分进行互换。第二个应用是可以在客户间转移的航空意外险。由于去掉了中间商环节，价格非常优惠。第三个应用是利用区块链的证明和安全特性做二次认证，用户登录时手机扫一扫就可实现区块链认证，比短信二次认证更安全、快速和方便。

6. 机构自身的中后台流程优化

目前，很多传统金融机构仍然需要大量人员从事账目登记、信息传递、结算等重复工作，为此传统金融机构每年为此付出不菲的劳动成本。区块链技术的时间戳和智能合约技术，可以迅速提升上述复杂重复工作的自动化程度，同时还可以提升各个部门之间的协同效率。目前国内多家银行已经开始在内部探索中后台系统的改造工作。

此外，区块链技术在P2P借贷平台、去中心化的众筹平台等方面，也有巨大的应用潜力和应用场景，吸引了众多资金涌入和企业探索。

(二)展望

1. 币圈

(1)全球ICO监管态势趋严

尽管目前多个国家从政府层面探索区块链技术的发展，也认可区块链技术的未来，但是随着ICO项目规模和风险迅速提升，很多国家也在开始转变态度。

以美国为例，美国证监会（SEC）在2017年7月25日发布调查报告，指出判断一个特定的交易是否涉及证券发行和销售，取决于事实和情形，包括交易的经济实质。同时，SEC特别提出，交易平台如果挂牌上市那些构成证券的代币，应当遵守美国证券法中证券交易的有关规定，在SEC进行登记并接受监管，否则就是违法。另外，2017年9月，SEC提出将成立新的部门来监管相关ICO事务。

除美国外，加拿大将ICO归属证监会管辖。亚洲方面，新加坡也正在制定相关法律，将进一步对有关虚拟货币中介进行规范。虽然，目前只有中国和韩国较为激进，直接宣布了ICO为非法融资。但是其他国家也看到了ICO引发的问题和潜在风险，也在从开放包容转变为审慎监管。

（2）数字货币或暂时退出中国市场

国内暂停ICO项目就切断了数字货币的源头和融资通道，关停交易所就切断了数字货币的资金兑换通道。随着ICO项目及数字货币交易所的陆续关停，数字货币在中国的发展遭受重大打击。未来随着关于数字货币及ICO的法律法规不断完善，以及市场上区块链应用项目能够突破现有瓶颈，数字货币仍有可能大规模应用落地（归根结底，要让市场看到区块链项目的价值）。到那时，数字货币或ICO还有回归中国的可能性，但是短期来看数字货币将暂时退出中国市场。

（3）基于区块链的央行数字货币前途未卜

央行发行数字货币的目的是替代实物现金，降低传统纸币发行、流通的成本，提升经济交易活动的便利性和透明度。近年来，部分国家的中央银行正在探索基于区块链技术的央行数字货币的可行性。中国央行也在2017年2月正式成立数字货币研究所，在国家层面开始探索央行法定数字货币的可行性。

2017年下半年，央行数字货币研究所筹备组组长、科技司副司长姚前却公开表示，“区块链技术仅是数字货币可选择的实现技术之一。未来是否应用于数字货币，取决于区块链技术在网络安全、业务处理性能、交易一致性等方面的不足能否得到解决。”姚前的这番表述意味着区块链技术未来是否能够应用到央行法定数字货币上还存在变数。

2. 链圈

（1）联盟链或是区块链金融最好的选择

当前区块链技术主要分成三类，即比特币等数字货币采用的公有链、联盟链及私有链。私有链是指写入权限仅在一个组织手里的区块链，在金融体系中，交易体系和架构较为复杂，几乎不会出现一个组织或机构集权的可能，所以本书暂不考虑私有链。

本书从以下三个方面对比公有链和联盟链：

从开源特性来看，公有链的基础属性就是开源，就是希望有更多的人来参与公有链的运营，只有这样，公有链机制才能被更多人认可并扩散。而金融体系则相对保守和闭塞，如果要有金融活动和金融行为出现，必须有金融机构和监管部门的参与，说得直白些就是做有关金融的事情需要监管部门的认可和授权（牌照）。所以，如果要求金融机构发展开源区块链技术（没有门槛，谁都可以查看数据，参与运营甚至可以决策）显然是不现实的。

从去中心特性来看，公有链之所以能被更多的参与者认可并积极参与，跟公有链的所有参与方能够共同运营乃至决策的权利机制有很大的关联作用。在这个体系里每个参与方理论上是平等的，按照少数服从多数的原则来投票决定公有链条内的一切事务。然而对于金融领域而言，过去数百年来，传统金融体系都是强中心化的运行机制。试想一下，如果央行的权利和某区域金融机构一样的，那么整个金融体系势必会产生动荡。另外金融行业的强中心化也是国家主权要求的内在延伸，任何一个国家都不会接受不受监管和控制的金融运行体系。

最后从公有链的起源来看（也是比特币的起源），比特币的诞生是在2009年，而在那个时间段，正好是2008年金融危机后，当时欧美国家的群众普遍对金融机构失去信心，他们渴求改变，希望创造一个去中心化的金融体系。就如同《区块链革命》一书谈到的，目前金融体系充满运作缓慢、数据泄露、不包容等问题，民众对现行金融体系充满悲观情绪。因此，比特币（公有链）的创造从某种程度上来看就是一些对现阶段金融机制和金融效率不满的技术极客创造的，所以从原生属性来看，这个机制天然就已经站到了传统金融体系的对立层面。

联盟链相比公有链在金融领域的优势有以下几点：

从根本上，联盟链无须改变整个金融体系，同时联盟链在技术上有很好的灵活性和可扩展能力。另外鉴于在这类模式下交易只需要由成员自己进行校验，理论上无须耗费大量电力的矿工参与，更加节能环保。所有参与方都是可以信任的，因此不太可能发行 51%攻击的情况，所以链条的稳定性可以得到保证。最后联盟链还可以让监管者更容易监管，只需要为监管层提供相应的节点和赋予一定的权限即可。

综上所述，联盟链相比于公有链在当前全球金融强中心体系中应用成本更低、兼容性更强。事实上，无论是国际上的R3，超级账本（Hyperledger），还是国内的China Ledger联盟、金链盟（金融区块链联盟）都已经探索基于联盟链技术的区块链场景应用。

（2）区块链金融发展，泛金融机构[15]或将掌握主导

2016年12月，埃森哲（Accenture）发布调查结果称，90%的北美和欧洲大型银行都参与了区块链支付应用研究。之所以金融机构有如此高的主动性，是因为区块链技术有潜力为金融机构在金融服务过程中提升效率、降低成本。以跨境汇款和股票交易为例，在现有体系下跨境汇款需要3～7天的结算时间，股票交易需要2～3天的时间，而比特币网络平均只要10分钟就能完成该段时间内发生的所有清结算。其他的一些区块链网络速度还可以更快，注入比特币闪电网络可以让清结算降低到1秒以内。

根据零壹财经·零壹智库不完全统计，目前国内外主流区块链联盟中金融机构占据半壁江山，另外像国际的R3、国内的中国分布式总账基础协议联盟、金链盟等组织中泛金融机构占比更是高达90%。

目前国内外主流区块链联盟都有为数众多的泛金融机构参与，事实上与纯区块链技术公司相比，在金融领域，泛金融机构确实有着很多优势。例如，

[15] 指金融机构和金融科技企业的统称。

在资本支持上，由于区块链技术在国内外兴起并没有多久，所以国内外众多的区块链技术企业发展时间不长，该组织自身资金支持或可获投资本支持都远不如拥有众多财团或集团支持的金融机构，而新技术持续的开发需要不菲的资本投入。

监管牌照方面，金融行业一直是高度垄断行业，在金融领域中从事每一项业务都需要监管机构的认可（牌照）。目前众多的区块链技术服务公司很显然并不能得到监管机构的认可，所以要想在金融领域发展势必要和金融机构合作。

综上所述，在现有格局下金融机构无论是参与积极性、参与程度还是自身的资本和牌照优势都无疑为今后金融机构主导区块链金融的发展铺平了道路。

（3）区块链技术致力监管科技或大有可为

金融监管的效率多年来饱受诟病，近年来运用区块链技术来节省成本、提升金融监管效率、发展监管科技的呼声越来越高。

监管科技（RegTech）至今在国际上还没有一个准确的定义和标准，根据英国的 FCA（市场行为监管局）的定义，监管科技的本质是“利用最新的科技手段来服务监管和合规”。

合规成本大幅增长并没有带来有效性的提升，金融机构的罚款依旧在爆炸式上升。数据显示，仅美国银行（Bank of America）在 2010—2016 年的罚款就累计达到了 560 亿美元。据 Federal financial Analystic 预测，全球对监管、合规、政府软件的需求将在 2020 年达到 1187 亿美元。

有的区块链监管科技企业已开发出的反洗钱监控相应的应用场景，可以对客户的一个或多个加密数字货币地址进行分析并生成报告，不仅可以给出该账户是否参与犯罪的判断，还可以生成金融风险评价报告，把金融监管扩展到加密数字货币领域。

在 KYC（了解你的客户）方面，区块链技术可为个人建立一个不可篡改的虚拟身份，由区块链企业进行一次验证，之后不同金融机构可以近乎零成本迅速获取客户的真实信息和验证结果，有潜力降低 KYC 的时间和成本。

（4）技术难点仍是区块链技术发展的一大障碍

虽然目前区块链项目应用落地加速，但不得不说目前区块链自身技术问题仍然困扰着其被大规模地普及推广。《区块链革命》一书中提到区块链技术存在三大问题：性能问题、系统崩溃及不可预见的漏洞。

在金融行业，每天都有大量的数据交易。如果采用区块链技术，那么就意味着每个人都有一份完整账本，并且有时需要追溯每一笔记录。因此随着时间推进，交易数据超大的时候，就会出现性能问题，如第一次使用需要下载历史上所有交易记录才能正常工作，每次交易为了验证你确实拥有足够的钱而需要追溯历史每一笔交易来计算余额。

现在的比特币交易只能达到每秒 7 笔交易，相对于 VISA 公布的每秒 44 万笔交易相差实在太多。虽然也有些新的区块链技术号称能够做到每秒几万笔交易，但是基本上都是基于实验室环境，不能进行大规模应用。性能会极大地制约区块链的应用场景。

在系统问题和漏洞方面，目前区块链的算法是相对安全的，但是，随着数学、密码学和计算技术的发展，未来非对称加密算法具有一定的破解可能性，这也是区块链技术面临的潜在安全威胁。而且区块链大量应用了各种密码学技术，属于算法高度密集工程，如果爆发漏洞，可以说区块链整个大厦的基础将轰然倒塌。

（5）区块链应用前途光明，但还需时间积累沉淀

从发展的角度看，区块链技术目前仍然处于实验室论证阶段，区块链技术的理论并不成熟，技术标准推出和技术转换尚需很长时间的实践（见图3.9）。技术供应商也需要较长时间向市场证明技术成熟度和应用稳定性，技术成熟后还有市场认可、监管认可的问题。每项新技术的出现都会对传统模式形成挑战，金融领域的大量应用会更加缓慢。

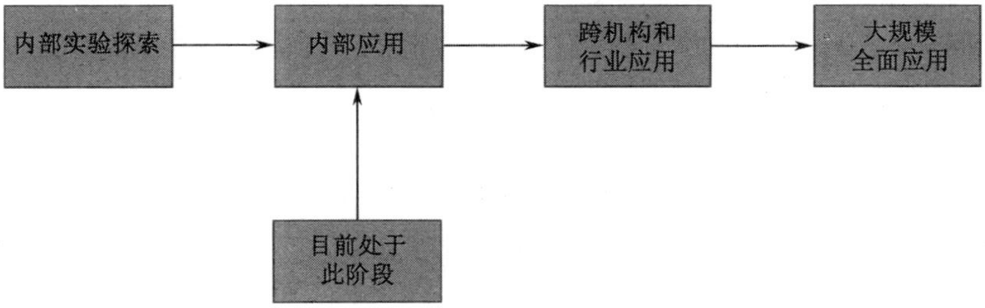

图 3.9　区块链发展阶段

资料来源：零壹财经·零壹智库。

（三）综述

1. 币圈和链圈发展将背道而驰

随着国内数字货币领域遭遇监管寒流，除央行法定数字货币之外的数字货币在国内的发展戛然而止，“链圈”已经成为了区块链技术的救命稻草，随着政府和监管层面不断鼓励区块链技术发展、金融机构也在积极推进区块链技术场景应用落地，如表 3.14 所示。可以预见未来，币圈和链圈势必将背道而驰。

表 3.14　国家政策鼓励区块链技术前行

时间	政策
2016 年 12 月	国务院印发了《"十三五"国家信息化规划》，区块链技术首次被列入《国家信息化规划》
2017 年 8 月	国务院印发《关于进一步扩大和升级信息消费持续释放内需潜力的指导意见》，其中提到鼓励利用开源代码开发个性化软件，开展基于区块链、人工智能等新技术的试点应用
2017 年 9 月	国务院印发《国家技术转移体系建设方案》，明确提出区块链的作用不容小觑，其应用的普及对推动我国经济社会发展具有重要意义

资料来源：零壹财经·零壹智库。

2. 监管趋严，整顿市场，区块链技术回归本质

随着关于 ICO 和数字货币交易平台的相关政策出台，数字货币领域势必会受到严重冲击，但是从发展角度来看，监管趋严有利于数字货币领域的优胜劣汰和行业自身的规范发展。而对于"链圈"来说，也能起到敲山震虎的作用，有助于去除区块链行业的浮躁之气，使得市场和从业者的关注的能够回归区块链技术本身，追本溯源，促使区块链技术低调前行。

3. 资本市场态度趋于审慎

目前，整个区块链行业的创业投资情况慢慢从 2015 年下半年的疯狂到如今的审慎。尤其是 ICO 项目和数字货币平台相继关停之后，资本市场会对当前区块链市场重新评估，可以预见，未来资本圈对区块链项目的实用性及商业性将更为看重。

Chapter 4

互联网保险

一、发展历程

互联网保险在过去20年经历了兴起、发展和不断成熟的过程。我们将这一过程归纳为四个时期，包括萌芽期、积累期、发展期和合规整顿期。

（一）萌芽期（1997—2002年）

- 1997年11月，我国第一家保险网站——中国信息保险网成立。同年12月，该网站为新华人寿促成了第一份保险电子商务保单。
- 2000年3月，首次实现网上投保功能的电子商务保险网站“网险网”诞生。

- 2000年5月，中国人寿保险广州分公司与建行广东省分行合作推出网上保险业务，大量保险公司开始触网。
- 2000年8月和9月，平安保险的“PA18新概念”和泰康保险的“泰康在线”电子商务平台分别建立，实现了在线保险销售，后者是全国第一个应用数字认证技术的保险电商网站。
- 2001年3月，太平洋保险北京分公司开通了“网神”，推出了30多个险种，开始了真正意义上的保险网销，当月保费达99万元。

在这一阶段，各类网络公司、代理人和从业人员建立的保险网站也不断涌现，有些网站还获得了风险投资。

（二）积累期（2003—2011年）

- 2003年，中国太平洋保险开始支持航空意外、交通意外和任我游（自助式）3款保险在线投保。
- 2005年4月，国务院颁布《中华人民共和国电子签名法》。之后中国人保财险实现了第一张全流程电子保单。
- 2006年，买保险网以“互联网保险超市”概念上线运营，采用了“网络直销+电话服务”的保险营销模式。
- 2011年8月，保监会发布《中国保险业发展“十二五”规划纲要》，鼓励保险业务创新，推动保单电子化和快速理赔的发展。
- 2011年9月保监会正式下发《保险代理、经纪公司互联网保险业务监管办法（试行）》，对保险代理、经纪公司在互联网保险业务的经营制定了制度规范和监管方式。

（三）发展期（2012—2014年）

- 2012年，我国全年保险电子商务市场在线保费收入规模达到了百亿元，在线销售险种多以短意险为主，部分寿险公司也尝试销售定期寿险、健康险、投连险和万能险，共有约60种互联网保险产品。
- 2012年8月，平安人寿发布首个应用于寿险保单服务的APP应用程序“平安人寿E服务APP”；同月，泰康人寿携手携程网、淘宝网打造互联网保险。
- 2012年12月，泰康人寿登录京东商城开通保险频道，在线推出了综合意外险等近10款保险产品；同月，国华人寿通过淘宝聚划算网络销售平台推出3款万能险产品，仅3天时间便售出4356件，销售额达到1.05亿元，成为业界利用网络平台团购模式销售保险产品的第一家。
- 2013年9月，众安在线财产保险公司获得开业批复，成为国内首家持牌互联网保险公司。
- 2013年淘宝理财频道首次参与“双十一”，保险产品成为了其中的主角。当天，寿险产品的总销售额超6亿元，其中国华人寿一款万能险产品更是10分钟内就卖出1亿元。

在这一时期，各保险企业信托官方网站、保险超市、门户网站、离线商务平台、第三方电子商务平台等多种方式，开展互联网业务，逐步探索互联网业务管理模式。互联网保险不再单单是保险产品的线上化，保险公司开始尝试对商业模式进行改进和创新。

（四）合规整顿期（2015年至今）

- 2015年1月，保监会印发《相互保险组织监管试行办法》，作为开展相互保险监管的统领性、基础性文件。
- 2015年2月，保监会宣布放开万能型人身保险的最低保证利率，7月1日后，不符合规定的产品将不得销售。
- 2015年7月，《互联网保险业务监管暂行办法》出台，对互联网保险发展的主体、经营范围、门槛标准等给予明确规定。
- 2016年1月，保监会又发布了包括《关于加强互联网平台保证保险业务管理通知》在内的多项监管制度，针对互助类保险、信用保证保险等新兴的保险产品进行规范。
- 2016年4月，保监会公布了《互联网保险风险专项整治工作实施方案》，为进一步防范互联网保险领域的风险，规范市场发展环境提出章程。

伴随着对互联网金融的监管整治，保监会也对互联网保险的整体发展（包括互联网保险主体、经营范围、门槛标准、产品创新、风控管理等）给予了一定的要求和限制。互联网保险行业逐渐脱离野蛮生长，步入合规整顿期。

表4.1所示为互联网保险2016年大事记。

表 4.1　互联网保险 2016 年大事记

时间	事件
2016 年 3 月	《关于报送为互联网金融平台提供保险保障业务有关情况的通知》
2016 年 4 月	阿里联手中国太平发起筹建互联网保险公司（寿险类）
2016 年 4 月	保监会点名“夸客联盟”
2016 年 5 月	中移动 20 亿参股险企，涉足互联网保险
2016 年 6 月	《互联网保险风险专项整治保险中介领域工作方案》
2016 年 6 月	众安保险携手蚂蚁花呗推健康险产品分期
2016 年 6 月	3 家相互保险公司获批
2016 年 6 月	苏宁拟设立金诚保险公司
2016 年 6 月	百度与太平洋产险共同出资 20 亿元设互联网保险公司（聚焦车险）
2016 年 6 月	上海实施商车费改新旧产品切换
2016 年 8 月	腾讯旗下子公司参股的和泰人寿保险获批
2016 年 8 月	阳光保险上线“区块链+航空意外险卡单”
2016 年 9 月	安心财险拿到车险牌照
2016 年 10 月	《互联网保险风险专项整治工作实施方案》
2016 年 11 月	众安保险全资子公司众安信息技术服务有限公司成立
2016 年 12 月	慧择网首次发布“可追溯的星服务”
2016 年 12 月	招财宝爆出数亿元私募债违约事件，众安保险和浙商财险因兜底承诺牵涉其中

资料来源：零壹财经・零壹智库。

二、发展现状

目前，互联网保险的参与主体主要包括参与互联网销售的传统保险机构、互联网保险持牌机构和第三方平台等新兴互联网保险创业机构。此外，多家互联网巨头和上市公司也纷纷涉足互联网保险市场，如表 4.2 所示。

表 4.2　互联网保险参与主体（部分）

平台类型	代表公司	涉足互联网保险方式
传统保险机构	平安	自建官网平台销售保险产品；联合发起众安保险
	泰康	成立泰康在线互联网保险公司
互联网保险持牌机构（共四家）	众安在线	开展互联网保险相关业务，其中众安、泰康和安心均已获取车险牌照
	泰康在线	
	安心财险	
	易安财险	
大型互联网平台	百度	联合发起设立百安保险；与中国太保发起设立互联网车险公司；黑龙江联保龙江保险经纪
	阿里巴巴	联合发起设立众安在线、与中国太平等发起阿里健康；旗下蚂蚁金服成立保险事业群做科技输出、收购外资财险国泰、参股相互保险公司信美人寿；淘宝保险频道；杭州保进保险代理
	腾讯	联合发起设立众安在线；旗下英克必成联合设立和泰人寿；香港英华杰；微民保险代理
	京东	拟成立互联网财险公司，将保险列入京东金融六大板块之一
大型上市公司	万达	拟发起设立万达财险
	银之杰	参股易安保险；发起设立安科人寿
	恒生电子	参与设立粤财信用保证保险
新兴互联网保险平台	大特保	第三方综合类保险销售平台
	大家保	保险产品与代理人信息搜索平台
	意时网	第三方垂直类保险销售平台
	OK 车险	车险比价平台

资料来源：公开信息，零壹财经·零壹智库。

如零壹财经·零壹智库在《互联网保险新模式》书中提到的，互联网保险行业的创新将经历渠道与需求、技术与机制、组织与结构三个阶段。这三个阶段整体上具有递进关系，但在同一时间点上，不同保险机构可能居于不同阶段，同家保险机构的多种业务也可能横跨多个阶段。

在互联网保险的发展初期，大部分互联网保险公司主要停留在渠道与需求创新阶段，规模较大的、比较有实力的一部分保险公司在积极尝试技术与机制创新，比如，引入机器人客服，以及车险主要环节的线上自动操作等，解决了传统保险的一些痛点。

技术成熟、机制革新之后，互联网保险行业则向产品结构与组织结构的创新演化，其核心在于消除维护庞大保险机构所必须支出的高昂成本，让保险回归互助本质。比如，现在我国正在尝试的相互保险，就属于一种全新的产品结构。

互联网保险的三个创新阶段，在具体的保险业务环节中，表现为产品层面、营销层面和服务层面的创新，如表 4.3 所示：

①产品层面。除了相互保险这个新的产品结构外，其他的都是比较初级的创业者在最初倾向于选择的对原有的产品进行改进，或基于互联网产生的新场景开发的保险品种。

②营销层面。除了将原有渠道线上化之外，还有创业公司将特定渠道场景化，并销售相应的保险。另外，有些互联网保险公司从为保险中介提供互联网展业软件工具（中介 SaaS）切入，通过中介和线下场景的紧密联系促进出单率。此外，通过培训和一些工具改造代理人，提高代理人效率也是一

些互联网保险公司创业模式的考虑角度。

③服务层面。重销售、轻服务一直是传统保险的一个行业痛点，创新的目的则是为了解决这些痛点。因此，一些互联网保险创业公司，选择了从保单管理服务、理赔服务和企业团险服务这些方面去提升客户体验。

表 4.3　互联网保险业务模式（举例）

类型	举例
产品层面	基于互联网和移动互联网的新保险、相互保险、保险公司原有产品的优选及改进
营销层面	渠道创新、代理人升级
服务层面	保单、理赔、团险企业服务相关等

资料来源：曲速资本、零壹财经·零壹智库。

从规模和结构看，互联网保险的发展有如下特点：

（一）互联网保险总收入进入低增长态势

根据保监会数据，2016 年全年互联网保险交易总额为 2347.97 亿元，同比仅增加保险金额 114.97 亿元，全年增长率仅为 5.15%。而根据 2015 年的相关数据统计，2015 年互联网保险交易额为 2233 亿元，相比 2014 年增长 1374.1 亿元，同比增长率则高达将近 160%，如图 4.1 所示。

纵观 2016 年互联网保险出现的断崖式快速下跌，或是因为 2016 年互联网金融进入监管年，互联网金融整治意见的推进及相关法令文件的出台（包括对保险尤其是互联网保险牌照的收紧）导致 2016 年互联网保险收入进入低增长态势。

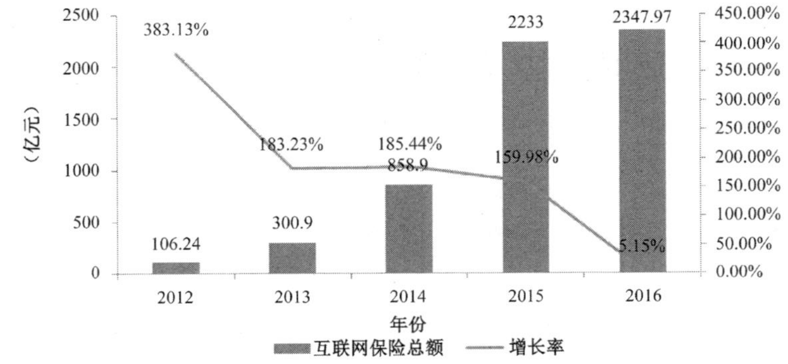

图 4.1　近年来互联网保险交易额

资料来源：保监会。

（二）互联网保险渗透率有所下降

2016 年互联网保险渗透率较前几年的快速发展态势有所调整，零壹财经 • 零壹智库认为当前主要原因在于保险行业的总体收入的高增长态势与互联网保险总收入的低增长态势的较大差异，如图 4.2 所示。

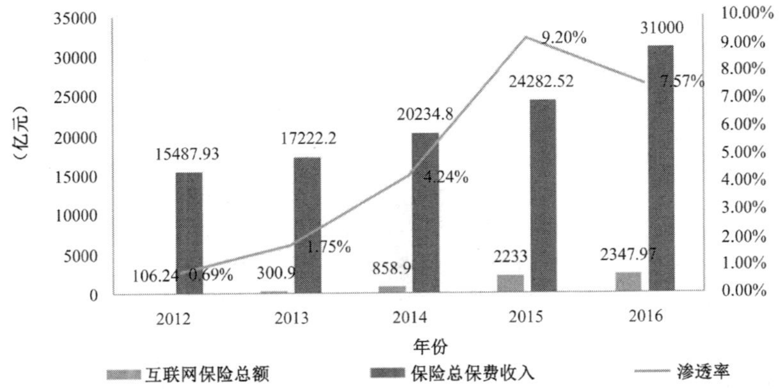

图 4.2　互联网保险费收入及渗透率

资料来源：保监会。

（三）互联网财险收入首次出现负增长

2014 年财险的增长率为 114%，2015 年的增长率为 51.87%，而 2016 年互联网财险的收入首次出现负增长，总体下降 47.52%，如图 4.3 所示。

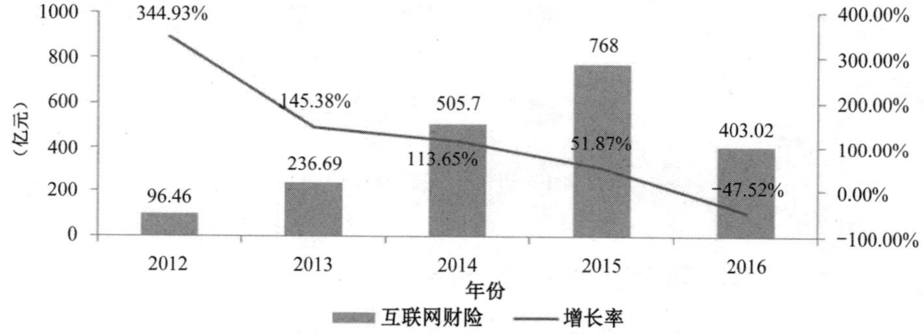

图 4.3　互联网财险收入及增长率

资料来源：保监会。

（四）互联网财险市场呈现寡头垄断

2015 年互联网财产险保险保费收入 768.36 亿元，其中人保和平安共计占比 74.48%，市场集中度较高，如图 4.4 所示。

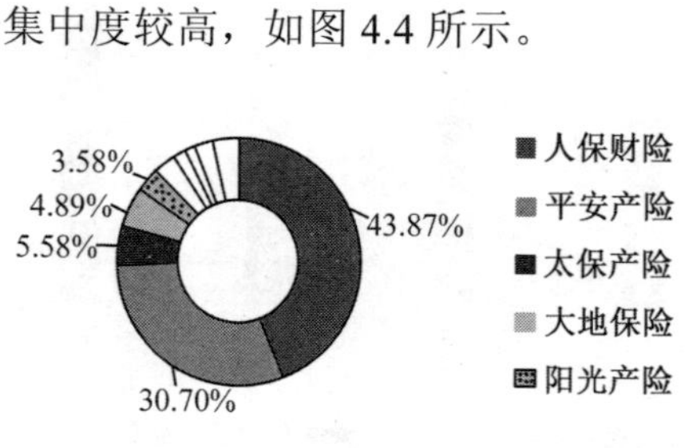

图 4.4　2015 年互联网财产险市场份额

资料来源：中国保险行业协会。

从产险结构来说，互联网车险仍然占据统治地位。零壹财经·零壹智库认为以互联网车险为主导的互联网财险市场对互保企业的品牌影响力及线下服务能力要求较高，所以中小企业很难与大型保险公司竞争，如图 4.5 所示。

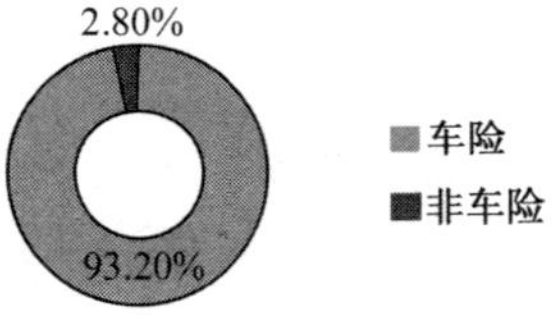

图 4.5　2015 年互联网财产险业务险种结构

资料来源：中国保险行业协会。

（五）互联网寿险增长放缓

根据保监会的数据，互联网寿险 2014 年增长 5.5 倍，2015 年增长 3 倍多，而 2016 年仅增长 32.76%，如图 4.6 所示。

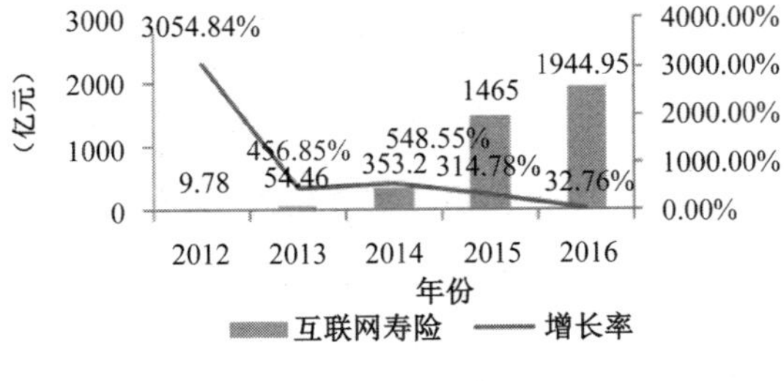

图 4.6　互联网寿险收入及增长率

资料来源：保监会。

（六）互联网人身险市场较为分散

根据中国保险行业协会数据，2015 年，互联网人身险保费规模达到 1465.60 亿元。从人身险业务险种结构来看，理财型保险产品比例过高，占了整个市场的八成。具体而言，2015 年，投资型保险（含万能险、投连险）保费规模为 1219.4 亿元，占互联网人身险总保费的 83.2%。其中，投连险保费收入为 356.14 亿元，万能险保费收入为 863.26 亿元。保障型业务（含分红险、传统人寿险、健康险、意外险等）保费收入 246.2 亿元，占比 16.8%。

就人身险市场份额来说，中国互联网人身险的市场份额比较分散，市场集中度低。

本书认为，中小保险公司主要是通过理财型保险的收益率优势，实现保费收入的突破，从而在市场份额上超越大型保险公司。但此种发展模式并不可持续，未来互联网人身险市场上的发展重点，仍将回到针对用户保障需求的产品与服务创新上来。

（七）初期融资比例下降，中后期融资额度有所上升

零壹数据显示，2016 年互联网保险领域共发生融资事件 23 起，总融资额超过 12 亿元。其中天使轮及 pre-A 轮占比 43.5%，A 及 A+轮占比 26.1%，B 及 B+轮占比 21.7%，C 轮融资占比 4.3%，如图 4.7 所示。

由图 4.7 数据可以看出，2016 年天使轮融资比例下降，中后期融资事件增多。零壹财经·零壹智库认为，互联网保险通过几年的快速发展，创新企业的互联网保险业务切入点机会已逐步充分，可选择空间有限。另外，经过监管和市场的双轨淘汰整合，现存众多互保企业初步得到投资企业认可，后

续融资笔数有所上升。

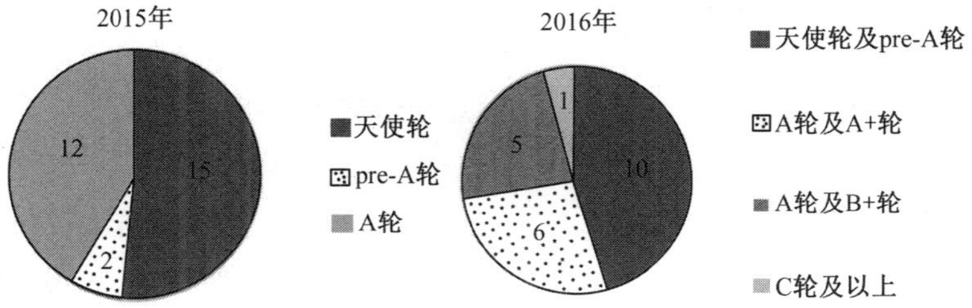

图 4.7　2015 年和 2016 年互联网保险公司融资情况

资料来源：零壹财经 • 零壹智库。

三、新技术的应用

传统保险主要基于保险公司精算能力及客户数据进行保险产品开发和运营分析，而近年来，尤其是 2014—2016 年，人工智能、区块链、基因技术、物联网等各类技术的出现正在慢慢渗透到保险经营的各个环节，为保险行业带来新的冲击和变革。借助新技术的应用，提升消费者服务体验，改善经营效率，甚至更新保险业发展模式，已经成为行业内的热门话题。

（一）区块链

区块链去中心化和不可篡改的特性为价值的传递提供了新的基础。首先，它在保险行业的重要应用之一在于智能合约的引入。其次，区块链和相互保险的结合是另一个应用点。再次，区块链可以作为保险公司合作展业的工具。

例如，2016 年 8 月，阳光保险运用区块链技术，推出“飞常惠航空意外险”微信保险卡单，解决了实物保险卡在保存、赠送和转让时带来的诸多不便。这款产品最大的特色是可以将保险电子卡单以红包的形式分享给好友，对方在出行前登记乘客和航班信息即可成为保单的受益人。

（二）人工智能

对保险行业而言，人工智能可以在精准定价、精准营销、风险控制和保险欺诈识别等领域提供帮助。

第一，AI 客服系统可以降低企业人工成本。目前，国内的国华人寿、太平洋寿险等纷纷推出智能保险客服机器人；第二，优化产品定价，通过智能算法帮助用户制订更合适、更省钱的综合保险计划，并为用户提供保障风险评估、保险咨询、保险方案设计等服务；第三，智能保险投顾精确产品推荐，结合大数据，人工智能可以实现产品的精准化推荐，为用户定制个性化方案，降低成本的同时可以提高效率，这正在成为国内外互联网保险的热门方向，但同时也面临着数据获取等难题。

（三）物联网/车联网

物联网技术的应用为保险服务精细化提供了重要支持。

保险精算的困难在于无法获得全面、准确的风险数据，特别是细分人群的风险数据，因而难以做到精准定价。在物联网技术下，传感器技术可以获取客户的历史数据并实时观察客户行为，例如，车上装载行车记录仪就可能实现车辆保险一车一价。

物联网在财产险方面已经有很多应用，例如，UBI 车险产品等；在人身险方面，包括可穿戴设备在内的健康管理设备逐渐被用户接受，为物联网技术的应用奠定了一定的基础，可实现对投保人健康状况的实时监测。

（四）云计算

2015 年，中国保监会发布《关于加强保险公司筹建期治理机制有关问题的通知》，明确表示“允许新设保险公司使用依托于云计算模式的电子商务系统等应用系统”。云计算具有超大规模、虚拟化、高可靠性、通用性、高可伸缩性、按需服务、廉价等特点。

众安保险在业务初期，即根据互联网保险小额、海量、高频、碎片化的特点，经过半年多时间的努力，将自有核心系统架构在阿里金融云上，并通过保监会合规审查，开创了行业先河。

（五）基因技术

保险公司综合利用基因检测结果，获得家庭健康史、个体饮食、生活、运动、环境等信息，可以通过大数据进一步建立更为个人化的健康风险预测模型。

基因技术在保险行业中的应用在国际上早有实践。美国一些商业健康险产品已将基因检测的相关费用和治疗药物纳入报销范围。2014 年，美国保险公司 Priority Health 和基因测序公司合作，将后者的基因测序产品纳入医保范围，成为美国首个将基因诊断类产品纳入保险的公司。

目前，国内的一些保险公司也开始与基因技术相关公司展开合作。例如，众安保险与华大基因合作推出乳腺癌基因检测、乳腺癌专项健康体检；达安基因与太平人寿开展的“基因检测与健康管理”服务等。

不过，在基因技术逐渐应用到互联网保险领域来的同时，它也面临着种种问题和争议，包括侵犯基因隐私权、基因歧视与商业保险最大诚信原则相冲突等。考虑到基因检测信息不同于其他的医疗信息，部分人士认为，保险公司不应被允许使用投保人的基因检测信息，或者保险公司不能将基因检测作为投保人或被保险人继续被保的条件。

四、案例分析

（一）众安在线

1．发展概况

众安保险（全称“众安在线财产保险股份有限公司”）于 2013 年 11 月 6 日揭牌，是中国首家互联网保险公司。2017 年 9 月 28 日，众安保险登录港交所。

众安保险最初从电商类保险起步，至今已搭建健康险、车险、航延及商险、大金融等事业险，为出行、购物、就餐等各种互联网生活场景提供个性化、定制化、智能化的保障服务。从 2013 年 10 月众安保险成立到 2016 年 12 月 31 日，众安累计销售逾 72 亿份保单，服务约 4.92 亿名保单持有人及被保险人。2014 年、2015 年、2016 年众安保险总保费分别为 794.1 百万元、2283 百万元、3408 百万元。

2．运营模式

目前，众安以健康险、航延及商险、众安科技、大金融等业务为依托，以云计算、大数据、区块链、人工智能等技术为工具，形成了大数据风控、大数据精算等核心能力，并正在逐渐构建起众安的价值网络和生态体系。

表 4.4 所示为众安保险主要产品。

表 4.4　众安保险主要产品

分类	产品
特色保险	银行卡盗刷险、小米手机意外保、无人机、途虎轮胎险、个人法律费用补偿险、任性退、购省心
航旅险	东南亚旅游意外险、申根旅游意外险、境内旅游意外险、英美加澳旅游意外险、中国港澳旅行意外险、中国台湾旅行意外险、驴友旅行意外伤害保险、全球航空意外险、短途及周边游
意外险	个人综合意外险、孝欣保老年人综合意外险、成人百万综合意外险、私家车驾驶员意外险、交通工具意外伤害保险、成人综合意外险、全民运动健身综合意外险、公共交通场所安全意外险
健康险	尊享 e 生医疗险、尊享 e 生重疾险、尊享 e 生全保通（旗舰版和经典版）、孩之宝儿童综合保险、女性特定疾病保险、儿童白血病疾病保险、恶性肿瘤疾病保险、个人住院医疗险、成人重大疾病保险、未成人重大疾病保险、好孕保、肠命百岁预防肠癌险
车险	保骉车险（现已开通山东、青岛、黑龙江、重庆、陕西、广西 6 省市服务）

资料来源：众安保险官网，零壹财经·零壹智库。

众安健康险最初从企业级团险服务切入市场，很快又进入个险领域，坚持团险与个险两条腿走路。2016 年，众安健康险的销售额呈现爆发式增长，这在一定程度上得益于当时推出的一款国民医疗险产品尊享 e 生。

在产品布局上，目前，众安除了参与重疾险、意外险、医疗险等健康险产品的创新与迭代，还有扩容医美、齿科、慢病等细分市场的医疗险产品，同时还将进一步深入探索互联网保险与生物技术的跨界融合等创新领域。

3. 企业特色

（1）为消费金融行业提供资产证券化服务

2015年始，众安就看准了资产证券化这一市场空间。目前，众安已经帮助分期乐、米么、农分期、闪银等几十家消费金融机构连接到了适宜的资金。

在与消费金融资产方的合作中，众安提供的核心服务包括①ABS增信。目前，众安将信用保证险作为公司战略级业务进行规划和开展。②对接机构资金。众安一方面可以为消金资产提供信用保证保险的保单增信；另一方面作为与银行、信托、券商等相同的一行三会监管下的金融机构，以同业的身份与各家金融机构进行对话沟通，帮助消金的参与方撮合机构资金。③输出综合保险保障能力。④让信息透明对称。众安作为专业的系统承保商或资产管理服务商以第三方的身份介入，让一些规模较小，处于初创阶段的消费金融公司将资产真实、透明地对接资金方。

（2）组建众安科技为金融生态圈输出金融科技能力

2016年11月，众安保险在成立三周年之时，组建了全资子公司众安科技，旨在向金融及大健康生态圈输送区块链、人工智能、云计算和大数据等金融科技能力。2017年5月，众安科技发布基于区块链和人工智能等技术的云服务平台——安链云，基于普惠金融和健康生态两大领域打造综合解决方案，推出了Ti系列的区块链产品、X系列的数据及人工智能产品、S系列的保险行业应用产品。在保险领域，安链云区块链服务为保险行业提供基于智能合约的自动赔偿和电子保单存证的解决方案，试图解决再保险和相互保险、商业财产和意外伤害索赔、险资监管等典型场景中信任的问题。

4．综合评价

2013 年 11 月成立至今，众安保险已上线三年多。其基于电商场景的需求起步，在这几年内积极布局各类场景，获取大量多维度的数据，并不断通过产品升级来解决场景需求。同时，在对互联网场景中的保险需求探索的过程中，逐渐认识到科技在互联网保险中产生的变革作用，组建了众安科技，发展区块链等科技技术。

在这个过程中，众安保险较好地贯彻了互联网保险的理念，一直在积极探索新的领域和新的技术，其业务规模在四家持牌互联网保险机构中处于领先地位。但同时，众安在车险方面的尝试相对较弱。不过，众安保险和平安保险于 2015 年 11 月联合推出“保骉车险”，目前的规模和实际推广情况仍有待观察。

（二）大特保

1．发展概况

大特保成立于 2014 年 7 月，专注于为用户提供人身健康险和意外险。公司成立之初即获得天使轮投资，2015 年 7 月完成了总额 1.8 亿元人民币的 A 轮融资，2016 年又获得近 2000 万美元的 B 轮融资和数千万美元的 B+轮融资。

2．运营模式

大特保的核心业务是为用户提供人身保险产品。最初，大特保从场景化的健康险切入，比如，2015年推出的“儿童走失寻回险”和“呼吸防癌险”等；其后，公司主推面向中高端的医疗险、重疾险等，比如，“全家桶百万医疗险”；另外，公司还推出了一些单病症和慢病保险，比如，“肝病险”和“退糖鼓”等。

从保险产品的类别来看，大特保主要针对个人或家庭推出健康险、意外险和航旅险三类产品，分别覆盖了老中小或者男性女性等各个角度的细分群体。此外，大特保还推出了定制化的企业团险，分为企业基础版、福利版、尊享版和至尊版四个不同的标准化产品供企业选择，已为中粮、小红书和社保通等多家企业的员工提供意外重疾、补充医疗等各方面的保险，如表4.5所示。

表4.5　大特保主要产品

分类	产品
健康险	全家桶百万医疗险、成人长期重疾险、少儿长期重疾险、男性百万恶性肿瘤险、肝病险、老年三高癌症医疗险、男性重疾险、退糖鼓、e顺成人重疾险、太享e保百万医疗险
意外险	个人全年意外险、老司机全球驾乘意外险、儿童意外险、老年人意外综合险、千万航空意外险、航旅双享意外险、公共交通意外险、针无忧儿童疫苗险、医疗美容意外险、学生平安保险
航旅险	乐悠游旅行险（2017年版）、境内旅游险、老司机全球驾乘意外险、千万航空意外险、旅航双享意外险、申根之王全球旅行险、嗨皮险、航空意外伤害保险、全球驾意险
定制企业团险	企业基础版、企业福利版、企业尊享版、企业至尊版

资料来源：大特保官网，零壹财经·零壹智库。

3. 企业特色

（1）尝试打造一个人身保险+健康管理+医疗服务的综合健康服务平台

大特保除了主推的人身保险业务之外，还在尝试打造一个自我健康管理的开放平台，从体检切入提供疾病预防的手段，并协助用户进行风险筛选和数据检测。此外，大特保还联合一些外部资源，比如，单车、健身场馆签到、Keep（一个健身 APP）运动等场景，来进行用户互动，增强用户黏性，并在长期积累的数据基础上做保费的差异化定价。

医疗服务方面，大特保与北京上海等地一些公立三甲医院进行合作，在单纯的保险保障服务之外，为用户提供远程问诊、线下就医、健康理疗和慢病管理等服务，把用户的健康风险屏障前移；同时，通过医院内外的技术对接和数据共享，逐步实现医疗控费。

（2）利用大数据和人工智能降低保险理赔率和提高用户转化率

大特保利用大数据收集整理用户画像，通过用户画像进行用户筛选，将理赔率降低到行业平均水平的 1/3；通过人工智能应用分析客户需求，决定如何去推广营销，帮助用户推荐更为适合的产品，用户的转化率较最初提高了近 4 倍。此外，大特保还利用人工智能来协助代理人更好地服务客户。

4．综合评价

大特保自成立以来，从当时比较热门的场景险切入，不断地调整自己的业务方向，并推出了“全家桶百万医疗险”这类面向中高端用户的爆款产品。大特保没有局限在为用户提供保险产品的业务上，开始尝试转变为一个人身保险+健康管理+医疗服务的互联网保险平台。

这种为用户提供健康一体化服务的方式和思路值得肯定，但实现起来障碍重重。首先，很多人在疾病来临之前并不会重视健康管理，前期健康管理效果不得而知；其次，由于国内医院和体检机构的数据并没有联网，即使已经和大特保完成技术对接，数据共享仍有很长的路要走，更别提数据的有效性。这些瓶颈真正的突破还要依赖于用户的观念转变、政策的导向，以及技术的进一步发展等因素。

五、面临的挑战

（一）互联网金融监管趋严 互联网保险规模的快速扩张态势必受遏制

自 2015 年以来，监管层对互联网金融行业的态度趋严，人民银行等十部门发布的《关于促进互联网金融健康发展的指导意见》，以及国务院办公厅等部分印发的《互联网金融风险专项整治工作实施方案》，鼓励和保护真正有价值的互联网金融创新，整治违法违规行为。互联网保险作为互联网金融的组成部分，也开始被逐步规范起来。无论是资本投资态度，还是互联网保险行业的创业者的积极性，都因此受到了一定程度的遏制。同时，资本的审慎又势必会给中小险企的发展带来一些影响。

（二）互联网保险尚未找到大片增量市场，对传统保险机构的依赖较强

从保险深度和密度来看，我国的保险服务与发达国家存在巨大的差距，市场发展空间不言而喻。但是，大量互联网保险创新机构尚无法开辟一个空白市场，原因在于：保险是一个受到高度管制的行业。只有持牌保险公司才能合法发行保险产品，而保险公司的准入门槛如此之高，以至于很小的保险公司都可以依靠牌照资源获利而无意专注于业务创新；大部分保险公司则机制僵化，更愿意固守传统保险业务或高现金价值产品，对互联网保险创新的

兴趣不大；新兴的持牌互联网保险公司数量极少，受到各方面因素的制约，还没有形成气候。

上述情况导致对市场最敏感、创新意愿最强的新兴创业公司无法发行自己的产品，难以建立自己的渠道，更无法实现业务闭环及自己的生态。所有机构几乎只能绑定在传统保险链条上，为其中某一环节服务。互联网保险公司与传统保险公司合作，业务受到传统保险公司的制约，即使是创新性很强、价值很好的保险产品，也很可能因为与保险公司的业务思路不一致而被否决，新兴创业公司事实上缺乏业务自主权，更像是保险公司的外包机构。

（三）新兴创业公司积累用户难度大，保险用户的教育难度高

在产品创新受到制约的情况下，如果新兴创业公司能拥有大量用户、抢占互联网保售渠道，就有望与保险公司抗衡，拥有一定的话语权。但是这一工作的难度很高，一个重要原因是互联网技术对保险行业的实质性渗透较晚，基本上错过了互联网红利期，甚至是移动互联网红利期。新成立的保险创业公司如果想从普通用户切入，试图积累用户和数据，首先，将面临高昂的获客成本，困难重重；其次，将面临用户教育问题，由于保险是对未来风险的保障，不能带来立竿见影的收益反而在直观印象上是没有“回报”的付出，用户的抗拒心理较强，转化成本同样较高。许多新兴创业公司采用低价，甚至免费的保障服务（可能是保险产品也可能是类保险服务）吸引新用户，用户的接受度很高，但是一旦向用户销售正规保险产品，用户的转化率则直线下跌。

（四）场景保险的合规问题凸显，偏离保险本质

随着场景保险的热度越来越高，市场上出现了很多博眼球、博出位，偏离“保险原理”的伪保险产品，监管部门也因此叫停了很多这类产品。保监会在2017年1月发布了《财产保险公司保险产品开发指引》，提出保险公司不得开发对保险标的不具有法律上承认合法利益、无实质内容意义，炒作概念的噱头性产品。如何更好地贴合实际需求、推出具备可持续性的实用性创新产品，对互联网保险企业来讲是一个巨大的挑战。

部分保险产品为了吸引眼球和片面追求规模，盲目创新，比如，“跌停险”“贴条险”等产品，偏离了保险的保障本质，并未体现出保险对客观风险导致损失的补偿功能。这类保险产品的创新只是噱头，没法走可持续发展之路。

场景保险应该具有可保利益。这个风险不可以预测，但可以预防。场景保险针对的应该是传统保险公司看不到的，但是在正规交易中会遇到的场景。保监会对新产品持中立态度，但是有几条红线，第一有可保利益，第二有可保风险，保险产品首先必须有可保性，然后才可以谈持续性。

（五）创新能力不足，保险产品大多停留在需求与渠道创新阶段

当前，我国互联网保险企业只是借助网络平台进行产品宣传、投保和支付，服务系统对电子保单的认可接受度不高，因此，进一步拓展线上服务功能、优化网点布局、加强线上线下服务协同，对互联网保险的长足发展至关重要。

目前，绝大部分的互联网保险创新还停留在需求与渠道创新的阶段，应

用最广泛的是传统产品线上化和碎片化的场景保险。目前需求与渠道类创新的产品同质性严重，如退运险等，且未实现无缝式保险场景对接，没有有效地串联起比较零散的服务。而传统产品的线上化更多的也只是产品宣传、投保和支付的线上化，投保人更关心的核保、理赔等体现保险产品价值的服务仍需在线下完成，且存在程序繁杂、理赔不及时等各种问题。市场上缺乏提供从保全到理赔全流程交易闭环服务的互联网保险产品。

规模较大的、比较有实力的一小部分保险公司在积极尝试技术与机制创新，比如，引入机器人客服，以及车险主要环节的线上自动操作等，这解决了传统保险的一些痛点。由于物联网、大数据等新技术的应用，互联网交易行为可以帮助获取更多的可分析、可预测的数据信息，这也有潜力改变保险的定价方式。

但同时，由于保险公司和电商平台合作的过程中，数据共享和商业机密之间的平衡很难拿捏，新的数据并不像想象中那么容易获取。即使已经采集到了一些新的实时数据，处理这些新数据的能力也相对薄弱，其可供预测的能力和方式也有待验证，如何融入精算模型中进而影响最终的定价仍需要大量的实践和探索。

（六）场景流量转化率未达预期，平台盈利模式仍不明朗

随着互联网或移动互联网带来的网络人口红利的消退，而保险应用的场景依然稀缺，互联网金融企业的获客成本迅速提升，已逐渐和线下获客成本趋于一致，某些领域甚至高于线下成本。

目前互联网保险企业急于宣传或扩大规模，更多地追求短期流量，强调

短期效应，忽略可持续发展。互联网保险产品又多为标准低频产品，很难增强客户黏性，无法为企业提升客户忠诚度，客户留存问题成为众多互联网保险企业关注的焦点所在。

（七）呼声极高的基于 UBI 定价车险产品难以落地

UBI（Usage-Based Insurance）业务模式，即基于驾驶行为的车险定价最早出现在美国，目前在全球范围内支持 UBI 车险的国家也已经越来越多，并且得到用户的充分认可，这也说明这类技术本身没有大的问题，但目前在中国却难以落地，主要源于两方面原因：①客户数据获取。UBI 定价的核心是数据，但目前部分车型没有 OBD 数据接口或者接口不开放，车企对这类数据也比较在意，有偿也不愿提供，消费者对于这类产品存在较大的疑虑。②没有来自监管层的明确支持和激励。UBI 系统不是单单一个公司一个产品的改变，改变的是与之相关的整条产业链，涉及方方面面的利益，除非有国家政策层面的驱动和激励，否则很难实现。

（八）新技术应用及信息系统建设能力有待提升

目前行业互联网业务所需的信息技术基础设施，在整体规划上欠缺以客户为中心的设计，支持寿险产品自动化交易的功能并不完善，系统的大并发处理、7×24 小时的持续稳定运行、智能化支持的一站式销售和服务能力有所欠缺。

人工智能、区块链等新技术的应用仍在探索，难以和保险实际结合落地。

（九）风控方面受到挑战，逆向选择风险大

多数保险企业缺乏在线认证客户身份的技术和手段，只能依靠消费者在

网上填写的信息进行风险评估，存在信息不真实引发的欺诈和逆选择风险。互联网信息碎片化、交易场景虚拟的特点，导致部分客户信息存在失真情况，给保险公司开展后续承保、理赔、投诉和续保等系列服务增加了难度，影响客户体验和保险公司的后端服务保障能力。另外，互联网平台是开放性的，大量的客户个人信息和数据存储于第三方平台，客户信息外泄风险不断增加。互联网保险平台的数据和支付安全都受到了挑战。

六、监管研读

保监会于2015年7月印发的《互联网保险业务监管暂行办法》中，首先对互联网保险进行了定义：互联网保险业务是指保险机构依托互联网和移动通信等技术，通过自营网络平台、第三方网络平台等订立保险合同，提供保险服务的业务。从内容上看，依然没有摆脱传统保险的框架，仍是从传统保险出发，将互联网保险视为保险公司和保险中介机构开展的业务，局限在对现有保险行业的改良上。

国际上将保险业在互联网环境下的科技创新冠名为“互联网保险/保险科技（Insurtech）”。互联网保险是通过移动应用、新技术的使用、远程信息处理和人工智能等技术，提供成本低、附加价值更高的新形态保险产品，主要针对传统保险未能服务的市场。它更多的是以互联网思维，充分运用大数据、云计算的巨大潜力，对现有保险产品、运营和服务模式进行重构。随着全球化的推进，以及互联网技术的发展，云计算、大数据和人工智能呈现拐点式爆发，金融科技的提法越来越火热，“互联网保险”在中国也逐渐接棒互联网保险的声势，预示着科技的力量正在保险行业引起新的变革。

如零壹财经·零壹智库出版的《互联网保险新模式》书中所说，互联网保险概念是随着整个行业发展在逐渐演变的。最初它可能被局限在对传统保险的改良上，包括需求更碎片化、产品更个性化、价格更透明化等；随后可能是基于互联网的用户消费习惯和技术手段（如大数据、物联网等），发掘新的保险服务形式，甚至打破原有的产品结构、投保方式或风险管理方式，随之而来的是企业内部结构的调整将更加扁平化；但真正意义上的互联网保险是用互联网的模式改变整个行业的运行逻辑，各个环节因互联网技术的应用逐步被拆解，当它们被再次整合时，会形成完全不同于现有保险行业的新业态。

本书中所指的互联网保险，是泛义上的互联网保险，即不仅仅包括新技术应用所带来的互联网保险，还包括传统意义上保险的互联网化。

2013 年作为互联网金融的元年，互联网保险的创新发展也开始提速，其迅猛发展也给整个行业带来了一些问题和乱象。2015 年，《互联网保险业务监管暂行办法》出台，对互联网保险发展的主体、经营范围、门槛标准等给予明确规定。2016 年，保监会又发布了包括《关于加强互联网平台保证保险业务管理通知》在内的多项监管制度，对互助类保险、信用保证保险等新兴的保险产品进行规范。

以万能险和投连险为主的理财型保险产品，最近两年在销售增长上出现了大爆发。保监会的资料显示，这两种理财型保险产品 2015 年增速接近 100%。自 2016 年以来，基于风险控制方面的考虑，保监会出台多项规定，对万能险的规模、经营管理等进行了限制和规范。要求自 2016 年 3 月 21

日起，存续期限不满 1 年的中短存续期产品立即停售，1～3 年的产品在 3 年内按 90%、70%、50%逐年缩减，3 年后控制在 50%以内。针对互联网保险领域万能险产品存在销售误导、结算利率恶性竞争等问题，保监会先后叫停了前海人寿、恒大人寿等 6 家公司的互联网渠道保险业务。

目前，互联网保险监管体系已构建了一个基本的框架，形成了以《互联网保险业务监管暂行办法》为主，其他监管制度为补充的监管体系。互联网保险行业已经逐渐脱离野蛮生长，开始进入合规整顿期，如表 4.6 所示。

表 4.6　互联网保险相关监管政策

发布部门	发布时间	法律和行政规章	主要内容
保监会	2017 年 2 月	《保险业进一步参与社会治安综合治理工作的指导意见》	明确加大保险业综合治理工作落实力度，重点做好反保险欺诈、打击非法集资、加强互联网保险监管、保险纠纷多元化解、信访积案化解等任务
保监会	2017 年 1 月	《财产保险公司保险产品开发指引》	提出保险公司不得开发对保险标的不具有法律上承认合法利益、无实质内容意义，炒作概念的噱头性产品
保监会	2016 年 9 月	《中国保监会关于进一步完善人身保险精算制度有关事项的通知》	对中短存续期产品额度计算方法、保险金额、万能险账户管理、退保费设定、预定利率、年金保险形态等方面做出重大调整
保监会	2016 年 4 月	《互联网保险风险专项整治工作实施方案》	为进一步防范互联网保险领域的风险，规范市场发展环境提出章程
保监会	2016 年 3 月	《关于开展财产保险公司备案产品自主注册改革的通知》	提出了财产保险公司备案产品自主注册改革的指导思想、基本原则、改革目标和主要任务，进一步简政放权
保监会	2016 年 1 月	《关于加强互联网平台保证保险业务管理通知》	重点对互联网平台选择、信息披露、内控管理等提出明确要求

续表

发布部门	发布时间	法律和行政规章	主要内容
保监会	2015年9月	《中国保监会关于深化保险中介市场改革的意见》	提升中介服务能力，推出了独立代理人制度
保监会	2015年8月	《个人税收优惠型健康保险业务管理暂行办法》	明确了个人税优健康保险产品管理原则
人民银行等十部门	2015年7月	《关于促进互联网金融健康发展的指导意见》	明确了互联网保险在互联网金融中的战略地位及监管机构。
保监会	2015年7月	《互联网保险监管暂行办法》	互联网保险发展的主体、经营范围、门槛标准等给予明确规定
全国人民代表大会常务委员会	2015年4月	《中华人民共和国电子签名法（修正）》	规范了电子签名的使用和保管，规定了具体法律效用的使用领域
保监会	2015年2月	《关于深化商业车险条款费率管理制度改革的意见》	正式启动商业车险条款费率管理制度改革，在6个省启动改革试点。保险公司拥有一定的定价权，可根据自己的承包经验和经营情况进行调整，费率设计更加灵活
保监会	2014年12月	《互联网保险业务监管暂行办法（征求意见稿）》	进一步规范了互联网保险企业的经营原则、经营经营区域、信息披露、经营规则、监督管理等多个方面
国务院	2014年8月	《关于加快发展现代保险服务业的若干意见》	以顶层设计的形式明确保险行业在经济社会中的地位
保监会	2014年4月	《关于规范人身保险公司经营互联网保险有关问题的通知（征求意见稿）》	正式就人身险公司经营互联网保险的条件、风险监管等问题向业内征求意见
保监会	2013年12月	《关于促进人身险公司互联网保险业务规范发展的通知》	对涉及人身险的保险公司设定了严格的操作规范，切实保护投保人合法权益
保监会	2013年4月	《关于专业网络保险公司开业验收有关的通知》	针对专业网络保险公司开业验收，制定相关补充条件

续表

发布部门	发布时间	法律和行政规章	主要内容
保监会	2012 年 5 月	《关于提示互联网保险业务风险的公告》	除保险公司、保险代理公司、保险经纪公司以外，其他单位和个人不得擅自开展互联网保险业务
保监会	2011 年 9 月	《保险代理、经纪公司互联网保险业务监管办法（试行）》	促进保险代理、经纪公司互联网保险业务的规范健康有序发展
保监会	2011 年 8 月	《中国保险业发展“十二五”规划纲要》	鼓励保险业务创新，推动保单电子化和快速理赔的发展
保监会	2011 年 4 月	《互联网保险业务监管规定（征求意见稿）》	促进互联网保险业务规范健康有序发展
保监会	2009 年 12 月	《保险公司信息化工作管理指引（试行）》	促进保险公司信息化工作管理
国务院	2005 年 4 月	《中华人民共和国电子签名法》	电子签名与手写签名或印章具有同等法律效力

资料来源：公开信息，零壹财经·零壹智库。

七、发展趋势

（一）政策持续规范和鼓励互联网保险稳定发展

互联网保险不仅符合国家的政策导向，也符合人们对互联网消费日益增长的需求。在互联网场景中使用保险，已经成为网民广泛接受和认可的保险消费方式。互联网保险的发展，离不开监管的正确引导。近年来，互联网保险在探索中快速发展，监管部门鼓励创新和改革，为互联网保险提供了宽松的政策环境，也根据实际业务发展情况，推出了一系列的规范和管理办法，促进互联网保险的健康持续发展。

（二）经营主体多样化，互联网保险创新迈向组织与机制阶段

参与互联网保险的经营主体将更加多元化，互联网保险高速发展吸引着越来越多的互联网企业和保险公司开展互联网业务。

新兴互联网保险机构则倾向于深耕互联网保险生态，依托平台、场景、大数据技术对互联网保险产品、渠道和定价等环节进行变革，深挖互联网保险细分市场，通过精细化、差异化定位，多方位、多角度切分保险市场蛋糕，找准传统保险市场服务的痛点抢占市场，并依托股东资源往传统的线下保险领域延伸，冲击传统保险企业。

第三方平台、中介公司作为互联网保险重要的参与主体，近年来更加丰富多样，数量快速增长。阿里、携程、途牛等互联网平台或其下属子公司获得保险兼业代理或者专业代理牌照，为互联网和保险的融资提供了更广泛的空间。

传统保险将会进一步重视互联网金融战略，争取全金融牌照，加强对外合作和技术创新等方式推进互联网保险深入发展。另外，传统保险与第三方平台除了渠道合作之外，也将进一步向数据合作延伸，双方融合程度进一步提高。

相互保险公司相继成立。2016 年 6 月，保监会批准了众惠财产相互保险、汇友建工财产相互保险社和信美人寿相互保险社。网络互助、互助保险作为国际上主要的保险组织形式之一，也开始在中国有了新的尝试，也将会为互联网保险的发展带来新的生机和活力。相互保险组织具有多种多样的形

式，并不局限于相互保险公司，还有相互保险社、保险合作社、交互保险社等。如果结合互联网技术创新相互保险的组织体制，重点发展后付费、无资金池的公益性互助业务，围绕互助社员开展以保险、保障为中心的综合运营，有可能开辟互联网保险的一方新天地，甚至形成新生态。

（三）基于互联网的客户风险需求将催生出大量具有可持续性的创新保险产品

在政策的规范下，场景保险未来将逐渐向实用性的可持续类保险发展。未来将主要表现在两个方面：①通过移动互联、O2O 模式与技术应用的发展，充分发掘与消费者日常生活息息相关的衣食住行等各个细分领域，为消费者提供个性化、定制化的保险产品；②针对互联网生态专门研发设计的产品，如资金账户安全险、保证金交易保证、履约保证保险、信用保证保险等险种，未来会随着互联网的发展越来越成熟，应用越来越广泛。

另外，利用共享经济的模式深入保险服务的某个环节也是未来的大趋势。基于平台需求为共享经济客户提供保险定制方案和服务，同时帮助保险公司拓展新的增量市场空间，形成多方合作共赢、生态健康发展的良性循环。

（四）B2B2C 类（企业）业务将得到较大的发展

企业市场同样是一个巨大的空白市场，盈利也比个人客户有所保障。互联网保险根据企业的业务生态和具体场景，为其开发保险产品和服务。相较 2C 的模式，这样能够以更低成本获取流量，而且，这种不同行业的数据整合能将用户画像描绘得更加具体，按照垂直行业挨个切入，能够有效地降低平台的风控成本。

此外，技术类公司可以积极与企业合作，为其机构、业务（或员工、用户）提供类保险服务，这类服务仍以风险测算、损失分摊为核心，却未必采用保险产品的形式，因而有可能摆脱牌照束缚。

（五）新技术加速互联网保险创新

智能手机的普及和智能设备的发展，使得用户的生理数据及行为数据都能被收集并记录。这些数据都将对保险产品的设计与定价产生积极的影响，而随着云计算和人工智能的出现，保险公司对这些数据的利用也会越来越高效。这些都将深入改变传统的保险业务模式。

“可穿戴设备”及“生物科技”等大健康产业的深度延伸，为保险公司在人身险产品领域带来新的可能。人身险的保障对象也将会从原来传统保险产品中覆盖的健康群体，逐步拓展覆盖到越来越多的高风险及非健康群体。

“物联网”和“UBI”的发展将会推动财产险车险服务实现科技化。这类技术通过对被保物品的数据采集和数据分析，为个人和企业提供前所未有的服务。同时，汽车产业的高级驾驶辅助系统（ADAS）和无人驾驶技术可能会颠覆传统车险模式。不管是人身险还是车险，传统的保险产品都将逐步过渡为“保险+健康管理（人/车）”的保险业务模式。

（六）第三方平台未来将提供全保险品类的完整交易闭环类服务

目前大多数保险第三方平台提供的主要是保险前端的服务。但从用户价值和用户思维的角度去考虑，未来第三方平台活下去的根本在于经营用户，而非仅仅卖保单。回归到最基本的常识上去，用户的诉求是全品类的保险产品，全闭环的服务。谁得到客户的认可，谁就是最后的赢家。

（七）征信市场化开拓行业新蓝海

2015 年被称为“中国个人征信市场化”元年，一大批行业发展规划及监管条例发布，个人征信行业发展顶层设计逐步明确。

在这种情况下，借助个人征信行业的突破性进展，保险行业可以极大推动财产保险公司信用保证保险业务的发展。此外，针对互联网金融服务模式下产生的新型信用风险、交易风险和资产风险，保险机构可积极参与互联网征信体系建设，将自身保险数据纳入个人征信体系，为评价标准、评判体系提供数据反馈，推动个人征信机构模型校正，形成良好的正反馈机制。

（八）对互联网保险更远层次的畅想

传统保险思维的“对赌”模式构成了传统保险模式的核心问题，并引发后续的各种弊端，尤其是保险行业的封闭性。如果沿着破解利益冲突、让保险重归“我为人人、人人为我”的本源的路线，互联网保险对保险行业的重塑可能会经历如下几个阶段：

1. 保险销售从交易性平台转向工具化平台

当前保险销售的实质是获客，获客的目的在于交易。互联网提供了一个便利的交易场所，可以大幅度降低交易本身的成本，这是大量保险交易网站（包括保险公司自营网站、第三方销售网站、各种比价/推荐/分销网站）设立的初衷。但是如前所述，互联网和移动互联网的红利正在消失，获客成本逐步上升，除了少数大流量、场景化渠道，单纯交易成本的下降将很快无法抵消整体获客费用的上升（尤其是对新增用户而言），更重要的是“交易”一词也暗示着平台的核心是产品而非服务和用户。

如国外的Trōv平台，它的初衷并不在于保险，而在于帮助用户采用数字化的方式记录、整理个人物品，跟踪自己的财产情况，是一种以用户为中心的工具。这种工具可以很方便地导入保险服务，并具有极大的延展性。例如，加入社交网络/电商渠道后，个人物品管理工具可以轻易转化为二手物品交易工具，而在二手物品交易过程中，同样可以再引入相关的保险服务。

工具化平台的优势在于天然为用户所需要，可以营造自然的保险场景，强化“贴心服务”特色，而非保险产品的生硬销售。类似的思路可以扩充至其他工具，例如，个人健康管理工具、个人财务管理工具、企业人事管理工具，等等。嵌入式保险服务需要具有碎片化、精细化、个性化、实时性等特点，而这正是新型技术和互联网保险机构的用武之地。

2. 保险产品的设计由封闭体系转为开放平台

在需求端发生变化，保险核心由产品转变为服务和用户的过程中，传统保险机构的产品设计模式需要被打破。类似于“保险众创空间”[1]的思路，为了快速应对用户的碎片化、精细化、个性化、实时性保险需求，保险公司可能不得不把产品设计、销售、后续服务等环节外包以取得更佳的响应速度和服务效果。

例如，保险公司或互联网保险公司创建一个开放的协作平台，有需要的保险公司可以根据用户需要提交产品开发需求，保险公司接到需求后，利用该协作平台和互联网保险机构一起汇集数据、开展精算、制定价格、设计条

[1] 详见《保险众创空间：下一个互联网保险公司的形态》，http://www.yicai.com/news/5028845.html。

款，在产品完成后，通过各种合作渠道（包括接入工具性平台）进行销售，后续服务（如检验、鉴定、评估、理算、支付等）同样可以委托该互联网保险公司或第三方机构进行。例如，蚂蚁金服2017年发布的“蚂蚁车险分”就采用了这样的思路来做互联网保险输入。

3. 保险机构由风险中介转为连接中枢

在此过程中，传统保险机构实际上由风险中介逐步转变为连接中枢，保险的整个设计及服务流程不再局限于机构内部。而与传统外包方式不同的是，借助于开放协作平台，其连接的自由度更高，可以在各个环节引入竞争性任务分配机制，根据不同产品的特点，动态、灵活汇集最专业、性价比最高的机构共同维护产品的整个生命周期，并分摊相应的收益及损失。

此时，保险机构的核心能力将转变为用户需求洞察能力、流程管理能力和资源调度能力。如同零壹财经·零壹智库在《互联网保险新模式》一书中所阐述的，“在用户体验被逐步优化的过程中，传统保险机构的响应机制、决策流程、产品操作、组织结构必然发生深刻变化，使得自己更像互联网机构，能够更快响应需求、更快交付产品、更快提供服务。其中的关键，同样在于组织流程再造和服务环节细分，保险机构通过‘脱媒’或‘去中介化’实现对保险资源的全网络调度，保持产品与服务的动态优化，将是大幅度提高效率的重中之重。”

4. 保险服务由买卖对赌转为自由人的自由联合

更进一步，如果考虑保险机构作为风险中介机构的“厚度”进一步变薄和分散，它甚至都可以不主动维护客户群，而是依托保险的原始形式——互助来提供需求洞察、流程管理和资源调度服务。目前国外存在大量的相互保险机构，但他们的商业模型和服务形式已与商业保险公司相差无几。而近期我国兴起的网络互助，则更加接近于保险的本源。

这些网络互助平台运营的主要模式是推出互助计划、招募会员，在会员遭遇互助计划约定的特定事件（一般是大病、身故或财产损失）时，平台经过审查和确认，根据互助计划的规定，汇集其他会员的资金支付给该会员。也就是说平台本身并不承担赔付义务，也不建立保障基金，因而不承担资金运用等职责。保险公司（此时已经应该称为保险连接机构）围绕此类平台开展服务，业务上具有天然的契合性，包括业务透明性、专业性和规范性等。

在网络互助平台上，会员集保险人和投保人于一身，存在较强的利益一致性，彼此之间不再是对赌的关系，更像是命运共同体，可以施加很多正向激励措施，共同降低风险事件的发生概率，从而降低整体损失和相关成本。而传统保险的风险管理经验、新兴的互联网保险与质朴的互助诉求相融合，或将通向未来保险的实质性革新之路：自由人的自由联合。

按照以上这些畅想，未来终有一天，或将真正实现“科技以人为本，保险服务生活”。彼时，互联网保险将无声无息又无处不在地嵌入每个人的日常生活，就如同今天的智能手机订外卖一样稀松平常。

Chapter 5

智能理财

本章所指智能理财是根据投资者的风险偏好，通过机器算法为投资者智能匹配投资产品组合的服务方式。广义的解读则是考虑投资者目前的金融财务状况，统筹考虑多种资产，为投资者配置资产。

从 2008 年开始，以美国与欧洲为中心，一些提供在线资产管理服务并收取相关手续费的智能理财公司相继成立。2014 年，智能理财概念首次被引入国内，并快速发展。

传统理财与智能理财对比如表 5.1 所示。

表 5.1 传统理财与智能理财对比

	传统理财	智能理财
面向客群	高净值人群	中产阶级及长尾客户
投资依据	投资顾问的个人经验	借助人工智能和大数据分析得到的投资组合模型
资产类型	定期类、股票、基金、定增等	ETF 基金、定期、股票、国外债券等
实施过程	需要保持持续沟通	客户被测出风险偏好，平台自动筛选投资组合并完成资产配置
服务费用	费用较高，为 2%～3%	费率较低，一般不超过 0.5%
投资收益	依据投资顾问的专业能力	可持续、相对稳定的收益率
优点	非标类资产更丰富、定制化服务	交易更理性、效率高、风险分散
缺点	成本高、服务对象少、收益不稳定	不适合高风险偏好的投资者

资料来源：零壹财经·零壹智库。

一、发展历程

当前全球智能理财的发展大致经历了以下三个阶段：

第一阶段（20 世纪 90 年代末期）——在线理财阶段

投资者可以在网上使用在线的投资分析软件，对投资收益和风险进行较为简单的分析。

第二阶段（2008—2015 年）——数字化理财阶段

一些基于机器学习的数字化投资分析工具开始出现，人工智能开始深入到客户分析、大类资产配置等领域。

第三阶段（2015 年至今）——智能理财阶段

随着人工智能、大数据、云计算等技术的突破，机器计算能力和网站体验都有了质的飞跃，一种完全智能化的投资管理模式出现并开始流行。

2015 年 8 月，贝莱德资产管理集团收购了估值在 1.5 亿～2 亿美元的智能理财初创公司 Future Advisor，成为智能理财市场爆发式发展的标志性事件。自 2014 年以来，智能理财在中国也开始生根发芽。

目前，中国已出现招行摩羯定投、宜信投米 RA、财鲸、京东智投、拿铁财经、微量网、平安一账通等多个类型的智能理财平台，并吸引了传统金融业、互联网企业、风投企业等多类投资主体进入。

（一）国际发展历程

由于金融科技受热捧，智能理财在美国市场的发展尤为迅速，业内最知名的两家智能理财公司 Betterment 和 Wealthfront 均在 2010 年前后推出基于互联网技术与算法的资产管理组合建议，带领美国投资市场进入智能理财时代。

2015 年，美国智能理财市场呈现爆发式增长，来自硅谷的金融科技公司占据了全自动智能理财市场的主要份额，上述两家公司管理的资产规模也快速增长，截至 2016 年 2 月，上述两家企业资产管理的规模均已超过 30 亿美元。除了主打智能理财的创业公司外，一大批老牌金融巨头意识到智能理财对传统投顾市场的威胁，也纷纷涉足其中，先后研发半自动智能理财系统。

除美国外，欧洲金融机构也开始通过成立智能理财部门、收购创业公司等方式进入智能理财领域。从 2015 年开始，包括英国苏格兰皇家银行在内的国外多家银行陆续用智能理财取代原有的人工投资顾问部门；德意志银行推出了机器人投顾 Anlage Finder；高盛宣布收购线上退休账户理财平台 Honest Dollar。

上述欧美金融机构陆续进入该领域，使得行业规模水涨船高。虽然从资产规模来看，当前智能理财对投资者而言还属于小众投资，但这种科技和金融相结合的服务方式已经得到越来越多人的关注，发展形势也被普遍看好。

值得注意的是，国外智能理财的迅速发展离不开较为成熟的金融环境。作为一种平民化的资产配置手段，智能理财的价值不断被解读和放大，它的迅速普及除了有人工智能技术强有力的支撑外，与发达的海外金融市场、投资者受教育程度较高，以及监管政策宽松等因素息息相关。

美国智能理财优势分析如下：

首先，美国金融市场十分活跃，股票、股指、期货、衍生品交易等运用很灵活，市场中丰富的产品经过长时间的竞争和发展，使资产配置的理论和实践得到充分验证，同时积累了大量数据，随着机器计算水平的逐步提升，相关的策略和模型越发成熟，最终成为智能理财发展坚实的基础。

其次，美国投资者的理财目标十分丰富，包括降低服务费、避税等，对长期投资理念的接受程度较高。而市场自身的有效性、复杂的交易机制、政策保护力度等，让机构投资者的专业价值得以凸显，投资者也愿意将资金交给专业机构打理。同理，由专业机构推出的智能理财更容易被投资者接受。

最后，尽管和比特币等新兴领域类似，智能理财也引起监管层的注意和警示，但成熟的美国金融市场，无论是股票市场还是衍生品市场均有稳定、有效的监督体制及高度透明的信息披露制度，因此发展并未受到严格的制约。综合多种因素，智能理财才得以在美国及海外市场迅速扩张。在这一浪潮的推动下，投资管理行业的变革也影响着国内金融市场。

（二）国内发展历程

从外部环境看，国外主流智能理财市场的繁荣刺激了国内市场将目光投向该领域，通过借鉴功能和运作流程将产品本地化。从内部市场看，我国智能理财概念的出现，一方面是在普惠金融、全民理财的趋势引导下，传统投资顾问行业自然转型的结果；另一方面是由互联网、大数据技术、量化投资技术的加速发展所推动的。

智能理财从 2014 年开始进入中国市场，目前尚处于初期阶段，但已经具备了一定的发展土壤。一方面，庞大的投资者基数决定了对理财的多样化需求，而智能理财由于具备流程简单、个性化制定等特点，可以迎合大部分投资者对操作便捷和个性化的定制需求；另一方面，近几年互联网金融的发展深入人心，互联网理财产品在国内市场蓬勃发展，使投资者对互联网理财的接受程度飞速提升；再加上当前银行存款利率不断下调，理财产品的收益率不断下降，人们急需多元化的资产配置组合来满足资产保值、增值的需要。

虽然国内智能理财市场发展不久，但已有多家公司推出了自己的智能理财产品，如平安一账通、宜信投米 RA 等。国内独立智能理财平台涌现，传统金融机构及互联网巨头也开始加入角逐。2014 年 3 月以微量网上线并开展量化投资策略云交易为标志，国内智能理财平台发展初现端倪。各大机构、巨头和初创公司纷纷加入，并于 2015 年开始飞速涌现出一批智能理财平台。

表 5.2 梳理了 2014 年以来涌现出的各路智能理财平台，有的仅能提供投资建议，不能管理产品组合，例如，理财魔方；有的不仅可以提供投资组合建议还可以直接完成投资及管理，但如果涉及海外标的，会受到个人外汇限制，如蓝海智投、投米 RA 等；有的平台虽然也可以提供投资组合建议，但具体投资过程采取的是虚拟形式，还不涉及实际资产，如资配易。此外还可以发现，一些平台是后期转型进入智能理财市场的，例如，“月月增”所属 PP money 原本是一家 P2P 借贷服务商。

表 5.2　国内机构试水智能理财平台情况

推出时间	机构名称	智能理财平台
2014	嘉实基金	金贝塔
2015 年 8 月	京东	京东金融“京东智投”
2016 年 1 月	蚂蚁金服	慧定投
2016 年 1 月	中国平安	平安一账通
2016 年 4 月	百度	AI DU 超级理财机器人金融系统
2016 年 5 月	宜信	投米 RA
2016 年 11 月	浙商证券	汇金谷
2016 年 11 月	中科招商	阿尔妮塔
2016 年 12 月	招商银行	摩羯智投

资料来源：零壹财经·零壹智库。

二、发展现状

（一）市场现状

2017 年 3 月 5 日，国务院总理李克强发表 2017 年政府工作报告，指出要加快培育壮大包括人工智能在内的新兴产业，人工智能首次被写入政府工作报告。其实，在阿尔法狗战胜李世石后，人工智能在技术水平的提升已经引发前所未有的关注热潮。语音识别、机器人技术、机器学习、人脸识别等人工智能技术研究成果开始走出实验室，向多个行业渗透蔓延，例如理财。

国内方面，2016 年被业界称为“智能理财元年”，各种主动型、被动型智能投资工具应运而生。2016 年 6 月，广发证券推出“贝塔牛”；同年 10 月，华泰证券以 7.68 亿美元并购美国资产管理软件生产商 AssetMark；同年 12 月，招商银行推出“摩羯智投”，在业界轰动一时，成为大型传统金融机构进军智能理财的一大旗帜。

1. 国内监管仍处于摸索阶段，监管细则尚不明确

智能理财行业的发展与金融监管密不可分，根据美国关于智能理财行业的监管要求，所有的投资顾问都必须在美国证监会或者所在州相关证券监管机构登记注册为 RIA（注册投资顾问），RIA 可以根据用户的委托进行投资，并管理客户账户。其次，美国对智能理财也有具体的监管规定。2016 年美国金融监管局发布了一份数字化投顾的创新监管指引，其中投资管理流程中的各个环节对新技术的使用和影响都做了相关指导。

国内对于新型金融技术的监管仍然处于摸索阶段，监管层尚未出台明确的针对智能理财的监管条例，尤其是对智能理财行业倾向于“牌照”管理的思路使得众多没有证券相关牌照的企业只能小心翼翼地摸索前进。

2. 供需差异化严重，投资顾问缺口极大

统计显示，截至 2017 年 3 月 1 日，中国证券业协会登记的持证上岗投

资顾问数量为37933人。据中登公司数据显示，目前我国投资顾问与投资者数量的比例接近1:3190。从上述数据可以看出，投资顾问数量与投资者数量的巨大差异导致服务效能极其低下。

根据《基金个人投资者投资情况调查问卷（2015年度）》显示，国人投资比重最高的金融产品是银行存款，配置占比达到41.3%；其次是公募基金，占比22%；银行理财产品占比20%。数据显示，我国投资者理财方式较为集中，急需投资顾问给出合理的投资建议。供需的巨大差异给智能理财的发展留下很大的空间。

3. 行业发展鱼龙混杂，亟待规范

根据零壹财经·零壹智库数据统计，现阶段投身于智能理财行业的各类企业已有40多家，比如，蚂蚁聚宝、京东金融、品钛璇玑、宜信投米RA、弥财、蓝海财富等。而除此之外，目前行业鱼龙混杂，部分互联网金融企业以“智能理财”为名，更多地是利用人工进行投资推荐，而未利用先进的数据算法来进行智能推介。

4. 国内投资理念仍不成熟，投资标的亟待扩展

在投资者理念层面，当前国内投资者的理财习惯同美国投资者有较大差异，美国投资者的理财意识较为成熟，尤其是在养老金方面，每个公民都拥有养老金账户。公民通常需要自行打理自有账户。因此，在管理养老金账户上，美国民众大多追求投资期限较长、收益相对稳定的组合配置，而非短期投机。反观国内，大多数投资者过于追求短期利益，无论是股市还是基金上，都体现了较为明显的投机风格。

在可投资产品方面，智能理财以被动投资为核心理念，其低成本最大原因也是种类丰富的ETF产品。相关数据显示，截至2017年1月，美国市场有近1800只ETF，产品种类繁多。而沪深两市上市ETF合计124只左右，月交易额不足100亿美元，且大多属于传统股票指数型ETF，而债券型ETF、商品型ETF等合计尚不足10只。国外金融产品种类丰富，ETF种类基本能覆盖全球各大类资产，有利于分散投资。而国内可投资产品较少也使得国内投资集中度较高，不能达到分散风险的目的。

5. 智能理财平台积蓄能量，参与主体多元化

目前，国内智能理财产品正处于集中爆发期，虽然整体来看，国内的智能理财平台成立时间均晚于国外同类企业，但是后发制人，企业数量增长迅速。目前，不同主体、不同性质的企业已经纷纷进场，整体发展态势迅猛。从经营主体分类来看，主要分为以下几大类型：率先进场的互联网金融信息服务公司，如同花顺（iFinD智能理财）等互联网金融信息服务公司开始推出智能理财服务。

开始探索的互联网巨头、金融科技公司包括百度金融大举布局智能理财，试图将百度人工智能与传统资管业务有机结合；阿里巴巴、京东等在财富管理领域早有布局，阿里旗下的蚂蚁聚财、京东的京东智投已具备开展智能理财服务的基础；分众传媒收购智能理财平台“拿铁财经”70%股权等。

老牌互联网金融企业逐步转向智能理财平台。例如，宜信在2016年4月推出投米RA，该平台的产品具有多种优势，其中最显著的两项是为客户定制个性化理财方案，以及实现资产的全球配置。另外积木盒子也在同年8月推测璇玑智投，该平台致力服务于B端企业，为企业提供资产配置解决方案，内含数据处理引擎、资产配置算法、机器学习应用、资产产品化引擎、交易

最优实现算法五大功能模块，为各类潜在合作伙伴提供定制化专业金融服务。

拥抱变化的传统证券公司、基金公司：例如，华泰证券出资8亿美元竞购美国资产管理软件生产商 AssetMark，后者为超过7.5万投资顾问和投资者提供服务；光大证券旗下立马理财+与网易深度合作，探索智能理财业务；申万宏源证券联合股利多和天音通信正式发布新产品“股神+”，提供智能理财解决方案；广发证券推出贝塔牛，提供A股及大类资产配置智能理财服务（见表5.3）。

表5.3 国内智能理财公司融资情况

公司	时间	投资轮次	获投金额	投资方
京东智投	2016.01	A	66.5亿元人民币	红杉资本、嘉实基金下的丰实资本、中国太平
聚爱财 Plus	2014.01	A	数千万元人民币	源码资本、景林投资
	2015.06	B	数千万元人民币	未批露
宜信（投米 RA）	2010.04	A	1000万美元	KPCB 凯鹏华盈中国
	2011.01	B	数千万美元	IDG 资本、KPCB 凯鹏华盈中国
钱景私人理财	2014.04	A	数千万元人民币	盛大集团、北京华山投资
蓝海智投	2016.01	天使轮	数百万元人民币	未批露
弥财金融	2015.04	天使轮	1000万元人民币	高瓴资本、清流资本、摩根士丹利 AG 总裁
财鲸	2016.01	天使轮	数百万元人民币	创新工场
慧理财	2016.03	天使轮	1000万元人民币	联想创投（乐基金）
拿铁财经	2016.01	并购70%	1亿元元人民币	分众传媒
雪球（蛋卷基金）	2010.06	天使轮	数百万元人民币	薛蛮子、明势资本
	2011.06	A	2000万元人民币	红杉资本中国
	2013.06	B	1000万美元	红杉资本中国、晨兴资本
	2014.09	C	4000万美元	人人公司、晨兴资本

资料来源：零壹财经·零壹智库。

值得注意的是，随着京东智投、蓝海智投、拿铁财经等多家智能理财平台在2016年获得资本注入，2016年正式成为智能理财的“资本元年”。随着人工智能概念的普及及推广，智能理财模式的普惠性被越来越多的投资者认可，未来可以预见的是将有更多的资本方进入该领域。

（二）业务模式

1. 智能系统渗入整个资产配置流程

依据美国金融业监管局的标准，智能理财的服务流程包括面向所有用户提供的和面向专业用户提供的，如图5.1所示。为便于监管与管理，基本流程包括客户分析、大类资产配置、投资组合选择、交易执行、投资组合再平衡、税收规划、投资组合分析。其中投资组合分析仅面向专业用户。

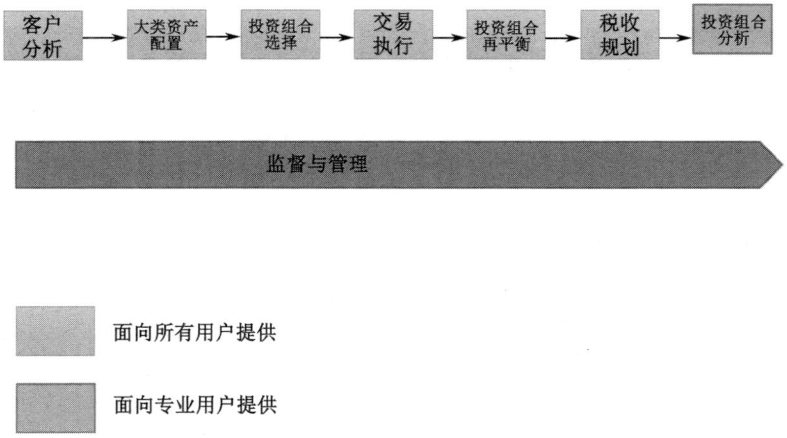

图5.1　智能理财流程

资料来源：零壹财经·零壹智库。

客户分析：为客户提供理财建议的第一步一般都是客户分析。客户分析除了解客户的财务状况外，重点在两个方面，一是风险，包括客户的风险偏好、实际风险承受能力；二是预期收益。

大类资产配置：智能理财的理论基础是马克维茨的投资理论，该理论认为存在最优投资组合。智能理财以此为基础，建立了分散化的投资组合，并依据不同的投资范围分为境内投资、境外投资、长线投资、短线投资等。

投资组合选择：投资组合选择是将客户分析得出的风险偏好参数与大类资产配置的预期收益一一对应，选择出与客户的风险偏好相对应的符合投资适当性的资产组合。

交易执行：不同于传统的投资顾问，交易执行只是利用券商的渠道执行交易指令，并无相关金融工具的创新。

投资组合再平衡：调整投资组合对于一段时间内的资产配置是必要的。当投资组合的成分自然偏离给定目标（可能由某一证券或特定资产类别的市场波动引起）或者当目标自身改变时，再平衡势在必行。

税收规划：主要适用于美国市场。税收规划主要指智能理财根据不同投资收益的征税方式不同，优化投资配置，达到节税的目的。美国实行综合所得税制，税务统筹的空间大，而中国实行分类税制，节税的可能性较小。

投资组合分析：投资组合分析是面向专业用户提供的，主要包括业绩说明、业绩归因、风险分析等。

由于国内外迥然不同的监管环境，市场成熟度、可投资产品及服务等方面的差异，国内的大部分智能理财企业并没有税收规划及投资组合分析两个环节。

2. 业务模式

就国内分类来看，国内智能理财公司可以分为以下四大类模式，如表5.4所示。

传统型：该模式模仿Wealthfront、Betterment等，投资于ETF组合，如弥财、财鲸、投米RA、蓝海智投等，受限于国内政策等问题，这几家公司均直接投资美国市场的 ETF，以达到资产配置的目的。该模式目前在国内智能理财行业中比较普遍。

资产配置策略型：该模式下，智能理财平台仅仅为投资者提供资产配置建议供投资者一键选择购买，购入资产后平台不会对账户进行管理和操作，这种方式下智能理财平台的作用一定程度上被削弱，如中国平安旗下智能财富管理平台“一账通”、京东智投。

创新型：受限于国内政策，运用该投资模式的国内智能理财公司无法为用户实行后续账户操作，针对该问题，雪球网旗下的蛋卷基金走出了一条利用基金约定交易方式为客户进行后续智能调仓的方式。

股票分析型：该模式完全脱离传统模式的大类资产配置思路，服务内容主要基于股票市场。通过利用机器学习算法分析公司财报、宏观数据、网络舆情等在内各类海量数据，提供各种垂直化金融服务，如预测上市公司收入、基于突发事件给予投资指导、提供股票策略等。较为典型的是恒生电子推出的“智能小梵”、同花顺的 iFinD 智能理财等产品。

表 5.4　国内智能理财企业分类

类型	子类型	公司	产品	投资标的
传统型		宜信	投米 RA	海外 ETF 等指数基金
		蓝海财富	智投圈	QD II 基金、海外 ETF 基金
		弥财	弥财	海外 ETF 基金
		璇玑（积木盒子、PINTEC 子公司）	灵玑	QD II 基金
创新型		雪球网	蛋卷基金“斗牛二八轮动”	天弘旗下三只成分基金
资产配置型		盈米财富	且慢	天弘旗下成分基金
		京东金融	智投	京东旗下产品及第三方基金、保险、固收、票据等
		平安	平安一账通	平安旗下理财产品：基金、票据、P2P、保险等
		钱景财富	钱景私人理财	基金
		小金所	机器人投顾	基金
资产配置型		拿铁财经	拿铁财经	货币、债券、A 股、QD II 基金、期货
		理财魔方	理财魔方	基金（好买基金）
股票分析型	个股、组合推荐	微量网	微量网	A 股、期货交易、贵金属等
		祥云信息（新三）	胜算在握	A 股
		钱大人	钱大人	A 股
		羽时金融	羽时炼金术	A 股
		资配易	资配易 SIAI 机器人	A 股
		财鲸	财鲸	美股、海外 ETF
	条件选股	百度	百度股市通智能选股	A 股
		慧理财	慧理财	A 股（慧选股）基金（慧理财）
	行情预测	同花顺	iFinD 智能理财	A 股
其他	记账评估	挖财	钱管家资产体检	各类投资产品

资料来源：零壹财经·零壹智库。

3. 盈利模式

根据零壹财经·零壹智库统计，目前国外主流的智能理财企业主要是通过收取咨询管理费创收，如表 5.5 所示。

表 5.5　两家智能理财收费标准

企业	Wealthfront	Betterment
咨询管理费	1 万美元内免费，超过部分费率 0.25%	0～1 万美元：0.35%； 1 万～10 万美元：0.25%； 10 万美元以上：0.15%

资料来源：零壹财经·零壹智库。

国内智能理财公司的盈利模式和国外的大同小异，只不过国内收取的是交易的手续费和会员费。

三、新技术的应用

新兴科技是智能理财行业爆发的基石。马科维茨的现代投资组合理论（MPT）已诞生半个多世纪，但并未得到全面的实际应用，计算工作量偏大和实际调仓过程中可操作性较低是其主要原因。而人工智能、云计算、大数据等新兴技术日趋成熟则有潜力解决这一问题。

图 5.2 所示为智能理财的核心技术。

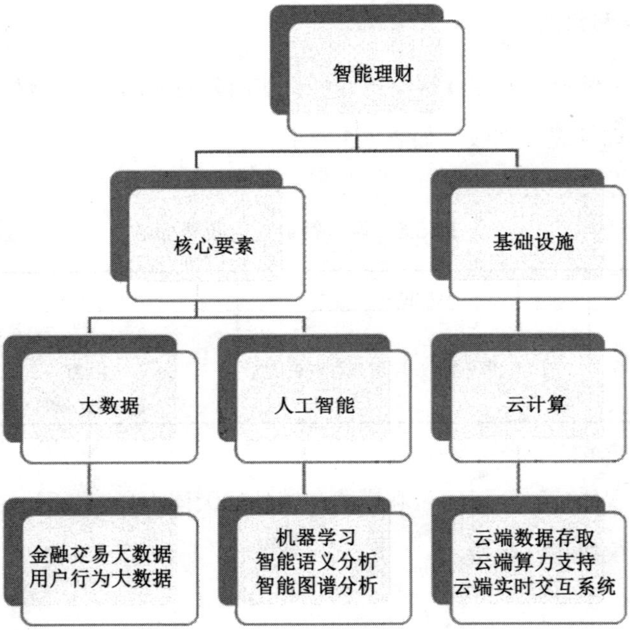

图 5.2　智能理财的核心技术

资料来源：零壹财经·零壹智库。

此外，金融市场是一个开放、复杂的混沌系统，各类信息爆炸更是加剧了该技术的演化速度，投资机会暴露的时间更短，人工投资模式往往难以有效捕捉到稍纵即逝的投资机会，而加以人工智能的辅助则将是有效的解决途径，因此相应的各类前沿技术将成为智能理财发展的基石。

云计算方面，它致力于确保能面向海量用户同时提供服务。

大数据方面，智能理财所涉及的大数据主要包括客户行为大数据与金融交易大数据两大类，二者均是智能理财得以运转的“血液”，其重要程度不言而喻。一方面，资产配置决策都是建立在用户行为数据的基础之上，以实现个性化、精准化匹配用户风险偏好的目的；另一方面，投资组合的构建，以及再平衡的过程都是对金融交易大数据等市场信息处理和解析的结果，数据质量将直接决定策略的优劣。此外，国内数据开放程度低，现行监管规定金融机构数据不得提供给第三方使用，进一步提高了自有数据积累的重要性。目前拥有金融交易大数据积累的公司主要以证券、基金等传统金融机构为主，拥有客户行为大数据积累的公司主要以 2C 的互联网公司为主，而部分 2B2C 的金融信息服务商则同时具备两类大数据，如同花顺等，这类公司在开展智能理财业务时具备明显的数据端优势。

人工智能方面，在获取相应的数据和信息后，智能理财将借助人工智能技术对这些数据进行系统化的筛选、处理与解析，最终得出资产配置和再平衡的决策。就智能理财领域人工智能技术而言，目前主要分为三大类：①机器学习，通常是在对财务、交易数据建模后，利用回归分析等传统机器学习算法预测交易策略，代表公司有 Alpaca、AIDYIA、CASTILLIUM 等；②智能语义分析，在数理回归模型基础上，引入新闻、公告、社交媒体中的文本信息，并运用自然语义处理技术[1]将其解析为结构化数据，作为建立投资决策的重要参考信息源，代表公司有 Kensho；③知识图谱分析，本质上属于语义图谱网络，加入相关专家设计的规则，将投资标的相关因子的逻辑关系以知识图谱的形式表现出来，从而能进行更深入推演处理，代表公司有 Garlik 及国内公司文因互联等。

---

1 自然语言处理是计算机科学领域与人工智能领域中的一个重要方向。它研究能实现人与计算机之间用自然语言进行有效通信的各种理论和方法。

专栏

网信——打造金融科技开放平台

网信成立于 2013 年 7 月，起初以互联网理财业务见长。2016 年 9 月，网信进行战略升级，致力于打造一个金融科技开放平台，为用户提供一站式综合金融信息服务的同时，为金融机构提供线上用户入口，输出金融科技技术。截至 2017 年 9 月底，网信累计交易规模已逾 2000 亿元，投资用户近千万。

在发展过程中，网信先后获得三轮融资：2014 年 10 月完成 A 轮千万美元融资、2015 年 7 月完成 B 轮 4100 万美元融资、2016 年 8 月完成 C 轮 7000 万美元融资，投资人包括建银国际、三山资本、中信资本、信中利投资等。

双边平台服务

网信现阶段的定位体现在三个层次：一是建立一个全面化、多元化的投融资信息服务平台，为目标用户提供综合金融及信息服务；二是作为统一的线上入口，整合不同的金融企业及其服务，为网信用户提供服务；三是依托自身的金融科技能力、运营能力、服务能力和平台能力等，建造一个科技开放平台，并对外输出各项能力，最终营造一个共赢的开放的金融科技生态系统。

网信的服务定位可以称为平台型服务，就现阶段的业务来看，主要进行资产与资金双边能力建设。对应地，一方面需要积极拓展资产生产方并与其达成合作，且要处理好平台与合作方之间的互动沟通与竞争问题；另一方面需要优化投资者用户运营，提升用户体验，提供多样化、个性化服务，增加用户黏性等。

1. 金融服务超市

网信针对千万投资用户提供的服务,核心点在于将对金融交易感兴趣的两个不同群体（理财产品买卖两方）汇聚起来，提高匹配的可能性，降低搜索成本等，因此网信的角色定位称之为平台。现阶段，投资人通过网信平台可获得综合金融产品的信息筛选、投资等一站式服务，网信类似于一个商品品类丰富的金融服务超市,给持牌金融机构提供金融产品信息发布服务的平台，用户则可依据需求购买金融产品。目前，网信平台提供的金融产品品类包括网贷、基金、证券、保险等。

2. 投资人精准营销

作为一个拥有投资用户近千万的平台，投资用户的增长、粘性、差异化需求往往是另一端——理财产品品类丰富与拓展的条件。两端的平衡发展才意味着平台作用的最大化。

因此，网信平台注重用户运营，包括精准营销、流失率分析等。网信的策略是利用数据及技术进行精细化运营。例如，通过大数据分析、建模、挖掘进行用户画像（包含用户基本信息、交易属性和兴趣爱好），构建多重多维的用户生命周期和等级分类体系,并通过用户画像及用户生命周期变动情况对用户进行维护、营销等。具体包括以下几方面。

通过大数据挖掘和计算,对用户进行投资行为数据分析、资金流出分析、疑似流失用户分析，从而进一步与用户进行互动。

首先，通过对用户的投资行为分析，把用户归纳为两大类，如表 5.6 所示。

表 5.6　网信理财用户分类

类型	特征	
工资型+增长型	有固定和较稳定的小额增长（稳定的时间间隔）	黏性高，忠实的投资用户群体
回款型	充值次数很少，每次充值金额方差很大，投资行为偏好是回款后进行再投资	黏性较低

资料来源：网信理财，零壹财经·零壹智库。

在了解用户投资行为后，根据不同用户的不同行为偏好，网信理财将在产品功能和体验上做不同配置策略，以提升用户在该平台的投资体验。

其次，对平台用户的资金流出进行分析。主要从五个维度进行，包括账户余额、提现金额、提现后账户余额、申请提现固定金额和未提现人次。通过对用户资金流出行为的监控、数据收集、分析，网信理财借助技术手段和产品功能设计的优化致力于更好地留存用户的资金，刺激用户的投资行为。

最后，对疑似流失用户做定义：前一天有在途资金而当天无在途资金且后续无充值和冻结金额的用户。通过对疑似流失用户特殊行为进行抓取和监控，可以在其流失前采取措施，保证用户的留存。网信采用了随机森林回归模型进行预测，对预测结果采用不同的挽回策略，例如，短信激活、投资券激活、回款提醒等。网信数据显示，经过对历史数据的多次反复实验，利用现有的模型预测实验的结果准确度已经高于 75%。

2016 年，网信结合用户分类体系执行用户运营策略，对不同阶段、不同等级的用户施以对应的运营方式。数据显示，通过运营，平台用户活跃度提升了30%以上，用户留存率提升了20%以上，营销成本率降低了23%。

3. 注重资产准入

作为平台，在对接各类资产的过程中，关键在于识别风险、管控风险。出于服务用户的属性、对平台服务价值的维护，网信的风险识别与管控工作也必须是其重中之重。

现阶段，企业融资所产生的借贷资产是网信平台上占比较大的资产类型。以产业链融资业务为例，网信要求合作的资产生产方或金融信息服务商遵循1+*N*风控策略，即在为核心企业及其上下游*N*个中小微企业提供融资服务时，可以依托完整产业链中核心企业的真实交易数据（ERP数据）进行风险控制，因为这些数据反映了产业链各企业物料采购、入库、出库、订单、付款、加工、仓储、物流等信息。

网信对于产业链融资资产风控的方式就是利用链条中的诸多信息，将上述信息进行数据化建模及分析，以提升资产在准入机制、风险评估和贷后管理等多个环节的效率。

例如，在融资企业准入方面，利用ERP数据，网信对产业链上融资企业的合作年限、月度或年度交易数据、销售库存、回款情况等都制定了严格准入。通过各项指标的数据分析及占比，得出分值，并作为对产业链上企业进行风险评估的依据，再决定融资金额、期限等关键要素。在贷后管理方面，网信则利用ERP数据分析，监测订货、销售、库存、回款数据的变化。如果上述数据出现不正常波动情况，将启动预警机制，跟踪了解波动原因，为贷后工作提供依据。

此外，网信平台上的资产通常也会有其他增信措施，例如担保等，目的是保护投资者利益。

开放平台、扩大连接

基于已拥有的投资用户和投资产品，网信设立了“开放平台”，也就是说尽可能以更多的方式连接不同的资产和不同的资金，同时提供更多的附加服务，如图 5.3 所示。

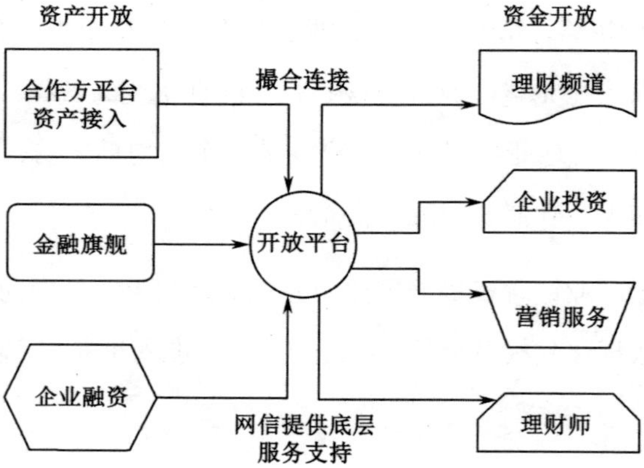

图 5.3 网信的开放平台体系

资料来源：零壹财经 • 零壹智库。

开放平台的核心是撮合价值与连接价值。网信的开放平台包括金融资产开放和资金开放。其中，资产开放指的是开放平台定义好标准服务或接口引入借款项目，主要有三种方式：①通过标准接口接入合作方资产，在网信平台进行售卖；②通过在网信开店的形式售卖合作方资产；③通过接入企业经营、工商、征信等数据，做企业融资初审，提高融资效率。

资金开放指的是与合作方企业或个人建立资产销售平台或渠道，典型场景主要有三种：①为合作伙伴（主要是异业合作）提供 SaaS 理财频道，提供品牌包装、产品筛选、用户运营管理等服务，与合作方进行销售分成；②提供跨平台价值交换系统，与合作方平台进行交叉营销；③理财师销售体系。

平台的规模更容易做大的主要原因在于平台存在网络效应，平台一侧的用户数量提升，另一侧的用户数量也会马上提升。反过来，另一侧的提升又会促进原来那一侧的提升。如此反复，导致平台规模的提升。对于网信来说，体现在投资用户的增加，导致另一侧合作伙伴的增加，从而形成两端反复促进的情况。网信在获得了一定的用户规模、市场影响力之后，再推出更多服务巩固市场影响力，从而逐渐形成市场壁垒等。

随着业务规模扩大、业务复杂度变高、流程链条变长，平台比较容易出现诸如效率低下、资源利用率差等问题。例如，资产接入线下，人工运营环节多；资金渠道类型多样，产品复杂；资金和资产撮合靠人工调节；产品售卖缺乏实时数据反馈业绩；与合作方如何更高效地交换资源等。

对此，网信正在逐渐建立统一的平台进入标准、提升技术或者科技的利用率，并着力将平台的资金和资产通过接口形式开放给第三方合作伙伴。通过挖掘各方的业务需求，以实现与合作伙伴互惠共赢的目的。

四、案例分析

（一）投米 RA

1. 发展概况

宜信财富投米 RA 是宜信在全球资产配置领域的重要布局，该产品于 2016 年 5 月正式上线，主要针对中产阶层及大众富裕投资者，其运行模式是：通过智能投资机器人，根据投资者的投资目标、资产情况和风险偏好等因素，找到最适合投资者的资产配置，并实时跟踪，自动再平衡资产配置。

2. 运营模式

（1）概览

投米 RA 运用数字化技术和机器算法研究成千上万的金融产品，主要投资标的是全球 ETF、股票、债券和黄金等，并通过用户算法对中产投资者的自身承受风险能力做出风险测评来满足用户投资的需要。它致力于让中产投资者也能享受到原本只有高净值投资者才能享受到的资产配置服务。

（2）产品和服务

投米 RA 可供投资者选择的投资标的主要分为两类：以美元募集的和以人民币募集的全球资产配置组合。

其中，美元资产组合对接美国嘉维证券（DriveWealth），底层资产为全球 ETF 投资组合，其从 1700 多只 ETF（交易型开放式指数基金）中精选出 10 只跨类别、关联性弱的投资产品，覆盖全球发达国家和发展中国家的股票、债券、美国房地产和全球黄金等底层资产。

人民币资产与海外资产一脉相承，它从3000多只国内公募基金中甄选9只跨区域、跨类别、相关性弱的优质资产，覆盖中美多种资产类别，如股票、债券、黄金等。这些投资组合能有效分散风险，平滑单一资产波动，从而实现风险可控、收益可期。

美元资产组合配置方案中不同风险等级对应的资产历史十年回测收益率区间为6.40%～9.90%;而人民币资产组合配置方案的这一区间为4.91%～10.32%。

（3）业绩情况

根据投米RA公布的1周年业绩报告，它自2016年5月28日上线至2017年5月31日这一年期间为绝大多数投资人赚取了正收益，投资回报率为2.55%～11.48%，收益相对稳定。在运营方面，投米RA管理的在投资产月增长率达到30.9%，续投率为52.2%，资金续投增长高达268%。

（4）用户群体和费用情况

投米RA在划分用户群体方面，根据投资金额的不同将用户分为黄金会员、铂金会员和钻石会员三种（见表5.7）。此外，在投资限额方面，美元资产组合最低投资为500美元，人民币资产组合最低投资为1万元，没有设置具体上限，但是受限于银行卡的单日限额。

表5.7 投米RA会员情况

会员等级	美元资产组合（区间）	人民币资产组合（区间）
起投金额	500美元	1万元
黄金会员	500～5000美元	1万～3万元

续表

会员等级	美元资产组合（区间）	人民币资产组合（区间）
铂金会员	5000～30000 美元	3 万～10 万元
钻石会员	30000 美元以上	10 万元以上

资料来源：宜信，零壹财经·零壹智库。

美元资产组合投资涉及费用主要包括开户时合作券商嘉维证券（DriveWealth）收取的 5 美元的开户费用，利用美元电汇注资或取款时银行收取的费用，以及交易过程中券商收取的交易佣金，另外调仓时有固定交易费用产生。

人民币资产组合涉及的费用主要包括交易佣金和调仓费用。其中交易佣金分为申购费及赎回费，申购时通过投米 RA 购买会有优惠，赎回费根据基金类型和持有期限而有所差异。

人民币资产组合所涉及的国内理财产品资金由浦发银行监管；美元资产组合所涉及的海外投资资金直接进入用户自己的证券账户，为了确保账户安全，通过美国证券投资保护公司投保可获得最高 50 万美元的保额。

表 5.8 所示为投米 RA 的资费情况。

表 5.8　投米 RA 的资费情况

费用项目	人民币资产	美元资产
开户费用	无	嘉维证券 DriveWealth 会收取 5 美元的开户费用
交易佣金	国内基金交易费用：认购费、申购费和赎回费，一般在 1.5%以下	国外券商佣金：最低 1.5 美元/笔

续表

费用项目	人民币资产	美元资产
取款费用	“中国银联支付”方式取款会产生国际汇款费用，一般3～5个工作日到账，到账币种为人民币	“电汇”方式取款到账需两个工作日，到账币种为美元
调仓费用	国内外基本为固定交易费用	
平台佣金	智能投顾佣金基本在0.5%～0.75%，不会超过1%	

资料来源：宜信，零壹财经·零壹智库。

（5）盈利模式

为了更好地获得客户及品牌的建立，投米RA不收取客户任何的费用，但是根据国外的历史经验及商业考量，我们猜想其后期可能会向用户收取服务管理费用。根据国外Wealthfront和Betterment公司的管理费用收取细则，投资规模不同的投资者缴纳的费率也不同。我们认为，投米RA也会采用相似模式，但管理费用可能会比人工理财和私募基金管理费低。

3. 平台特色

投米 RA 的优势主要来源于宜信财富丰富的财富管理经验和客户资产规模，后者是中国财富管理行业的领军者，为中国高净值人士提供全球资产配置服务和投资咨询服务，已逐渐发展成在理念、团队、产品、科技、服务、风控等全方位具备领先能力的财富管理机构。

技术方面，投米RA拥有一支由业内顶尖人士组成的机器人算法开发团队，以及由多名拥有20年以上华尔街金融投资经验的专家组成的全球资产配置团队。

投米 RA 基本战略设计为四步走，第一步以美元资产进行配置；第二步以人民币资产进行配置（前两步已经实现）；第三步是做成 2B（企业）业务；第四步是做成各种各样更高端、更个性化、场景化的业务。投米 RA 希望通过四步走战略，为中产人群、大众富裕阶层及广大投资者提供专业、便捷、低成本、全透明、全数字和个性化的一站式资产配置服务。

（二）招商银行——摩羯智投

1. 发展概况

摩羯智投是招商银行推出的智能理财产品，在招商银行 APP 5.0 版本正式推出，是该行在智能理财领域内的第一次布局。摩羯智投通过机器算法根据投资者的资产情况和风险偏好，为投资者提供资产配置、智能调仓等服务，现阶段它的主要投资标的为国内基金组合。

2. 运营模式

（1）概览

摩羯智投定位于解决中国中产阶级的资产配置问题。在普惠金融的大环境下，摩羯智投由招商银行投资团队研发，主要运用机器学习算法，通过以公募基金为基础的全球资产配置，达到分散投资风险的目的。

（2）产品和服务

现阶段主要的投资标的为国内 ETF、基金、股票和债券为主，国际投资标的为美股，但是比例涵盖较少，总的来说摩羯智投的服务是帮助投资者从我国公募基金中选取他们认为适合投资者的基金产品。

在客户进行投资期限和风险收益选择后，摩羯智投会根据客户自主选择的“目标—收益”要求、构建基金组合，由客户进行决策、“一键购买”并享受后续服务。摩羯智投本质上是一个组合基金（FOF），根据其预设规则来帮助投资者从这3000多家基金（2016年底数据）中选取适合投资者的基金产品。

（3）商业模式

摩羯智投是一套资产配置服务流程，它包含了目标风险确定、组合构建、一键购买、风险预警、调仓提示、一键优化、售后服务报告等，涉及基金投资的售前、售中、售后全流程服务环节。

摩羯智投起投金额为2万元，它会根据投资者的资产情况和风险偏好提供不同的资产配置比例。根据招行的摩羯智投半年报，2017年上半年摩羯智投的平均收益率为3.56%，不同组合的收益区间分布在1.97%～4.87%；截至2017年6月，招行摩羯智投拥有7万多用户，总体申购规模已超过45亿元人民币。

摩羯智投的投资期限分为短期，中期和长期三种，分别为0～1年，1～3年和3年以上。

摩羯智投选择的部分公募基金的申购费为0.25%～1.5%，年管理费为0.33%～1.8%，基金托管费为0.1%～0.35%，赎回费为0.1%～1.5%（见表5.9）。

表 5.9　摩羯智投投资涉及费用

其他费用	备注
摩羯智投组合购买起点为 20000 元	追加 5000 元以上，无任何额外附加费用。但是申购及赎回费用具体情况由各个底层基金相关费用确定
平台佣金	根据不同基金组合，管理费用不同
取款费用（主要针对国外投资标的）	

资料来源：招行，零壹财经·零壹智库。

（4）投后管理

摩羯智投会实时进行市场扫描，根据最新市场状况，计算最优基金组合比例，如果投资者所持组合偏离最优状态，摩羯智投将为投资者提供动态的基金组合调整建议，在客户认可后，即可自主进行一键优化。

在申购、赎回费率方面，投资者可以随时赎回，但是需要支付赎回费用（具体以国内券商费率为准）。

（5）盈利模式

摩羯智投盈利的主要途径是收取每次基金换手时产生的申购和赎回费用及一定的服务管理费用。

五、面临的挑战

目前，我国智能理财行业才刚刚起步，虽然目前传统的银行、券商、初创型的金融科技企业等多个不同主体平台已经进入这个行业，但是因为行业本身还处于探索阶段，智能理财客户服务能力和品牌知名度还需要积累，技术与算法还需优化完善，行业监管的框架和细则还有待确定。我国智能理财行业还面临很多的挑战。

（一）智能理财市场并不成熟，投资标的数量有待提高

相较于国内金融市场，美国金融市场发展相对成熟，市场波动相对较小，追求超额收益的难度很大，被动投资理念深入人心。此外，由于美国的个人账户种类繁多，税收规则各不相同。美国也存在很多种合法抵税的途径，多达50种，这也使智能理财“分散投资”的核心理念得到很好的运用。与国际上智能理财业务依赖庞大且成熟的ETF市场不同，我国ETF市场份额较小，可选资产标的较少，对资产配置方式产生较多约束。

（二）智能理财的技术算法门槛较高

智能理财是金融科技技术和传统资产管理业务的结合，智能理财的核心技术涵盖了大数据、云计算、人工智能等一系列新型技术，这些高精尖技术的应用也无形中提高了行业的进入门槛。这对初期智能理财平台的科技投入也提出了较高要求。

（三）针对智能理财业务的监管规则有待进一步明确

目前，智能理财方面的监管细则尚待完善，未来可能面临着业务合规性指引进一步细化、互联网平台合格投资人标准及产品投资人数限制逐步明晰，以及多部门合力监管等多方面的不确定性。另外，智能理财业务中，委托人、资产管理人和平台之间的权利义务关系尚不够清晰，也存在一定的法律风险。

六、监管研读

我国自2015年以来国内智能理财平台呈爆发性增长，根据不完全统计，目前已经超过40家企业推出了各种各样的智能理财产品及服务。然而从整体来看，智能理财行业还有“虚假繁荣”的发展特征，其原因除了牌照问题外，还有市场上现有平台的良莠不齐、投资者投资理念不成熟等因素。

行业本身虽然存在着“虚火上升”的问题，但是2016年下半年以来，随着金融科技、人工智能的概念迅速被传播，相关技术的逐步发展成熟，再加上监管层面也开始更多关注智能理财行业的发展，可以预计未来3～5年将进入智能理财的黄金发展期。

表5.10所示为监管层密集发声，规范智能理财市场环境。

表5.10　监管层密集发声，规范智能理财市场环境

时间	机构	内容
2015年3月	中国证券业协会	发布《账户管理业务规划（征求意见稿）》，指出取得证券投资咨询业务资格的证券投资咨询公司需取得账户管理资质，接受客户委托，才能就证券、基金、期货及相关金融产品的投资或交易作出价值分析或投资判断，代理客户执行账户投资或交易管理
2016年6月	江苏证监局	发布《证券期货经营机构与互联网企业合作开展业务自查整改的通知》，强调互联网投顾平台开展投资顾问服务需取得证监会许可
2016年7月	中国基金业协会互联网金融专业委员会	举办“2016年财富管理与基金组合投资高峰论坛”，探讨国内智能理财和基金组合账户发展等问题

续表

时间	机构	内容
2016年8月	证监会	就当前部分未持牌互联网平台打着“智能理财”旗号进行基金产品销售的问题作出回应，指出智能理财需遵循相关金融业务的监管，根据业务开展的具体情况申请牌照，将依法查处非法智能理财服务
2016年8月	山西证监局	发布《警惕“智能理财”非法投资咨询陷阱》一文，指出“智能理财”属于证券投资咨询业务，需取得经证监会“经营证券期货业务许可”
2016年9月	中国基金业协会互联网金融专业委员会	举办“人工智能时代下的资管业发展”高峰论坛，对全球人工智能在投资研究领域的应用和发展进行了探讨

资料来源：零壹财经·零壹智库。

2016年G20杭州峰会上，最终获得审议通过并形成首个国际性普惠金融“公约”——《G20数字普惠金融高级原则》，标志着全球范围内普惠金融新共识业已达成，未来加速落地可期。而智能理财作为有机整合了人工智能、大数据、云计算等前沿技术的金融科技子业态之一，具备高效便捷、费率低、门槛低等优点，在助推普惠金融方面具有天然优势。

值得一提的是2016年3月，美国金融业监管局出台了对智能理财行业有巨大影响力的《数字化投顾建议报告》，其对智能理财的“客户信息采集涉及的内容”“智能理财算法技术的监管”及“相关从业人员的教育及培训”等话题都提出了参考建议，未来美国智能理财行业的监管会更加细化，而国际上的监管框架也会指引着国内智能理财行业监管细则的加速出台及完善。

七、发展趋势

国内智能理财市场从2014年开始，已经进入到第三个年头，但是还处在探索阶段，可以预计短期内将会呈现以下几个趋势。

（一）参与主体多元化

目前行业内已出现传统银行（如招行），金融科技企业（如宜信、京东金融），以及初创公司（如财鲸、拿铁财经、微量网）等多类智能理财服务机构。还有一些网贷平台也转型投入到智能理财市场。这些企业的智能理财平台虽然目前还都处于起步阶段，但是可以预见未来随着市场更加成熟，可能会有更多类型的智能理财平台加入进来。

（二）服务领域及商业模式将逐步差异化

随着未来市场竞争的逐渐白热化，各个平台必须摆脱同质化经营，利用差异化竞争来开拓或巩固自己的市场份额。例如，目前宜信投米就利用自身在海外资产配置的优势，重点开拓海外投资品种；积木集团利用自身在技术上的优势，为传统的金融机构提供智能理财平台服务，通过B2B2C（企业—企业—个人）的模式进行差异化服务。

（三）技术及算法将会逐步完善

随着大数据及人工智能的迅速发展和各个平台通过数据的累计，平台算法的不断迭代及优化，智能理财系统未来会在客户需求的理解、产品组合策略、风险管理预警等多方面越来越精准。未来智能理财服务有潜力大幅替代目前人工理财服务的现状。

（四）监管环境趋严，行业门槛提升

根据前文所述，监管层对整个智能理财行业的发展持有相对审慎的态度，行业经营资质和门槛都面临较为严苛的要求。除此之外，从美国的监管情况来看，未来中国监管层也会对技术算法进行实时穿透式监管。

Chapter 6

智能信贷

智能信贷是一个新兴概念，并没有统一定义，本书将其界定为各类主体利用互联网及新兴技术针对中小微企业（包括个人用户）开展的债权融资行为。具体表现为互联网及新兴技术在信贷业务各个环节，包括获客、风控、放款及贷后等一系列环节的渗透，特征是采用数据化、标准化技术。

按照工业和信息化部、国家统计局、国家发展改革委、财政部 2011 年下发的《关于印发中小企业划型标准规定的通知》，中小微企业目前有较为详细的划分，但从贷款服务主体角度来讲，不同主体对中小微企业的定义又各有差别；就市场情况看，各类主体对中小微企业的贷款额度都不超过 500 万元，本书暂不做具体划分，主要在这一范围内进行讨论，尤其将主要讨论小微企业及个人小额分散的贷款业务。按照贷款用途，本书将主要讨论分析生产经营性贷款及少部分的个人综合消费贷款。

需要指出的是，现实情况中，我国的小微企业往往介于公司客户与个人客户之间，最大的特点是企业主个人与企业实体不可分割，在经营过程中个人与企业的身份随时切换，企业的信用、品牌、风险和公共关系多体现在企业主个人身上。因此，在各主体为小微企业提供服务的过程中，企业主个人是至关重要的因素，且贷款服务多侧重于对企业主的风险管控。

智能信贷的一个明显特征是量化风控。从近 10 年来看，2008 年美国经济危机后，中国经济很大程度上受到影响，中小企业的发展举步维艰，从金融支持上看，银行等传统金融机构并不能完全有效服务中小微企业。借鉴海外量化风控技术，改进银行的信贷风控成为一种市场主流。

一、发展历程

依据智能信贷市场参与主体的类型变化、各主体对新兴技术的利用程度及相对应地的业务规模、模式成熟度等，我们暂将智能信贷的发展历程分为三个阶段，分别是探索期、积累期与快速发展期。从整体来看，智能信贷还处于发展阶段，尚不成熟，特征表现为新的主体不断涌入、垂直细分领域正不断被挖掘、模式仍在更新、新兴技术的利用尚在探索、相关监管还不明确等；当前阶段，智能信贷发展迅速的领域集中体现在个人的消费及经营性融资上，在这一领域，服务人群的覆盖范围不断扩大、产品及服务不断更新迭代、市场处于上升期。

（一）探索期（2007—2011年）

这一阶段，不同类型的市场主体纷纷试水新的贷款服务模式，包括新模式的引入、新技术的探索与新理念的萌芽。银行业的动态集中体现为一种“信贷工厂”模式的兴起；其他企业与机构也开始推出不同的贷款服务模式。由此，我们暂且将这一阶段称为智能信贷的起源探索阶段。

1. 传统银行试水“信贷工厂”模式

在中国，量化风控的早期代表是我国金融机构从海外引入的“信贷工厂”模式。信贷工厂的概念来源于新加坡的淡马锡控股有限公司，针对中小企业的贷款发放，其开发研制了一种批量化、标准化、流水线式操作的贷款发放方式。

基于信贷工厂模式的创新机制和创新效应，新加坡在实际运用中收到了较好的经济效应和社会效应，中小企业的有效贷款融资得到显著提高。为了在更广的范围内验证这种模式的适用性，淡马锡公司通过其在世界范围内持有的金融机构输出这种模式，并在马来西亚、印度尼西亚、印度等国家取得成功的运作经验。

基于此，淡马锡公司作为中国银行、中国建设银行、民生银行的战略投资者，开始将这种模式带到中国。

2007年10月，中国建设银行总行指定镇江分行作为试点机构，引进淡马锡信贷工厂模式，并于2008年6月开始试运营。此后，建设银行开始在全国推广该模式；2008年，中国银行引入信贷工厂模式，借鉴淡马锡模式的经验和技术，推出了新的中小企业业务模式。

继建设银行和中国银行后，我国国内银行的中小企业贷款模式逐渐变化，标准化流水作业的信贷工厂模式陆续被国内银行采用。

2009 年年初，民生银行成立小微企业金融部，推出以“商贷通”为主打特色，面向中小企业、工商户和个体户等主体的金融产品，在上海开展实验的基础上，在全国范围内进行推广。

截至 2010 年年底，已有 109 家商业银行成立了中小微企业金融服务专营机构，它们能够独立、专业地提供对小微企业的金融服务。

2. 电商企业跨界开展小微企业信用贷款

电商企业具有天然的互联网属性，因而是智能信贷的重要先行者，最早也最典型的是阿里巴巴。

在推出信贷服务之前，阿里巴巴率先打造了诚信体系：2002 年，阿里巴巴推出诚信通，这是为从事国内贸易的中小企业推出的会员制服务，主要用以解决网络贸易信用问题，要求企业在交易网站上建立自己的信用档案，并展示给买家。2004 年 3 月，阿里巴巴推出诚信通指数，建立了交易双方的信用状况量化综合评分体系，把诚信通会员的认证状态、档案年限、交易状况、客户评价、商业纠纷、投诉状况等纳入“诚信通指数”的统计系统。

到 2007 年 5 月，在数据和信用体系建设的基础上，阿里巴巴与中国建设银行联合推出企业信用度贷款服务，允许优质客户通过阿里巴巴向建行申请贷款和融资，而企业在阿里巴巴网站上的信用度是建行发放贷款的依据之一。

阿里巴巴之所以能够向银行推荐贷款客户，在于其已经建立了一套信用评价体系和信用数据库，阿里巴巴把这些资源分享给银行，成为银行放贷的基础，这在一定程度上简化了信贷的流程，也管控了风险，并为中小企业融资创造了有利的条件。

此后，阿里巴巴与银行，包括工行和建行度过了一段短暂的“蜜月期”。由于多种原因[1]，2010 年，阿里巴巴与工行、建行的“联姻”戛然而止。尽管这种跨界尝试似乎以失败告终，但在一定程度上为后来的小微企业标准化量化风控模式开了先河。

3. *互联网金融欲掀起大数据风控浪潮*

网络借贷是中国互联网金融的主要业态之一，作为新兴的信贷服务机构，P2P 平台在智能信贷的发展历程中也扮演了重要角色。

2007 年 8 月，我国第一家 P2P 借贷平台——拍拍贷在上海成立；同年 10 月，宜信 P2P 平台网站正式上线。自此，P2P 网络借贷在我国兴起并开始发展。

我国 P2P 网络借贷兴起的深层次原因是个人和小微企业对于小额贷款有强烈的需求，却难以从传统金融机构快速、方便地获得。

但 P2P 网络借贷自兴起之日起，就面临着诸多现实困难，例如，我国

---

[1] 由于在业务开展过程中付出的巨大成本，包括信用体系建设所需的复杂的建模、规模庞大的程度开发及网站架构变更，以及贷款的风险等，阿里巴巴模式的持续性遭到市场质疑。加之，阿里巴巴与银行的信贷理念存在较大的差异，例如，对小微企业的界定，银行的额度一般很高，多在百万元，而阿里巴巴的需求则是几万元，这是更加适合其平台上用户需求的服务。

信用体系不成熟、征信机构的信息不完善，没有可靠的、可利用的信用评分等。因此，我国的 P2P 网络借贷并没有很好地借助互联网方式升级信贷流程，例如，客户获取、信用评估等。

基于对现实困难的克服，依靠大数据的风险控制成为一个新课题，并迅速成为市场探索发展的热点。

（二）积累期（2012—2014 年）

这一阶段，市场主体继续增加，各种不同贷款服务方式在前期探索的基础上开始快速发展，但从业务规模、模式验证、技术实质创新等方面看，尚属于积累期。

1. 电商企业数据化信贷快速发展

2010 年 4 月，阿里巴巴获得小额信贷牌照；同年 6 月，浙江阿里巴巴小额贷款股份有限公司和重庆市阿里巴巴小额贷款股份有限公司分别在杭州和重庆成立，阿里巴巴小微信贷业务自此开始。其贷款业务包括淘宝贷款和阿里巴巴贷款，主要为自身体系内的企业提供融资服务。

此后，经过两年多的发展，阿里巴巴贷款业务开始扩张：2012 年 7 月，这一业务开始向江浙沪的阿里巴巴普通会员开放；2013 年春节后，开始对广东阿里巴巴付费会员开放。

来自阿里巴巴的数据显示，截至 2013 年二季度末，其小微信贷累计投放贷款超过 1000 亿元，户均贷款 4 万元，不良贷款率为 0.87%。

阿里小微信贷的特征是数据和自动化处理，由于依赖系统操作而非人工，其效率得以大幅提升，并降低了成本。

除了阿里巴巴，京东和苏宁也在基于各自的电商平台，拓展信贷业务。

2012年11月，京东商城与中国银行北京分行签署战略合作协议，上线京东供应链金融服务平台，双方将向京东的合作供应商提供金融服务。京东的金融业务分为B2B和B2C两部分，前者是针对供应商的融资和投资服务，后者是消费信贷等服务。

2012年12月，苏宁电器发布公告称，其全资子公司香港苏宁将与其第二大股东苏宁电器集团共同出资成立重庆苏宁小额贷款有限公司，目的是发展公司供应链金融体系。2013年1月，苏宁小贷公司取得营业执照，同年3月，苏宁宣布全面发力电商金融业务，信贷业务方面则推出苏宁小贷，同时与银行合作推出银行保理授信业务。

电商平台在电商各个环节中起着重要的作用，其积累的大量交易数据，可以转化为信用评估的依据。因此，通过电商平台为小微企业发放贷款，可以帮助供应商和采购商缩短账期，推动供应链的快速流通。

在这一阶段，电商企业的数据化信贷业务得以快速积累与发展。

2. 首批互联网银行获批开业

在供给端，互联网银行牌照的下发，对于推动我国智能信贷的发展，具有深远影响。

2014年7月与2014年9月，深圳前海微众银行与浙江网商银行先后获批，并分别在2014年12月及2015年5月开业。

这两家银行面向个人消费者和小微企业提供金融服务，服务方式则是互联网化的、不依托实体网点的方式，这是对传统银行模式的重大革新。

3. 以P2P网贷为代表的互联网金融爆发式发展

从2012年开始，我国的P2P网络借贷行业呈现爆发式增长态势，不管是平台数量还是成交量都迅速扩张。到2014年年底，平台数量由2011年的60家增加至1983家，总体成交额从2011年年底的10亿元左右增长至3000亿元左右。

其中，小额信贷是P2P借贷行业最早运营的资产类型，借款人不需要提供抵押或担保，凭借自身收入状况、资产状况及过往信用记录就可以申请贷款。截至2014年年底，在零壹数据监测的正常运营的1575家平台中，有600家左右的平台主营业务是小额信贷，交易金额大约140亿元。

在这一阶段，P2P借贷的资产类型开始多元化。与此同时，个人对企业贷款类平台的出现，主要操作模式是把资金借给企业的实际控制人，再由实际控制人转借给自己的企业。此时，贷款的风险控制将注重审核企业信用、财务状况和业务风险等，形式则有担保贷款、保理贷款、承兑汇票等各种形式。

不过，在技术及创新方面，P2P借贷行业的方式仍然较为传统，包括从线下获取客户，信用审核主要依赖于人工经验，风险防范主要依靠外部增信等。

除此之外，也有一些平台开始积极探索技术创新，尝试将大数据、云计算、机器学习等技术运用于信贷业务的精准获客、反欺诈、征信、申贷及贷后管理等环节。整体而言，这一阶段处于快速积累的技术运用阶段。

（三）快速发展期（2015年至今）

这一阶段，在前期探索与积累的基础上，加之政策偏重等因素，商业银行开始大面积开展新型（个人）信贷业务，并注重技术驱动的力量；市场重要参与者电商企业或产业龙头企业等快速发展依托自身体系的小额信贷业务，前期积累的经验、技术已经可以支撑对外输出；智能信贷业务中，针对个人的消费信贷业务迅速发展，技术运用更加成熟。整体而言，行业处于快速发展期，但距离成熟尚有距离。

1. 传统银行觉醒，注重科技力量

这一阶段，伴随互联网金融对传统金融机构的不断冲击，传统银行等金融机构逐渐觉醒，并开始在业务方面不断深化互联网创新。

诸多银行针对小微企业主及个人的经营及消费贷款需求，开始推出在线贷款服务。在底层基础的表现是优化IT系统，以更加适应互联网业务的需求；在前端业务层面的表现是逐渐改变贷款理念、用户体验等。同时，银行开始加强与新兴服务商的合作，注重在信贷业务各个环节的分工与协作。

2. 电商企业继续发展，对外输出信贷风控能力

与此同时，电商企业继续快速发展，尤其在个人消费信贷领域，其路径通常是依靠自有电商场景获得首批用户，然后迅速利用自身大数据优势和技术优势进行大数据风控实验，并构建一套基于大数据的消费信贷风控系统。

不仅如此，这种风控系统开始对外输出，典型代表如京东金融“白条+”和京东“金条”。白条逐渐走出京东商城的生态圈，通过与旅游、装修、租房、汽车、教育等平台对接，为各细分行业的消费者提供信贷服务；蚂蚁金服也开始将原本运作于自身体系的蚂蚁花呗和花呗分期向更多线上线下商

家扩展。

针对小微企业贷款方面，电商企业也在不断发展。阿里巴巴在此前诚信通等产品的基础上，开始建设更加普适的小微企业服务体系；2016 年 6 月，阿里巴巴正式推出企业诚信服务体系。其主要目的是借助已有海量数据积累，为中下微企业构建诚信体系，并以此开展信贷等金融服务。

3. 互联网金融风险整治，网贷监管落地，行业生变

P2P 借贷行业在经历了几年快速发展后，开始出现诸多问题，其中一个表现是，面向企业的贷款坏账开始显现；加之互联网金融监管的不断收紧，网贷定位开始明晰，回归小额分散的业务特质。

在这种背景下，基于合规需要，网贷平台开始重新审视小微业务，大数据风控等信贷技术开始快速发展。

随着竞争格局和监管的落定，网贷平台全方位服务的合规成本较高，越来越多的平台把自身定位为网络借贷链条中的一环，如营销、风控、助贷等，突出专业能力、形成差异化竞争优势，而不再独立承担全链条的服务。在这一过程中，信贷业务的关键环节，即信用审核与风控开始走向更加专业的发展路径。

随着小额分散业务再次走到前台，一种针对个人的超短期、超小额的“现金贷”业务迅速火爆，随之而来的是舆论对其高利贷、暴力催收等的质疑，这引起监管注意，随后，银监会、各地自律组织网贷行业协会等纷纷发文约束“现金贷”业务。

表 6.1 所示为 2016 年智能信贷行业大事记。

表 6.1　2016 年智能信贷行业大事记

时间	事件	内容/意义
2016 年 1 月	京东金融在重庆申请设立互联网小贷公司	为京东金融开展小微企业信贷等业务提供资金
2016 年 3 月	百度、乐视在重庆申请设立互联网小贷公司	这将成为互联网公司开展信贷业务的资金来源
2016 年 3 月	央行、银监会联合印发《关于加大对新消费领域金融支持的指导意见》	此后，消费金融牌照快速增加，各路资本纷纷涌入消费金融市场
2016 年 6 月	阿里巴巴推出企业诚信服务体系，利用数据为小企业授信	试图通过大数据等基础设施建设，评估小微企业信用体系，并进行授信
2016 年 7 月	芝麻信用推出小微企业征信“灵芝”系统	可以针对不同行业、不同地域的小微企业提供信用评估和风险预测
2016 年 7 月	银监会发布《中国银行业信息科技“十三五”发展规划监管指导意见（征求意见稿）》	提出金融机构需开展云计算应用，主动进行架构转型，推进大数据应用，全面提升数据治理与数据服务能力等
2016 年 8 月	银监会等四部委联合发布《网络借贷信息中介机构业务活动管理暂行办法》	标志着 P2P 网贷行业首部正式监管文件落地，在我国发展近十年的网贷行业迎来监管时期，即将迈入全新阶段
2016 年 9 月	重庆银行推出“好企贷”小微企业线上贷款产品	以大数据应用为切入点，试图重构小微企业信用评估体系，通过大数据分析手段对小微企业商业行为画像，开发小微企业智能客户分层与风控体系
2016 年 10 月	国务院正式发布《互联网金融风险专项整治工作实施方案》	方案以“P2P 网络借贷和股权众筹业务”为重点整治问题，力图规范各类互联网金融业态，优化市场竞争环境，遏制互联网金融风险案件高发频发势头
2016 年 11 月	浙商银行推出首款全线上小微企业贷款产品“点易贷”	传统银行试水新型企业贷服务
2016 年 11 月	《中华人民共和国网络安全法》发布	为网络安全、个人信息保护等提供法律依据及监管约束

资料来源：公开渠道，零壹财经·零壹智库。

二、发展现状

（一）市场发展特点

1. 金融机构小微企业贷款持续增加

图 6.1 是央行公布的各类企业贷款同比增速对比情况。近年，小微企业的增速要明显高于大、中企业的贷款增速。

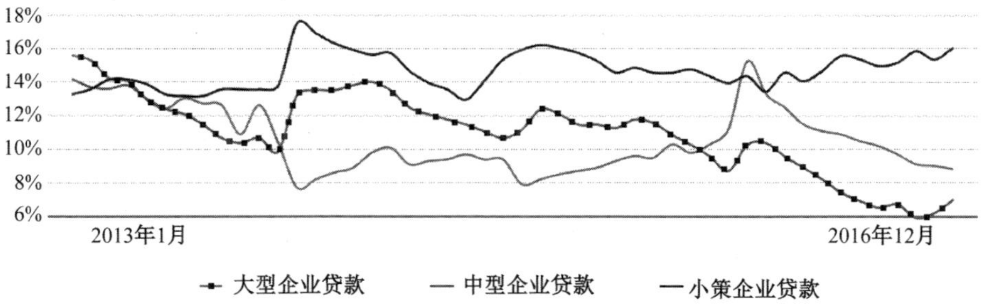

图 6.1　2013—2016 年大、中、小微企业贷款余额同比增速对比情况

资料来源：中国人民银行，零壹财经・零壹智库。

截至 2016 年 12 月末，我国小微企业人民币贷款余额 20.84 万亿元，同比增长 16%，比同期大型和中型企业贷款增速分别高出 7.2 个和 9.1 个百分点；截至 2015 年年末，小微企业的贷款增速比同期大、中型企业贷款增速分别高出 1.7 个和 4.4 个百分点；截至 2014 年年末，比同期大、中型企业贷款增速分别高出 6.1 个和 4.9 个百分点；截至 2013 年年末，比同期大、中型企业贷款增速分别高出 3.3 个和 3.9 个百分点。

图 6.2 是 2011—2016 年主要金融机构小微企业人民币贷款余额变动情况，截至 2016 年年末，小微企业贷款余额 20.84 万亿元，同比增长 16%，比同期大型和中型企业贷款增速分别高 7.2 个和 9.1 个百分点。

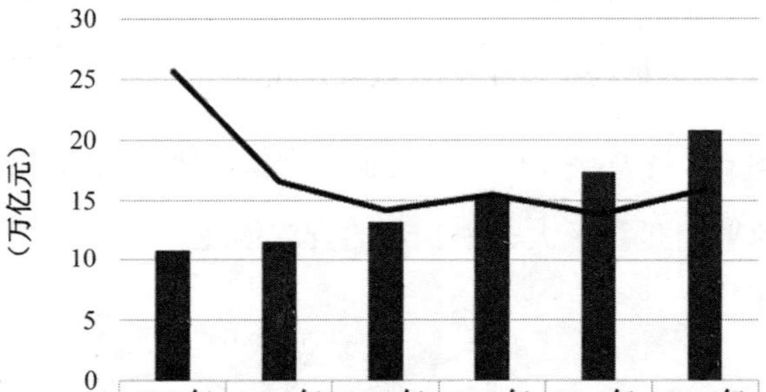

	2011年	2012年	2013年	2014年	2015年	2016年
贷款余额（万亿元）	10.8	11.58	13.21	15.26	17.4	20.84
同比增速（%）	25.7	16.6	14.2	15.5	13.9	16

图 6.2　2011—2016 小微企业人民币贷款余额变化情况

资料来源：中国人民银行，零壹财经·零壹智库。

小微企业贷款余额占企业贷款余额的比例在逐渐增加，根据央行披露的数据，这一比例在 2013—2016 年的数值分别是 29.4%、30.4%、31.2%及 32.1%。

2. 传统小额贷款公司整体呈现收缩趋势，网络小贷公司受热捧

图 6.3 是 2011—2016 年我国小额贷款公司的数量及贷款余额变化情况，小贷公司数量在 2015 年首次出现负增长的情况，贷款余额从 2014 年开始出现小幅度的负增长。

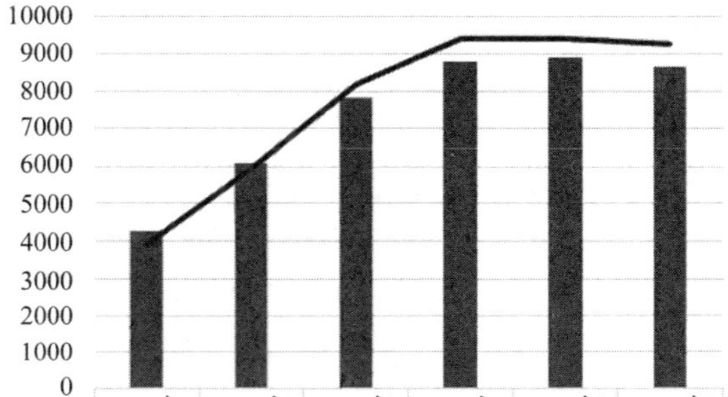

	2011年	2012年	2013年	2014年	2015年	2016年
小贷公司数量（家）	4282	6080	7839	8791	8910	8673
贷款余额（亿元）	3915	5921	8191	9420	9412	9273

图 6.3　2011—2016 年小额贷款公司数量及贷款伤害情况

资料来源：中国人民银行，零壹财经·零壹智库。

从盈利水平上看，全国小贷公司的盈利大致呈现良好、持平、亏损各 1/3 的局面。小贷公司数量在 2015 年 9 月末达到历史峰值，为 8965 家，此后连年递减，其实收资本、贷款余额、从业人员都同步减少。

与此同时，网络小额贷款公司受到市场热捧，自媒体第一消费金融的数据显示，截至 2017 年 7 月初，全国至少有 154 家互联网小额贷款公司已经获得地方金融办批复。

此前，P2P 网络借贷的兴起一定程度促进了小贷公司的发展，P2P 网络借贷发展早期，往往与小贷公司合作获得资产，而小贷公司也通过直接设立网贷平台或与网贷平台合作的方式变相突破了区域限制和资金来源限制，但小贷公司在通过网贷平台获得发展的同时也埋下了很多隐患，例如，积聚大量表外业务风险，可能会遭受灭顶之灾等。

随着网贷监管趋紧，双方的合作之路被堵，小贷公司通过网贷平台变相募集资金已不可行，更不能变相实现跨区域经营。

网络小贷是小贷的延伸，当前阶段出台的监管指引都指出，网络小贷公司可以在注册地之外、在全国范围开展获客及放款业务（部分小贷公司可以在全国范围内开展贷款业务），这突破了业务经营的地域限制，且网络小贷公司资金渠道更多元。例如，诸多网络小贷公司通过 ABS 方式获得资金，加快资金流动速度，扩大业务规模等，一定程度上解决了小贷公司的资金来源问题。

现阶段，网络网贷成为诸多企业开展小微企业贷款、个人消费贷款的标配资质；而网络小贷公司相较于传统小贷公司，也更加具备互联网属性及更多地利用新兴技术。

3. P2P 网络借贷交易量迅猛增长，个人借贷受欢迎

图 6.4 反映的是 2011—2016 年，我国 P2P 网络借贷的交易量情况，数据显示，从 2013 年开始，P2P 网络借贷中企业借贷交易量开始超过个人借贷交易量，并迅猛增长。到 2016 年，企业借贷总交易额已超过万亿元，同时，2017 年 1—5 月的数据显示，企业借贷交易额达到 6900 亿元，个人借贷交易额为 3600 多亿元。

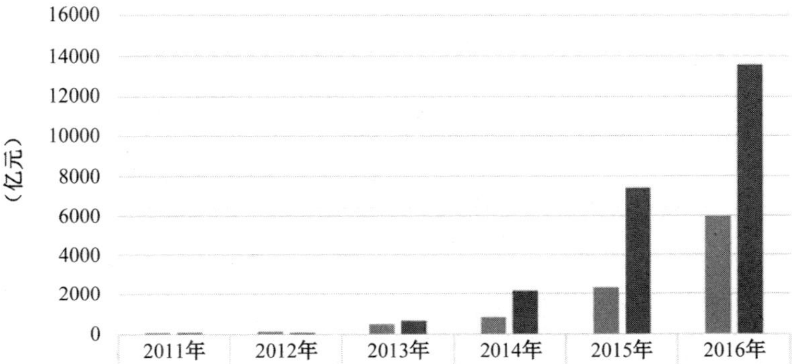

	2011年	2012年	2013年	2014年	2015年	2016年
■个人借贷（亿元）	15	110	455	837	2350	5944
■企业借贷（亿元）	5	90	645	2160	7400	13600

图 6.4　2011—2016 年 P2P 网络借贷交易额变化情况

资料来源：零壹数据。

图 6.5 反映的是 2011—2016 年 P2P 网络借贷中，企业借贷与个人借贷的同比增幅情况，企业借贷前期一直保持高速增长状态，且增速高于个人借贷；2016 年个人借贷增速大幅上升，并高于企业增速，这主要是受监管影响，网贷监管细则明确了小额分散的原则，并提出限额令，这使得诸多平台转向小额个人借贷业务。

图 6.6 反映的是 2011—2016 年 P2P 网络借贷业务中笔均借款额度的变化情况，个人借贷额度较小，平均额度尚没有超过 5 万元，且 2016 年有回落的趋势，主要原因是网贷监管细则尤其是限额令的影响，监管之下，诸多平台转向个人借贷业务，并注重利用技术批量化放贷，由于处于前期阶段，额度通常较低；企业借贷以 2015 年为拐点，此前平均额度处于持续增多的趋势，2016 年却有回落，主要原因仍然是网贷监管细则（限额令）的影响。

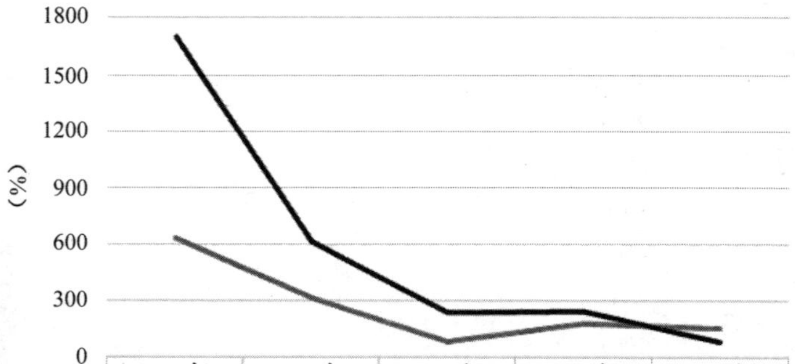

	2012年	2013年	2014年	2015年	2016年
个人借贷（%）	633	314	84	181	153
企业借贷（%）	1700	617	235	243	84

图 6.5　2011—2016 年 P2P 网贷借贷同比增幅情况

资料来源：零壹数据。

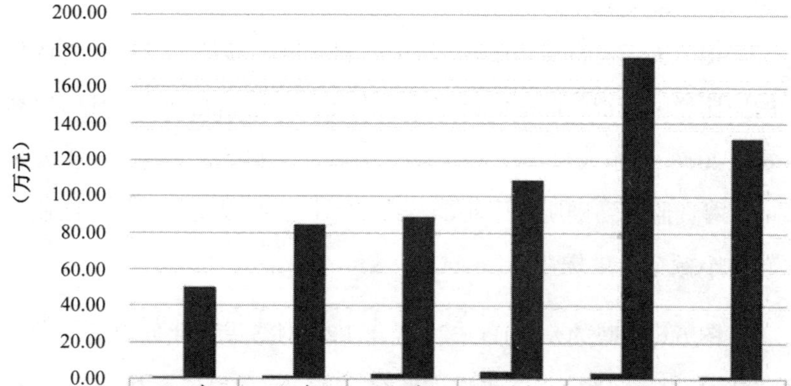

	2011年	2012年	2013年	2014年	2015年	2016年
■个人借贷（万元）	1.20	1.70	2.70	3.70	3.10	1.70
■企业借贷（万元）	50.10	84.60	88.40	108.90	177.10	131.90

图 6.6　2011—2016 年 P2P 网络借贷笔均借款额变化情况

资料来源：零壹数据。

网贷监管细则的影响是深远的，直接导致平台运营模式的转变，甚至转型，其中包括更多助贷机构出现、优质资产开发能力越发成为核心优势被各平台加以重视、行业产业链形成、分工协作增加等。

图 6.7 反映的是 2011—2016 年 P2P 网络借贷业务的平均投资利率变化情况，企业借贷与个人借贷都处于下降趋势，2016 年整体稳定在 10%左右，暂不考虑宏观因素，主要原因是平台整体逐渐提升了运营能力及投资市场日渐成熟、投资人趋于理性。

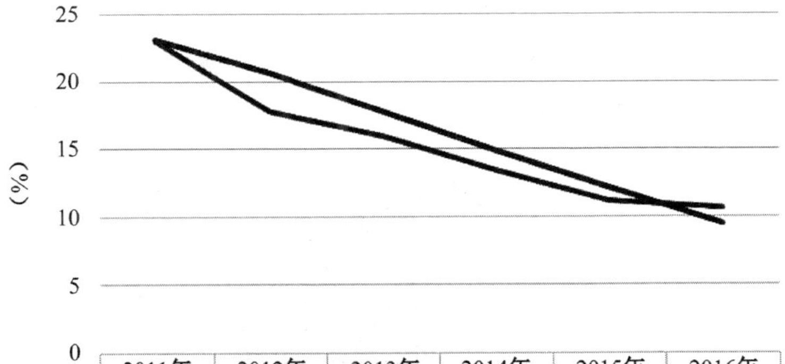

	2011年	2012年	2013年	2014年	2015年	2016年
个人借贷（%）	23	17.8	16	13.5	11.2	10.7
企业借贷（%）	23.1	20.7	17.8	14.9	12.2	9.5

图 6.7　2011—2016 年 P2P 网络借贷平均投资利率变化情况

资料来源：零壹数据。

平均投资利率一定程度上反映了融资成本的高低，其整体变化也反映了贷款主体融资成本的变化趋势。

4. 互联网借贷领域不乏新进入者，2016年投融资总额近400亿元

据不完全统计，2016年度，互联网借贷（包括P2P网络借贷及其他形式，尤其是助贷形式的借贷）领域共发生投融资144起，按照被披露具体金额的数据，投融资总金额至少为389.69亿元人民币。

从融资轮次上看，前期融资占据较大部分，其中天使/种子/Pre-A 轮融资共34起，占总数量的24%，融资金额至少6.41亿元，占投融资总金额的1.6%；A/A+轮融资共52起，占总数量的36%，融资金额至少164.83亿元，占总金额的42.3%；B/B+轮融资共35起，占总数量约24%，融资金额至少165.12亿元，占总金额的42.4%；从整体来看，行业不乏新进入者，还有继续发展的空间，如图6.8所示。

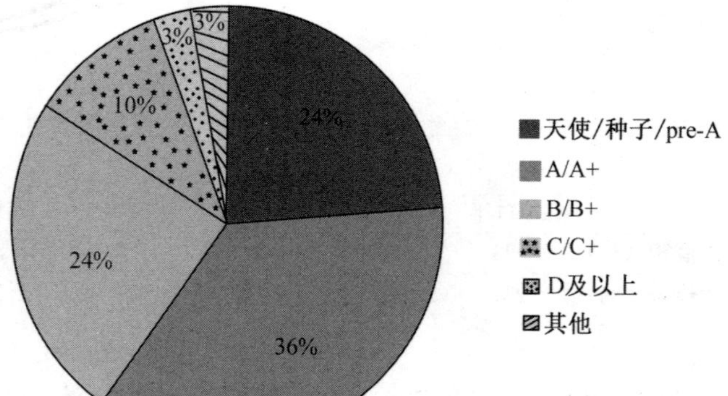

图6.8　2016年P2P网络借贷投融资分布

资料来源：零壹数据。

5. 宜人贷和信而富先后赴美上市，发挥行业引领作用

经过大约十年的发展，P2P 网贷借贷行业取得了一个阶段性成果，即宜人贷和信而富先后赴美上市。

这两家平台都定位为在线小额信贷服务撮合平台，运营理念上奉行互联网化、数据化和技术化驱动，尽管双方的上市之路都颇为波折，但都在一定程度起到了行业引领作用。

美东时间 2015 年 12 月 18 日 9 点 30 分，宜人贷正式登陆纽交所，成为中国金融科技平台海外上市第一股。宜人贷股票代码为 YRD，发行价为每股 10 美元，当日发行 750 万股美国存托股票，募资总额 7500 万美元。

2017 年 7 月，宜人贷最新的总市值为 19.41 亿美元。

大约一年半后，美东时间 2017 年 4 月 28 日上午，信而富正式在纽交所挂牌上市，成为紧随宜人贷的中国金融科技平台海外上市第二股。信而富的股票代码为 XRF，发行价每股 6 美元，首次公开发行 1000 万份美股存托凭证，在不考虑超额配售权的情况下融资 6000 万美元。

2017 年 7 月，信而富最新的总市值为 4.21 亿美元。

宜人贷和信而富整体的商业模式都是作为借款人和投资人之间的信息中介，为借贷双方提供撮合服务，并通过交易费、服务费等项目的收取，扣除销售、运营等成本后获取利润。

在模式上，双方都通过类似坏账准备金的形式，从每笔新增贷款中提取一定比例的现金以进行风险备用，即当借款人无法还款时，可以启动这笔资金补偿投资人，如表 6.2 所示。

表 6.2　宜人贷、信而富收入分拆情况（以贷款总规模为基数）

	宜人贷	信而富
借款人综合利率	31.4%	25.0%
投资人成本	8.4%	11.0%
坏账风险准备金	7.0%	9.0%
净收入	16.0%	5.2%
销售成本	7.7%	2.8%
其他运营成本	2.8%	6.2%
净利润	5.5%	-3.8%

资料来源：宜人贷财报，信而富财报，招商证券，零壹财经·零壹智库。

2012 年，宜信公司推出在线网贷平台宜人贷，2013 年，宜人贷推出一款移动端全流程借贷服务 APP，此后，宜人贷在产品方面不断出新。2014 年，推出一款基于大数据风控的极速模式借款服务，可以实现 1 分钟授信，10 分钟快速批核；之后相继推出公积金模式与寿险模式借款服务。截至 2017 年二季度，宜人贷的产品包括公积金模式、精英模式、极速模式和寿险模式，分别依据用户的公积金、工资卡、信用卡及寿险单等提供借款服务，金额最高为 20 万元。

宜人贷服务的目标用户起初是资质较好、有稳定收入、经常在网上购物的城市白领人群。发展过程中，宜人贷服务用户逐渐下沉，基于更加细化的用户分层，开始向更多用户群体扩展。

早期，宜人贷开展业务的主要特点是依托于宜信资源，集中体现在几个方面，一是获客层面既可以来源于线上 APP，又可以来源于宜信线下实体销售推荐；二是宜人贷和宜信可以共享数据、信息，包括贷款人与投资者的信息、信用和贷款数据等；三是宜信为宜人贷提供诸多其他业务支持等。

发展过程中，宜人贷正在逐渐摆脱宜信的资源支持。截至2017年年中，宜人贷的借款用户中超过70%来自线上APP获客，借款金额超过全部撮合借款金额的50%。同时，宜人贷更加具备科技驱动业务的特征，且尝试赋能同行。2017年3月，宜人贷发布科技能力共享平台（Yirendai Enabling Platform，YEP），输出数据抓取、反欺诈和线上客户获取服务能力，例如，为合作伙伴输出实时数据抓取和解析能力、利用自主研发的反欺诈模型和预警工具帮助合作伙伴防范欺诈风险、与合作伙伴分享流量，将流量差异化、精细化地匹配到宜人贷及合作伙伴上。

表6.3所示为宜人贷近年经营及业绩情况。

表6.3　宜人贷近年经营及业绩情况　　单位：美元

时间	2016Q1	2016Q2	2016Q3	2016Q4	2017Q1	2017Q2
净收入	0.85亿	1.1亿	1.31亿	1.54亿	1.48亿	1.75亿
环比增速	—	29.79%	19.07%	17.34%	-3.79%	18.24%
运营成本和费用	0.54亿	0.71亿	1.10亿	0.97亿	0.91亿	1.19亿
环比增速	—	31.83%	42.63%	-3.78%	-6.14%	30.77%
销售费用	0.39亿	0.53亿	0.63亿	0.77亿	0.68亿	0.91亿
环比增速	—	35.90%	18.87%	22.22%	-11.69%	33.82%
净利润	0.2亿	0.39亿	0.52亿	0.55亿	0.51亿	0.40亿
环比增速	—	94.83%	31.65%	5.95%	-6.80%	-22.13%
促成借款金额	5.35亿	6.83亿	8.42亿	9.61亿	10.06亿	12.08亿
环比增速	—	27.77%	23.35%	14.13%	4.61%	20.11%

资料来源：宜人贷财报，零壹财经·零壹智库。

信而富于2001年开始运营业务，2010年涉足网络借贷业务，主要为中国的 EMMA 人群提供消费信贷服务。产品方面，包括期限在 14 天～3 个月，贷款额度为 500～6000 元的现金消费类借贷产品和期限为 3 个月～3 年，贷款额度为 6000～10 万元的生活方式类借贷产品。

信而富财报数据显示，截至 2017 年二季度，平台累计借款人达到 270 万，累计撮合交易笔数达到 2000 万笔，撮合借款交易总额 7.21 亿美元，同比增长 244%。其中，撮合的现金消费类借款交易额同比增长 431%，至 6.38 亿美元，撮合的生活方式类借款交易额为 0.83 亿美元，去年同期为 0.90 亿美元，如表 6.4 所示。

信而富的业务特点是试图经过多年技术投入与研发，建立数据与技术驱动的运营模式。通过预测筛选（PST）、自动决策（ADT）等技术为用户人群建立个人信用档案，新用户首次获得借款后，其还款、复借等信用记录都将成为此后用于信用判断的依据。这是信而富平台整体复贷率较高、销售成本不断摊薄的一个原因。

表 6.4　信而富近年经营及业绩情况　　单位：美元

时间	2014 年	2015 年	2016 年	2017 年 Q1	2017Q2
交易和服务费收入	602 万	6253 万	5589 万	1680 万	2450 万
运营成本	5855 亿	8730 万	8922 万	2530 万	2880 万
净利润	1324 万	-3003 万	-3337 万	-1490 万	-1350 万
累计借款笔数	6 万	469 万	1070 万	1500 万（新增 400.6 万）	2000 万（新增 510 万）
累计借款人数量	10 万	70 万	142 万	200 万（新增 54.5 万）	270 万（新增 76 万）
累计撮合金额	3.36 亿	7.41 亿	10.62 亿	4.85 亿	7.21 亿

资料来源：信而富招股说明书，信而富财报，零壹财经·零壹智库。

宜人贷的贷款规模在保持增长的同时，主要遇到的压力来自成本项中的获客销售成本及坏账成本，随着市场竞争日趋激烈及客群的不断下沉，这两方面的压力可能会压缩宜人贷的利润空间。信而富同样面临较高的销售压力，同时，短期小额贷款业务为主的业务特点使得其面临较大的坏账压力，这将直接影响其计提的风险备付金比率，对利润收入构成压力。

从整体来看，金融科技平台上市，对于自身发展而言，将极大提升品牌知名度及信誉，且基于公众公司身份，在信息披露、业务合规方面会更为成熟，将会走在行业前列；对于整个金融科技行业来讲，则会在盈利模式、公司运营、资本市场态度等多方面起到前期试水及引领作用，可能会吸引更多的企业逐渐进入成熟的资本市场。

2017 年下半年，金融科技领域掀起密集上市潮，趣店于 10 月 19 日在纽交所上市；拍拍贷、和信贷、融 360 等已经在美国递交招股说明书；另外，还有诸多公司正在筹备阶段。

（二）业务模式

1. 市场主要参与主体

（1）传统银行

传统银行对于小微企业及个人信贷等金融服务，普遍存在缺位的状况。目前，在经历互联网金融的冲击后，银行业务开始逐渐转变，主要体现在重视个人消费信贷业务、优化小企业贷款服务等方面；在参与过程中，一方面自主升级系统、创新服务；另一方面强化与新兴机构的合作，例如，与助贷机构合作，在信贷业务链条中充当提供资金的角色等。

（2）互联网银行

互联网银行[2]是智能信贷的试水者与前沿开拓者，由于股东背景，其开展的信贷业务天生具备互联网元素，且在信贷理念、技术手段等方面与传统银行大有不同，主要特点是依据数据及分析，针对小微企业及个人用户开展无纸化、数据化、自动化、简易便捷的小额信贷审核与放款业务，如表 6.5 所示。

表 6.5　互联网银行信贷产品介绍

<table>
<tr><th rowspan="2"></th><th colspan="2">个人信贷</th><th colspan="2">企业信贷</th></tr>
<tr><th>产品</th><th>风控特征</th><th>产品</th><th>风控特征</th></tr>
<tr><td rowspan="2">微众银行</td><td>微粒贷（目前为定向邀请制）</td><td>不需要用户提交纸质材料，系统审核邀请、评估、放款等</td><td rowspan="2">微业贷
最高 300 万元（目前仅向广东地区受邀企业开放）</td><td rowspan="2">基于互联网技术及大数据分析企业主风险状况，包括央行征信及税务信息，无须抵质押</td></tr>
<tr><td>微车贷
（与优信二手车合作推出的购车信贷业务）</td><td>在线提交个人信息，在线审核</td></tr>
<tr><td rowspan="2">网商银行</td><td colspan="2" rowspan="2">注：
（1）网商银行主要提供经营性小微贷款服务，此时，主要考察经营主体的信用及风险，不再区分个人和企业，统一划归至企业；
（2）与网商银行同为蚂蚁金服旗下的其他小贷公司主要是蚂蚁金服个人消费性金融贷款的资金来源，此处不详述</td><td>网商贷、信任付（为淘宝、天猫、阿里巴巴卖家等提供小微信贷服务）</td><td>基于卖家交易信息、信用信息等进行审核及放款</td></tr>
<tr><td>旺农贷（为农户等提供小额信贷服务）</td><td>基于农产品生产及销售链条数据等进行风险约束及防控</td></tr>
</table>

资料来源：零壹财经 · 零壹智库。

[2] 此处暂主要介绍微众银行和网商银行。

（3）电商企业及其金融集团

电商企业及其金融服务集团主要在封闭系统中，依靠大数据风控从事小额消费信贷和小微企业信贷业务，其显著特征是目标用户的交易数据积累丰厚，同时，在各自封闭体系内进行有效的数据化风控，但也有企业开始在着手将积累的风控模型及经验对外进行输出，如表 6.6 所示。

表 6.6　部分电商企业及其金融集团智能信贷产品

		个人信贷		企业信贷	
		产品	特征	产品	特征
阿里巴巴	金融集团 蚂蚁金服	花呗	基于芝麻信用等进行纯互联网信贷服务	网商贷	见互联网银行产品介绍表格，此处不详述
		花呗分期		信任付	
		借呗		旺农贷	
		……		……	
京东商城	金融集团 京东金融	白条+	基于京东商城交易数据等其他各数据对用户进行信用审核及放款	京保贝	面向供应商的互联网保理产品
		金条 ……		京小贷	基于上下游约束向商城供货商提供融资服务
				京东金采 ……	
苏宁云商	金融集团 苏宁金融	任性付	基于电商交易及其他数据进行信用审核、风险控制	信速融	针对苏宁商户的信用贷款
		任性借		账速融	关联企业应收账款、库存融资
		……		票速融 ……	关联企业商业承兑汇票应收账款融资

续表

		个人信贷		企业信贷	
		产品	特征	产品	特征
唯品会	金融集团唯品金融	唯品花	基于电商交易及其他数据进行信用审核、风险控制	唯易贷	面向供应商的互联网保理产品
		……		……	
……					

资料来源：零壹财经·零壹智库。

（4）网络借贷平台（P2P 平台与网络小贷公司）

如前所述，在 2012 年之后互联网金融进入爆发式发展的阶段，网络借贷行业发生明显的变化，即个人对企业贷款类的平台开始大量出现，主要操作模式是把资金借给企业的实际控制人，再由实际控制人转借给自己的企业。具体操作中，贷款的风险控制与个人信用审核有所差异，开始注重审核企业信用、财务状况和业务风险等，形式则有担保贷款、保理贷款、承兑汇票等各种形式。

这种状态持续了一段时间，但随着网贷监管意见的下发，尤其是网贷限额令的硬性规定，这种模式面临不合规的现实问题，此时，网贷平台开始重新回归小额借贷；同时，由于网络小额贷款公司突破传统小贷公司地域限制的特点及本身具备的放贷资质，受到市场热捧，并成为电商企业、网贷平台及各类新兴市场进入者的标配。

（5）新兴助贷服务机构

本书把新兴助贷机构界定为在互联网金融（主要是 P2P 网络借贷）中，专注资产开发（包括企业与个人借贷资产），擅长风险管控，并将资产与其他各类资金供给机构（包括银行、消费金融公司、P2P 网贷平台、信托、保险等）进行对接的平台。

这类机构的兴起是有多方面原因的：一方面，互联网金融监管规定逐渐明确，尤其是网贷监管已经落定，基于合规或市场转型需求，平台开始转型；另一方面，这是行业竞争的合理结果，随着竞争及格局的演变，行业产业链条形成，各个专注借贷流程全链条中不同环节业务的平台出现，它们主攻某个方向，尤其是资产开发及风险管控，而不是提供全链条的服务。

目前，采用这种操作模式的机构在市场上较为常见。

专栏

夸客金融——浸淫互金多年，一个不断迭代更新的样本

发展概况

2014 年 4 月，金融科技平台夸客金融（全称为上海夸客金融信息服务有限公司）在上海成立。针对个人消费者、小微企业主等的融资需求，夸客金融提供借贷撮合服务，已完成两轮融资：2014 年 8 月获得戈壁合伙人有限公司参投的近千万美元 A 轮融资；2015 年 8 月，通过发行可转为 B 轮优先股可转换债权的方式，获得香港上市公司环球信贷集团 2 亿元出资。

2017 年 3 月下旬，点融网与夸客金融进行战略合作，共同组建了点融夸客信贷工场，这一信贷工场强调利用大数据、反欺诈、决策引擎等手段，通过量化系统开展信贷业务，目的是减少信贷业务中的人工操作，以节省运营成本，降低操作风险。

截至2017年5月底，夸客金融主要产品（服务）的历史累计成交量接近百亿元，历史成交笔数达到119.4万笔，2017年累积成交量30.8亿元，成交笔数为100万笔，截至2017年5月底，主要产品（服务）尚未结清的交易余额为48.7亿元。

运营模式

目前，夸客金融的借贷业务主要瞄准的是小微企业、个人的生产经营性融资需求及个人的生活消费性融资需求，运营过程注重流程化及标准化操作，点融夸客信贷工场则是一套支撑其业务开展的系统。这一系统主要支持小额分散的借贷业务，进件平均借款额度为0.83万元。

（1）夸客金融借贷产品情况

表6.7是夸客金融的主要信贷产品情况，目前的业务中，大约80%是信用贷款，典型的产品，如薪易贷等；也有其他经营类贷款，如商易贷及物权类贷款，如通过融资租赁方式提供的贷款等总共占比约20%。

表6.7　夸客金融借贷产品概况

	商易贷	薪易贷	租车贷
贷款额度	1～20万元	1～20万元	2～20万元
贷款期限	12/18/24/36个月	12/18/24/36个月	12/24/36个月
贷款利率	年化不超过15%		
目标人群	小微企业主、个体工商户	城市工薪阶层（工作半年并转正上班族，打卡工资2000元以上）	18～65周岁有租车/购车意向的客户
所需材料	营业执照、银行流水、身份证	工资流水、身份证	身份证、驾驶证

资料来源：公开渠道，零壹财经·零壹智库。

基于对资金成本和销售能力的考虑，目前和未来夸客金融资产端都将以个人信用贷为主，而车贷等产品则主要是依据小微用户的具体需求推出的多元化产品。

（2）信贷工场运营流程及模式

信贷工场的具体流程

夸客金融的信贷工场处理一项贷款申请的流程具体可以划分为五个环节，即信息录入、反欺诈、信审、质检及催收。

信息录入：这是整个信贷流程的基础，分为录入与录入复核两个环节，工作人员将申请客户提交的纸质材料等按照标准化的方式导入数据库，并对客户的所有信息材料进行复核计算和检阅，录入的目的在于实现资料的准确性与可视化。

目前，夸客新推出的系统将逐渐省去人工录入的环节，改变为用户在申请 APP 端上传数据，并不需要提交纸质材料。这将提高数据采集的效率、完整度及准确性。

反欺诈：夸客金融的反欺诈团队目前除在上海总部和武汉分中心外，在各城市也都有分布，目的是掌握各地的风险趋势，提前对疑似欺诈风险的案件进行深入调查，查清事实，并确定欺诈案件的性质，以挽回欺诈造成的损失。

具体来看，反欺诈团队会依据城市区域风险分析欺诈案件的发展趋势和特征，提出防范措施建议和优化规则，并协助改善系统的内部流程。

信审：这一环节分为初审和终审。初审中，工作人员根据客户提交的材料，通过电话、网络等方式核实信息的真实性；在终审中，首先要对初审操作进行复核，然后根据风险政策，从客户综合资质、还款意愿、还款能力等多个维度给出一定的风险评判和额度。

质检：质检团队通过不同维度对信贷流程各个环节的工作进行监控，按照政策大纲、行为准则、作业规范等进行检查，目的是确保整个信贷工场的流程符合风险管理所指定的政策，并将质检信息回馈至前端，以进行流程的优化。

催收：在放款后，夸客金融的系统会以打包的形式将这笔贷款提交到下一个环节，即贷后管理，同时系统以天为单位，对款项进行追踪和监控。如果借款逾期未还，则进入催收环节。根据逾期时间，夸客金融的催收分为M1 和 M2（即逾期 1 个月和 2 个月）等阶段；数据显示，如果其有约 90%的逾期会在 M1 阶段收回。

在具体催收中，夸客的牛盾风控系统会根据逾期客户的数据资料，总结特征并得出催收难度，进行催收评分，根据不同评分会使用不同的方法，催收工作人员则按照平均原则，分配各种难度的逾期客户，并通过短信、语音、电话、信函、司法等方式进行催收，如果 6.9 所示。

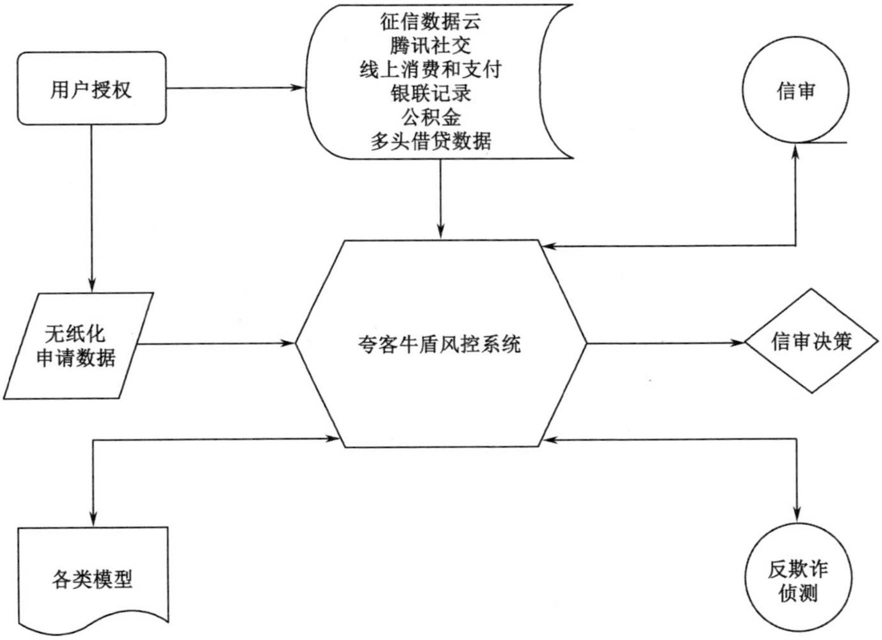

图 6.9　夸客牛盾风控系统示意图

资料来源：零壹财经·零壹智库。

小结：上述操作过程是人工与系统的结合，尤其是在信审环节，需要处理的信息量非常大，但同时系统无法识别的数据或出现异常情况又往往需要人工判断及纠偏等。目前信审环节的信息处理中，需要人工处理的环节约占40%，需要机器处理的环节的占 60%。

具体来看，系统处理的 60%通常是相对明确的信息，如征信报告中的数据、公开来源获得的数据；人工处理的 40%则是系统识别为异常，但又无法进行判别的信息，这种信息会被标红提醒初审人员，初审人员再通过其他方式，如联系申请人，或与线下同事了解情况等，求证存在的异常情况，并进行处理。

在系统和人工的合力下，一个申请的处理时间需要大约30分钟。

（3）资金对接方式

夸客金融借贷业务的资金对接方式多样，既会通过P2P借贷平台对接线上资金，又会通过私募投资基金、信托等方式对接机构资金。具体来看，包括手机理财APP才米公社、财富管理机构夸客优富、第三方互联网金融服务商，以及中航信托、外贸信托、东方证券等金融机构。

同时，根据出借人对资金流动性、收益和风险的需求，夸客金融会推荐不同年化收益和流动性的出借方式，从整体来看，投资人的历史收益率在年化5.5%～11.5%。

1. 企业特色

夸客金融的发展路径在一定程度上体现了P2P网贷平台的发展路径，在发展演变过程中，重视数据、技术、系统的作用，试图利用量化风控系统、工厂流水线式操作方式开展小微借贷业务。并在目前国内征信体系等基础设施尚不完善的情况下，利用“半自动化”的特色方式运营业务。

一方面，通过技术创新进一步降低运营成本，在流程管理上努力寻求机器自动化操作与人工手动操作的最佳分配比例；另一方面，根据现实条件，将人工把关作为风险管理中重要的一环，并不断纠偏机器系统。这种理念的操作及能力将逐渐成为业务的核心竞争力。

可以预测的是，这种方式的发展路径将是专注资产开发，并输出到第三方平台，对应地，资产业务将对接不同特征、不同成本的资金，这对于借款用户来讲，则是一种满足差异化需求的体现，反映的则是资产业务精细化运作的必然趋势。

2. 智能信贷产业链

表6.8所示为智能信贷产业链概览。

表6.8 智能信贷产业链概览

<table>
<tr><td>贷后资产处置方</td><td colspan="4">专业贷后催收及不良资产处置机构等</td></tr>
<tr><td rowspan="2">贷前信用服务方</td><td colspan="4">大数据信息服务机构、征信解决方案服务机构等</td></tr>
<tr><td>资金提供方及（方式）</td><td colspan="2">贷款服务方（关联方）</td><td>借款方（小微企业等）</td></tr>
<tr><td></td><td>（互联网）银行、（互联网）小贷公司、个人、机构线上理财投资者、资产证券化等</td><td>（互联网）银行、电商企业（金融集团）、产业巨头、P2P网贷平台、新兴助贷平台、（互联网）小贷公司等</td><td>担保公司、（融资）租赁公司、保理公司、保险公司等</td><td>小型企业、微型企业、家庭作坊式企业、个体工商户等</td></tr>
<tr><td>支付服务方</td><td colspan="4">各支付机构等</td></tr>
<tr><td>IT服务方</td><td colspan="4">IT服务公司，如阿里金融云、腾讯金融云等</td></tr>
<tr><td>法律服务方</td><td colspan="4">律师事务所、法律研究机构、证据托管机构等</td></tr>
<tr><td>监管方</td><td colspan="4">中国人民银行、银监会、各地金融办
行业协会、其他自律组织等</td></tr>
</table>

资料来源：零壹财经·零壹智库。

借款方：主要包括小型企业、微型企业、家庭作坊式企业、个体工商户、个人等，通常是商业银行等金融机构服务不到的长尾人群。

资金提供方：银行（互联网银行）、机构投资者、个人投资者、小贷公司（互联网小贷公司）等，具体操作方式各不相同，还有诸多通过资产证券化方式获得资金的情况。

贷款服务方：目前主要有（互联网）银行、电商企业、产业巨头、P2P网络借贷平台、新兴助贷平台、互联网（小贷）公司等，除银行类机构外的各个机构都较为活跃。

基础服务方：包括贷前信用服务方，如大数据信息服务机构、征信解决方案服务机构、IT服务等，典型的，如金融云等，以及贷后催收及不良资产处置机构、支付机构等，这些机构是整个链条的重要参与者；此外，还包括法律服务方等，这是保障各方利益不受损失的重要服务主体。

监管方：按照放贷主体的监管逻辑，包括中国人民银行、银监会、各地金融办、行业协会及其他自律组织等，这些构成了监管体系。

3. 智能信贷业务模式

小微企业、个人用户的特征及资金需求特征决定了智能信贷业务的开展模式。

小微企业的客户群体分散、经营波动性大、财务体系落后、抗风险能力弱，加之其“额度小、时间急、频率高、期限短”的信贷需求特点，这与银行其他传统信贷业务相比在业务办理过程中有许多不同之处，信贷风险可能更为突出，这也是传统银行通常不擅长服务小微企业的原因。

个人用户的资金需求特征表现为小额分散，期限较短，且借款用途多属于综合性生活消费等，还款来源则主要是薪资收入等；这种需求对服务机构的服务效率、服务覆盖度、借款体验等提出新的要求。

目前的新兴服务模式正试图在信贷观念、信贷流程及运营等方面进行改革。

（1）放贷模式

按照目前市场的放款操作模式，大致可以分为三类，即直贷、类统贷、P2P 模式。

直贷模式指的是具有放贷资质的机构直接向小微企业或个人放款，除去银行金融机构外，其他非银行金融机构及（类）金融机构也参与其中，例如，电商企业、产业巨头、互联网公司等依托（互联网）小额贷款公司进行直接放款，这种方式的缺点是小贷公司等放贷的资金杠杆率较低；优点是可以纳入监管，运营更加合规，且可获得利差收入。

类统贷指的是一种 B2B2C 的模式，即中间服务机构（市场主要称为助贷机构）一端对接金融机构，另一端对接用户群体，操作模式类似于金融机构向中间服务机构统一授信，中间服务机构在进行风险管控等基础上将贷款发送给具体用户。之所以叫类统贷，主要是区别于传统意义上依托集团公司的统贷统借业务。且目前市场上的中间机构基于合规需要，往往在资金对接中由金融机构与具体借贷用户签署借贷合同，免去了金融机构先授信、再放贷的环节，这种操作主要依靠技术实现，即把银行与中间服务机构的系统对接开发到无缝衔接的程度，以保证流畅的用户体验，但目前还处于早期阶段，且主要运用于可以快速放贷的个人小微借贷业务中。

需要注意的是，中间服务机构的实质是从事前端获客与风险控制业务。通常需要承担相应借贷用户的信用风险，本质上起了担保兜底的作用。

P2P 模式从放贷操作上看，具有创新意义，盘活了个人用户资金，并将其流向小微企业、个人用户等，这仍然是目前市场上一种重要的方式，但监管细则下发后，其模式被挤压，限额等规定直接使得上述类统贷模式成为市场追逐的热点。

（2）运营特征

以下是目前市场上小微企业及个人消费信贷业务的运营特征。

①以O2O运营模式为主。O2O运营模式是我国小微信贷服务的现实选择，我国的社会信用体系发展不完善，征信信息不完备，且央行有限的征信信息尚不对非银行机构开放，因此，依靠纯粹的数据量化风控模式基本难以开展业务。

由于小微企业不具备可靠、完整的财务报表等信息，且小微企业与企业主的关系紧密[3]，因此，依靠完全量化的方式，试图考察财务报表等也难以落地；实操过程中，更多地需要信贷员线下获客及收集企业主的各类软性信息，包括企业主的人脉关系、亲友圈、商圈等信息，并以此进行风险判断与审核放款。传统方式中，这一过程，往往需要人工高成本的收集、整合、分析。目前则正在利用线上大数据的方式，如收集分析企业和企业主留在网上的痕迹，包括投资经营、社会交往、行为习惯等，利用技术的一个好处是效率较高、造假较难。

从个人消费信贷业务的发展现状看，各个机构对新技术的应用更为充分，

[3] 根据中国台湾征信中心的量化建模经验，小微企业的企业信用 40%的权重取决于小微企业主个人信用，20%的权重取决于小微企业合作上下游企业的企业主个人信用。目前一些服务商的模型也发现了这种关联，即小微企业信用与小微企业主的个人行为有较强的关联。

尤其是针对互联网原住民群体，对其进行数据挖掘及分析更有现实意义，也是更加有效的操作方式，这其中既包括线上流量获取、个人信息的数据化分析、决策与信用审核等，也包括线上放款、支付与还款及用户资金去向监测等。从整体来看，这类业务更能体现智能信贷的理念。

目前信贷业务的阶段性特征是 O2O 的运营模式。

②硬风控、强增信放贷是主流。传统银行服务中、小企业过程中，多是借鉴服务中、大型企业的方式，如量化财务经营、进行信用评级等，但在小微企业服务中，这些方式难以实现，因此，往往采用其他硬风控措施，如抵押、担保等。目前这种操作方式基本没有本质改变，但新兴服务机构已经在进行一些创新，例如，电商企业、产业巨头等依托已经积累的数据等资源，可以在自身体系内标准化、流程化、批量化地开展无担保、无抵押的信用贷款服务；对于个人用户的消费信贷服务，基本是无担保、无抵押的信用贷款服务，同时，业务也跟具体的人群属性、贷款期限与额度等高度挂钩，期限长、额度高的信贷通常更加注重个人资产状况。

③信贷全流程标准化管理被重视。针对传统模式中信贷员只偏重贷前调查而不注重贷后管理工作、忽视所关注企业经营中发生的重大风险等的问题，目前，新兴服务机构开始注重对信贷全流程的管控，操作主要是以依靠前期数据归集并在贷后进行实时监测以管控资金流动及去向的方式。同时注重对宏观经济、行业走向等经营因素的跟踪与分析；这种理念已经贯穿到了企业及个人信贷业务流程中。

④短期、小额信贷智能化操作是主流。数据化风控主要用在期限较短、额度较小的信贷场景中，尤其是个人的经营性或者消费性贷款方面。

这种大批量的借贷需求对效率提出了较高要求，依靠技术及机器代替人工，可以在借贷的全流程，包括前端获客、审批、资金对接、贷后管理等多个方面提升效率及运营的精细化程度，这也是目前消费金融及短期企业借贷业务中较为流行的操作方式。

（3）盈利模式

传统的以银行为主提供的信贷服务中，银行的收入主要是息差，而目前的新兴信贷服务中，涉及的主体增多，放贷的模式也多种多样。从整体来看，一种产业链式的服务意味着各个主体的收入来源各不相同，且来源增多，除直贷模式典型的息差收入外，类转贷等模式还包括其他诸如向个人用户收取的服务费，向企业用户收取的流量、增信、风控等多方面的服务费用，也可称收入来源多元化、综合化。

现阶段这种盈利模式的变化直接影响了市场格局，那些具有核心竞争力的平台将更加具有话语权。

（4）小结

智能信贷的特征是对新兴技术的创新使用，目前集中体现在个人消费信贷业务中。这种对新技术的使用不仅带来了信贷业务，还是金融交易一定程度的变革。第一，改善了信贷交易中信息不对称的问题，从而降低了交易成本；第二，使得金融交易更加公平与普惠，信用好的人理应得到成本更低、体验更好的服务，信用差的人则需要付出相应的成本，甚至受到惩罚；同时智能信贷由于其高效特征而覆盖了更广阔的人群。

从整体来看，智能信贷带来了以下变化：

①改变了信贷分析方法。在信贷业务中，传统金融机构的做法是由专家基于经验对个人信用进行判断，并由此形成“5C”评价法，其存在的问题是过度依赖专家经验，训练成本高，主观性和随意性强。目前大数据及技术、人工智能（如专家系统、神经网络）等逐渐介入信贷分析，其在精确性、效率方面有了较大提升。

②提升了信贷管理效率。人工的效率永远不如机器。目前，各类消费金融服务商利用云计算、人工智能等技术分析和管理信贷业务，其效率的提升可能是以几何倍数增长。例如，传统意义上，商业银行的客户经理维护几十个客户已经是极限，且在授信资金发放之后需要定期进行贷后检查等，这将消耗客户经理大量的时间和精力。目前，一些利用新兴技术的消费金融服务商则每天可以处理大量的借贷申请，效率得以极大地提升。

③优化了信贷结构。智能信贷业务，实则拓展了市场范围，这类业务主要面对的用户群体是“薄信用”人群，即信用记录空白或者信用记录较少的人群。为这些人群提供服务，很大程度上提高了信贷业务的普惠性、可得性，大量不能享受传统金融机构服务的人群得到了金融服务，改变了以往的信贷结构。

三、新技术的应用

金融科技发展的重要支撑是大数据及相关技术的崛起与成熟，数据的规模、真实性、有效性、数据的分析应用能力越发成为金融行业的核心竞争力。与此同时，大数据及技术是人工智能发展的支撑，在大数据及技术不断成熟的同时，人工智能正在崛起并不断被应用于金融行业，应用场景诸如智能投顾、征信、风险控制、身份验证、智能客服等，主要采取的方法是机器学习、自然语言处理、知识图谱、人脸识别等。

在信贷业务中，尤其是针对个人经营性贷款及消费贷款的业务中，由于其小额分散的特征，各主体纷纷选择依托技术开展智能借贷业务，以下我们将介绍目前小额借贷业务中应用的新技术。

（一）数据存储及挖掘技术

数据存储及挖掘是一个多层次过程，包括数据采集与预处理、数据存储与管理及数据挖掘与分析。

大数据的一个特征是数据源多样化，包括数据库、文本、图片、视频、网页等各种结构化、非结构化及半结构化的数据，因此数据采集要进行预处理和集成操作。针对大数据环境非结构化或半结构化的数据挖掘，通常需要针对不同特征数据使用特定技术进行挖掘和分析，如针对图片文件的挖掘、针对大规模文本文件的检索和挖掘等。

信贷业务中，在给申请用户进行用户画像时，就会利用自然语言处理、文本挖掘、机器学习等多类技术，目的是从用户在网络上留下的各类数据（包括交易记录、网络行为、社交关系、用户生成内容）中提炼出标签化的模型，生成画像等，用户画像提供与身份、收入、消费、习惯相关的信息，可以辅助进行信用评估、反欺诈和贷后管理等。

（二）人工智能技术

随着基础层云计算、大数据等因素的成熟，人工智能也随之进步。目前，人工智能在金融行业，包括银行、保险、投资理财等领域被广泛利用，如智能投资顾问、股票交易预测、金融支付验证、投资理财推荐、信贷审批等。

在信贷审批方面，人工智能的多项技术正在被探索利用。

1\. 机器学习——分析决策

机器学习（Machine Learning）是研究如何使用计算机模拟实现人类行为的学习活动。学习过程本质上是学习系统把导师（或专家）提供的信息转换成能被系统理解并应用的形式。

按照系统对导师的依赖程度可将学习方法分类为机械式学习、讲授式学习、类比学习、归纳学习、观察发现式学习等。

机器学习在信贷业务中主要是用于对风险的分析与决策。

2\. 神经网络——量化分析，预估违约

人工神经网络（Artificial Neural Network）是一种由大量的节点（或称神经元）之间相互连接构成的运算模型，是对人脑或自然神经网络一些基本特性的抽象和模拟，目的在于模拟大脑的某些机理与机制，从而实现某些方面的功能。

人工神经网络技术具有很强的自主学习能力，可以不依赖于“专家”头脑，自动从已有的实验数据中总结规律，因此，人工神经网络擅长处理复杂多维的非线性问题，不但可以解决定性问题，也可解决定量问题。这种特性使得其在信贷业务中，尤其是分析大量样本数据并总结规律的过程中被探索使用。

如芝麻信用在研究和吸收传统征信评分模型算法的基础上，尝试随机森林、神经网络等算法，挖掘和用户表现有稳定关联的特征。

3. 模式识别——身份识别

模式识别是指让计算机系统能够模拟人类通过感觉器官对外界产生各种感知能力，形象地概括为听觉、视觉、触觉等。

我国在机器视觉方面，包括虹膜识别、指纹识别、人脸识别等方面取得了一定成果，如中国科学院自动化研究所建立了虹膜识别比较系统的计算理论和方法体系，并建成目前国际上规模最大的共享虹膜数据库。

人脸识别、虹膜识别、指纹识别在我国金融系统的身份验证、反欺诈等方面运用得较多。

4. 专家系统——智能客服

专家系统 ES（Expert System）可被看做一类具有专门知识的计算机智能程序系统，它能运用特定领域中专家提供的专门知识和经验，并采用人工智能中的推理技术来求解和模拟通常由专家才能解决的各种复杂问题，是一种智能软件，求解方法是启发式方法。

一个基本的专家系统主要由知识库、数据库、推理机、解释机制、知识获取和用户界面六部分组成，具有代表性的应用是用户与专家系统进行“咨询对话”，这种原理目前在信贷业务的智能客服等环节中有一定的运用。

表 6.9 所示为大数据及人工智能在信贷业务链条中的具体应用

表 6.9 大数据及人工智能在信贷业务链条中的具体应用

	应用	技术支撑
精准营销	通过大数据分析对用户进行画像，依据用户特征为其提供理财类产品的销售推荐；基于信贷类产品的数据为用户推荐理财产品，展开交叉销售等	大数据分析挖掘与处理
反欺诈	利用大数据技术，如反欺诈知识图谱，对提取的信息进行交叉对比验证，判断用户身份真实性；在用户审批准入后，通过对用户行为数据的监测判断其是否存在欺诈	大数据分析挖掘与处理
客户准入（授信审批 定价 额度管理）	整合数据精准评估信用记录空白或记录较少用户的信用水平；利用系统自动申贷，对用户进行进一步验证，并用计算模型对用户的还款能力、还款意愿进行评估，设定用户的贷款额度和利率	利用人工智能的模式识别、知识图谱技术等对用户进行身份验证、欺诈监测；利用深度学习、神经网络技术等进行预测分析
贷后监控和预警	监测与更新借款人信息，关注其贷后表现，识别潜在风险；对用户进行还款提醒，包括自动采用电话、短信、APP 消息推送、邮件分发等形式	大数据分析挖掘与处理
贷款催收	利用大数据及分析进行失联用户的关系重建；可以在催收策略、催收评分等方面利用大数据及分析挖掘技术，如对逾期用户进行分组，设计不同的催收方式，目的是将合适的催收工具手段与不同的风险状况进行匹配	大数据分析挖掘与处理
用户留存流失分析	通过数据分析用户的留存情况与流失情况，进行归因分析，同时依据用户特征进行产品及服务创新	大数据分析挖掘与处理

资料来源：零壹财经·零壹智库。

专栏

明特量化——全球拓展在线小额信贷服务，对外输出可延展的信贷技术

明特量化（运营主体为明特量化信息技术有限公司）是一家定位为开展全球智能信贷业务的金融科技公司。这里的智能信贷业务指的是针对次优或信用空白人群，为其提供在线小额信贷服务。

2017 年 4 月，明特量化完成 1 亿元人民币的 B 轮融资，融资由高德地图创始人领投、红点创投跟投，在此之前，其曾获得红点创投和洪泰基金数千万元人民币的 A 轮融资。B 轮融资的完成意味着明特量化的市场定位及初期业务表现进一步受到资本市场认可。运营数据显示，2017 年 4 月，其单月放贷达到 50 万笔，到 2017 年 6 月，则已超过 100 万笔。

2015 年，明特量化的业务首先在美国开展，原因主要有两方面，一是美国的消费信贷市场相较中国更为成熟，开展这类业务的政策不确定性风险、市场培育风险等较低；二是明特量化的创始团队大部分人有在美国工作的经历，相较而言，开展美国本土化市场业务更加得心应手。

不过，不足两年时间，中国的在线小额信贷市场迅速崛起。基于这种背景，2016 年下半年，比预计时间提早了大约半年，明特量化正式开始在中国地区展业。同时，按照规划，2017 年 7 月，明特量化成立印尼分公司，开始拓展东南亚市场。

明特量化在中国的业务模式是现阶段市场上的主流模式，即（类）助贷模式。金融科技公司负责小额信贷资产的开发，依托数据驱动的理念与技术

特色，承接信贷业务中的前端获客、中端信审与风控及后端资产管理，资金则主要来自各类金融机构，如信托公司、银行、消费金融公司等，两方通过签订商务合作协议等方式最终完成资产资金撮合。

这种运作方式毋庸置疑，体现出分工协作、互补共赢，也正是因为其能协调现阶段资产资金各方利益，从而成为一种被市场选择的主流业务模式。

表 6.10 所示为明特量化现阶段借贷产品情况。

表 6.10　明特量化现阶段借贷产品情况

	产品	额度	期限	目标客户群
美国	UbiCash	100～1000 美元	6 个月每两周，或半月分期还贷	低收入工薪族
中国	向钱贷	5000 元以下	7 天、15 天、30 天不等	二、三线城市年轻服务业人群为主
印度尼西亚	2017 年 7 月，成立印尼分公司			

资料来源：零壹财经·零壹智库。

升级零售信贷运营系统

明特量化的 COO 刘轶具备多年数据化运营的经验，他对互联网金融的运营进行了总结：互联网金融的本质就是通过互联网技术有效触达客户、收集数据、进行决策，同时包括以互联网的方式服务客户，如智能客服等。所有这些环节需要两方面因素的支持，即硬件和软件，硬件是整体的 IT 系统，这一系统要能支持互联网通过数据处理服务客户的运营模式；软件指的是企业经营模式，包括运营管理、决策机制、风险管控等，而这些都需要与互联网企业快速更新迭代的文化相符合。明特量化的一大特色是具备这硬软件两方面的因素。

针对在线小额信贷产品运营，明特量化团队与澳大利亚的金融科技公司联合研发了一套从获客、风控、贷后管理到催收的全流程运营系统，并志在将数据驱动、科学运营理念贯穿于信贷业务的每一环节。这一运营系统在架构或者各个功能模块上并没有特别之处，银行等开展信用卡业务中采取的也是这种理念的系统架构。但不同与创新之处在于，这一新研发的系统需具备支撑互联网化运营信贷业务的能力，例如，大批量申请应对、高效率数据分析处理、精准化决策定价等。

表 6.11 所示为明特量化“量子引擎”情况。

表 6.11　明特量化“量子引擎”情况

明特量化智能量子引擎四大模块	
模块	功能及简介
变量引擎（Marketing Cloud）	精准获客：利用大数据及统计学建模的整合型技术进行低成本、高效率的获客
定量引擎（Underwriting Cloud）	风险识别与定价：从线上画像识别、数据建模和精准分析为主，以反欺诈为辅的多重风控体系实现高效风险核定；已经获得专利认证
筹量引擎（Capital Cloud）	资金资产对接：利用多维度智能化实时匹配技术进行借贷双方价格与风险的精确匹配，达到资金使用效率最大化
盘量引擎（Collection Cloud）	催收：以实战经验和回馈数据为基础，打造催收模型，实现智能化监控和立体化催收，确保资金高效回收

资料来源：零壹财经・零壹智库。

以用户信审决策环节为例，相较于银行利用借贷强变量信息，如征信记录、收入资产证明、银行流水等数据进行信贷决策分析，明特量化等诸多金融科技公司在开展在线小额信贷业务中，现实的做法是围绕用户，进行海量弱变量信息的分析决策，例如，基础的身份认证、消费行为习惯、收入水平情况、人际圈特征、历史还款/履约表现等。这种理念与方式直接对运营系统的决策及应变能力提出要求。

在贷后管理环节，明特量化这套系统的特征也集中体现为精细化运营，例如，贷后通过 B 卡、C 卡等模型算法，对逾期人群进行差别处理。在贷后催收的策略、资源分配，甚至是催收话术等方面，以统计算法驱动，从而提升贷后管理和催收效率。

创始人兼 CEO 李英浩曾接受系统化数据金融培训、具备多年从业经验，他表示，明特量化具备上万级别的变量处理能力、分布式计算能力和基于系统工程论的风险定价和额度优化能力。例如，针对不同风险等级的初次借款用户，明特量化能够实现精准定价，利率高低之间可以做到相差 3 倍以上。

对外输出具备延展性的各项技术能力

对于明特量化来说，研发的上述整套系统，一方面服务于自身信贷业务，另一方面将这种能力开放给行业内产业链条上的各个需求方。

在自身信贷业务方面，体现为明特量化在与金融机构合作过程中扮演一种赋能角色，例如，明特量化向资金方提供客户获取、筛选、定价、客服、贷后等全流程服务。理论上，这一整套服务中的每个环节都可以单独对外输出。

实践中，依据市场需求，明特量化正在规划将自身数据驱动为理念，且正在不断发展完善的客户获取能力、风险管控能力及贷后资产管理能力向外部输出。

例如，针对现阶段市场需求最大的风险管控能力，明特量化正在发掘这一环节中不可缺少的数据挖掘与处理能力。一个现实背景是，我国在线借贷业务快速发展的基础条件支撑是客户线上使用习惯转变和各类数据积累，以及随之发展的数据处理能力。但同时存在的问题是数据凌乱、碎片化、不准确等。明特量化的服务项之一是输出其数据获取、清洗、处理能力，例如，联合建模等，使得原始数据变为可提供给其他第三方使用的标准化数据，同时，这种数据不仅包括可供信贷业务使用的数据，也包括可供其他领域使用的数据。明特量化输出的核心实则是技术。

客户获取能力属于风险管控能力外的第二大市场需求。一方面互联网巨头把持线上流量；另一方面在线借贷市场竞争日渐激烈；同时，免面签的线上借贷业务更加需要防范客户欺诈风险，因此需要相对更加精准、需求更匹配、质量更好的申请客户。

客户获取能力考验的是一种综合能力，包括对客群特征的理解、对营销资源的掌握、对各类不同渠道的运用，以及对账户的监控、后台系统的运作等，需要服务商熟练掌握一整套的运作模式，如果这一能力突出就可以对外提供获客咨询服务。

明特量化正在实践输出这种能力，其具备的一项特征是本身开展信贷撮合，因此，更加了解操作理念与模式，且产品具备可验证的结果，从而在对外输出过程中沟通成本更低、服务更有说服力。除此之外，明特量化的贷后监控及催收能力在合适的条件下也将对外输出。

从整体而言，明特量化的发展规划一方面是多元化开展信贷撮合；另一方面是提升各项能力、提高精细化运作水平，将信贷业务每一环节的运营，包括获客、风控、贷后催收等从产品自身上拓展开来，作为一种可单独对外输出的能力。而基于市场需求、利润获取、风险规避等因素，对外输出技术的能力将是现阶段及未来相当长一段时间内，金融科技公司赋能金融机构（或金融业务）的一个主流趋势。

（三）小结

大数据及人工智能带来的是信贷业务的精细化运作，产业链条的专业化及社会分工，这对于提高行业效率至关重要。从目前应用相对成熟的消费信贷业务来看，大数据及人工智能的创新使用正在惠及诸多用户群体，如用户贷款的可获得性提升，申请的程序更加便捷，且相对而言成本更加低廉。

从目前信贷业务中大数据及技术的应用来看，依托于“自然人”进行的数据分析应用更为成熟，这其中的核心逻辑是相对于“企业”的数据分析而言的，“人”的情况相对而言较简单，更容易进行标准化、量化分析，而在企业信用、风险等决策中，有关“企业”的分析维度更多，情况更复杂，更多样，更有差异性，因此，在当前阶段尚未能进行更成熟的量化分析操作。不过，利用大数据是大势所趋，随着技术等更加成熟，未来针对企业的信贷服务等也将更加数据化、智能化、高效化。

四、案例分析

信贷行业中的新兴平台不断涌现，针对的目标市场虽有差异，但核心都是在开发拓展新市场，其在进入一个增量市场的同时，也开始逐渐影响存量市场，从宏观经济金融市场发展来看，则整体存在正面积极的意义。这些服务平台的模式大同小异，理念逐渐趋同，即服务空白、追求创新，以下选取了一些典型案例进行深度剖析，分别针对个人（小微企业主）的经营性及消费性融资需求展业，案例分析的目的是希望能呈现出市场现阶段的一些显著特征。

（一）大数金融——看中个人经营性贷款的蓝海市场

1. 发展概况

大数金融，全称为深圳前海大数金融服务有限公司，成立于 2014 年 7 月，定位为金融科技公司，主要为银行及其他金融机构提供包括获客、调查、审查、初审、贷后管理、风险管理等流程的信贷技术服务。

迄今为止，大数金融已经先后获得三轮融资，如表 6.12 所示。

表 6.12　大数金融融资情况

时间	轮次	金额	投资方
2014 年 7 月	A 轮	1 亿元	红杉资本
2015 年 11 月	B 轮	5 亿元	PAG（太盟投资）、红杉资本
2016 年 6 月	C 轮	8 亿元	春华资本、光大控股、PAG、红杉资本

资料来源：零壹财经·零壹智库。

大数金融为目标人群，包括小微企业主、个体工商户等提供无须担保，借款额度在 10 万～50 万元，利率水平在 18%～24%的信贷业务；贷款资金主要来自银行金融机构等。公开数据显示，截至 2017 年 5 月底，大数金融助贷业务余额约 100 亿元，开业 3 年以来累计不良率为 2.3%，核销后实际不良率为 0.6%。

截至 2017 年 6 月末，大数金融已在北京、上海、深圳、广州、东莞、重庆、天津、武汉、长沙、南昌、珠海、南京、苏州、中山、佛山、厦门、成都、宜昌、惠州、郑州、杭州 21 个城市开设分公司，员工人数超过 1100 人，总部管理岗人员中 75%来自银行。

2. 运营模式

（1）获客方式

大数金融的贷款产品“大数时贷”主要针对的是有征信记录、资质较好的微型企业主、个体工商户、经营业主等人群，用户需在属地申请，且最好有保单、房贷、车贷等。各贷款子产品具体情况如表 6.13 所示。

表 6.13 大数金融贷款产品一览

	流水贷	房供贷	车供贷	公务贷	学历贷	保单贷	其他
目标人群	生意人/上班族	正在供房贷和曾供过房贷的用户	正在供车贷和曾供过车贷的用户	公务员	全日制本科学历及以上毕业生	买过寿险保单的用户	……
准入条件	1．年龄阶段：25（含）～55 周岁（含）； 2．过往与银行的资金往来记录良好； 3．有一定的还款能力						
贷款额度	10 万～50 万元						...
贷款期限	主要 1/2/3 年						...
贷款利率	18%～24%						...
还款方式	按月等额还本付息						...

资料来源：零壹财经·零壹智库。

大数金融主要通过线上+线下的方式“批量化间接获客”，目的是提高小微贷款的销售效率。“批量获客”包括线上、线下两部分，线上渠道利用“评估神”APP和“大数伙伴”拓展个人中介，如贷款中介、寿险经纪人、担保、小贷公司的销售人员等。截至2017年6月，评估神APP的注册用户超过20万人，每月贡献的贷款申请客户占比超过60%；线下渠道主要是通过大数金融各地的分公司拓展及维护大、中型贷款中介，这些中介通常以缴纳保证金的形式输送贷款客户，大数金融对其进行统一管理。

间接获客方式有利有弊，弊端在于渠道包装客户会带来欺诈风险，好处是利用中介能够快速扩大发展规模，因此关键之处在于利弊的权衡。大数金融采取了间接获客的方式，同时利用数据化手段进行渠道甄别，包括利用风险政策、数据评分卡等方式识别渠道对客户的包装。针对大数金融额度较大的贷款业务，依靠人力一线开发资产加上数据化运作及风控能有效防范销售环节的风险，且能拓宽销售渠道，并稳定扩大销量。

（2）风险管控

大数金融利用数据驱动的方式开展件均25万、无抵押无担保的信用贷款业务，并在实践中进一步应用于经营性贷款，在当前市场上尚属少数。相对于传统小贷公司较大额的抵押、担保贷款，大数金融的信用类贷款业务更为小额、分散，对审批效率要求更高、风险颗粒度更细；而相对于现阶段市场上较主流的超短期小额贷款或消费金融业务，大数金融的信贷业务额度更高、期限更长，对风险定价、风控管控等要求更高。

传统小微业务的风险管理主要依靠由规则组成的“信贷政策”实现，多通过信贷政策审批每笔贷款申请；大数金融则进行升级与创新，采用基于数据的“政策+策略+评分卡+反欺诈+自动化”的风控体系，对客群的灰色部分予以精确区分，并进一步下沉到传统小微信贷所不能触及的客户，极大地提升了风险识别的精确率、有效性与科学性。

大数金融的风险管理体系是一种“以评分卡为基石的、数据驱动的”体系，理念是实现信贷生命周期的全流程管理，是一种多维度、全流程的现代零售信贷风险管理体系。具体来看，包括基于数据深度挖掘、覆盖上、中、下游的三大风控模块。对不同风险的客户可以进行智能分级、自动校验、模型评分，也可对欺诈、伪冒等行为进行拦截，贷后在进行跟踪监测的同时做到差异化催收。

三大风控模块

贷前贷中：审批准入模块

在审批准入模块，通过四大引擎（评分引擎、反欺诈引擎、额度引擎、产品优选引擎）及五张评分卡，对客户进行自动分析挖掘、甄别筛选、描绘风险画像，并根据系统对客户的评分结果，确定不同的可贷金额。

针对不同风险层级的客户，如 6.14 所示，大数金融在审批上采取了不同的处理方式，如“免调查免核”（优质客户、机器秒批）、“免调查不免核”（网核电核，核实贷款人身份的真实性与贷款用途）、“调查+核实”（上门调查贷款人的经营真实性、贷款用途、隐匿债务）等。

贷后：贷后预警模块和催收模块

贷后预警模块：主要是按月度、分公司及产品等维度对资产质量进行实时监控，通过行为评分卡模型、历史违约模型、账龄图、迁徙率的变化趋势等分析路径，预测资产质量变坏的可能性和时间节点。

催收模块：通过引入决策数、建立多张催收评分卡，进一步完善催收风控体系；同时建立完整的催收制度，对客户的逾期情况进行分类催收，包括电话催收、用户属地的催收岗位上门催收、委外催收等。

表 6.14　大数金融数据化操作的数据层级（经客户授权）

层级	类型	具体维度
第一层级	征信数据	用户基本信息、还款表现、房贷信息、查询信息等
第二层级	金融账户数据	交易层银行数据、交易层商户数据、银行流水信息等
第三层级	账单还款信息	电话账单、水电煤账单、零售账单、租金等
第四层级	非金融类大数据	公共及财产记录、零售购买信息、手机种类、社交网络等

资料来源：零壹财经·零壹智库。

小结：大数金融瞄准的小额信贷市场是更为细分、针对小微企业主、贷款金额在 10 万～50 万元、无担保的在线信贷市场。这种市场划分对经营的高效率、精准风控等提出了更高要求。大数金融的策略是以数据化信贷工厂的运营方式开展业务，即依靠数据进行风险控制、通过信贷工厂流水化作业批量化处理大规模的信贷申请。具体来看，这种流程化运营分别体现在前、中、后台，包括前台的渠道开拓、营销获客；中、后台的信息录入、审核、风险评估、实地调查、信贷审批等，以及贷后的催收，甚至是法务诉讼等。大数金融信贷工厂的运营模式将一项贷款业务的全流程细分为 24 道工序，彼此之间分工协作，极大地提升了效率。当前阶段，大数金融最快可在 2 小时内完成放款。

（3）资金对接方式

资金渠道方面，大数金融的方式是与中小银行、信托、基金等机构合作获得。截至 2017 年 6 月末，大数金融已经与超过 25 家银行建立了战略合作关系。以与银行合作为例，大数金融提供包括获客、调查、审查、贷后等各种流程的外包服务，银行根据自身风险政策，并结合大数金融的评分结果对贷款用户进行独立审批和放款，最终借款人与银行直接签订个人借款合同，银行放款资金直接给到借款人，放款后，贷款纳入银行资产负债表。

当出现逾期时，大数金融与银行的合作方案采取的是“债权转让”方式，助其完成风险处置。现阶段大数金融正处于与商业银行等合作的前期阶段，双方需要一个共同建立信任感及商业合作模式探索的过程，采用债权转让的方法是现实选择。另外，数家合作时间较长的城商行也在与大数金融探讨新的合作方案，核心是银行经营风险、获取风险收益；大数金融提供风控技术支持、获取技术收益。

3. 企业特色

大数金融选择数据驱动的方式开展长期限、无担保的小微贷款业务（平均金额 25 万元，平均期限为 3 年），这在目前市场上独树一帜。从市场现阶段主流模式看，除去巨头公司，如阿里巴巴、京东等，除在自有生态体系内自主运转额度较大的商户经营性贷款服务外，依靠数据驱动的信贷业务主要集中在金额较小的信用卡/消费信贷领域，例如，平均金额低于 10000 元、平均期限低于 1 年的贷款服务领域。但在金额较大的个人信用贷款领域，参与者较少。这种情况是多重因素影响的结果。

一方面，对额度小、资金用途明确的消费性贷款而言，数据化风控方式集中体现在对“自然人”的信用及资产情况评估上；相比之下，额度较大的经营性小微贷款，风控需要考虑更多维度，如经营情况、所在行业发展趋势、宏观经济要素、地理位置等，在这中间，小微企业与企业主的信用状况高度混杂，数据化操作更加困难。针对这类用户及需求，传统方式或采用硬风控，如抵押担保等形式，或使用 IPC 信贷员技术，如“三品三表”核查等，其存在的问题是对小微头部客户的风险管控行之有效，但下沉到大部分灰度客户时会出现技术变形、风控表现不稳定等情况。因此，在实际操作中，大量的灰度客户仍然被银行机构排除在服务范围之外，处于规模与风险两难阶段。

另一方面，数据驱动的信贷业务集中在单笔业务金额低、期限短的消费信贷业务中，主要原因在于这类业务可以在较短的时间内完成大量借贷样本的循环验证，例如，发放 10 亿元、历时 1 年，就能凭借这些样本训练出质量稳定的信贷风控模型；但对期限长、额度大的借款业务，如平均金额 25 万元、贷款周期 3 年而言，积累同等的样本量意味着 250 亿元的放款规模及 3～5 年的时间周期，这将需要花费更多的资金和成本，而一旦模式或风控模型成型且稳定，便形成了从业壁垒。

大数金融典型的企业特色是将数据驱动的风险管理技术应用于大金额的个人信用贷款，并在实践中进一步应用于经营性贷款方面，一定程度上解决了传统金融机构开展小微业务面临的“风险、规模两难”问题，有效填补了市场空白，且建立了自身的业务壁垒。而这种能力主要取决于大数金融团队的银行从业经验及 8 年实践的市场验证，长期从业及对业务的深刻理解有助于避免金融行业的周期性风险，坏账承压能力会更强；同时，在当前阶段基础设施逐渐完善的情况下，大数金融以技术手段开展在线贷款业务具备一定的可延展性，可以做到对灰度客户的精确定位、精准定价上，且生产的资产规模稳定、质量稳定，而这将是其商业模式可持续的重要条件。

（二）前隆金融——个人在线小额消费贷款科技的早期进入者

1. 发展概况

前隆金融，全称为上海前隆金融信息服务有限公司，定位为推动消费和金融行业进入移动化、人工智能化的科技公司。初期阶段，前隆金融于2012年在上海北外滩组建团队，于2013年9月上线首款产品。

2013年9月，前隆金融推出移动智能信贷管理平台——手机贷，通过APP、微信服务号、线上流量合作等渠道获取互联网端资产，并通过智能信审系统进行审核，将优质的互联网端资产提供给金融机构，并协助机构完成风控审核。

2015年5月，基于用户需求及数据积累等，前隆金融进军消费分期市场，与各类互联网企业、消费金融公司等合作，针对不同消费场景，推出以风控模型输出为核心的分期服务——应花分期。

迄今为止，前隆金融先后共获得四轮融资，累计融资金额超过4500万美元，投资方包括华兴资本、红杉资本、蓝湖资本及清科创投等。

前隆金融目前有超过800名员工，其中属于技术和风控团队的员工超过600名，所占比例超过70%，技术人员中有近百人专门负责数据建模与风险管控。

2. 运营模式

（1）产品情况

表 6.15 所示为前隆金融产品概况。

表 6.15 前隆金融产品概况

<table>
<tr><td rowspan="2"></td><td colspan="2">手机贷</td><td colspan="2">应花分期</td></tr>
<tr><td>分期产品</td><td>单期产品</td><td>教育分期</td><td>租房分期等</td></tr>
<tr><td>额度</td><td>3000～2 万元</td><td>1000～1 万元</td><td colspan="2" rowspan="3">为合作机构提供与互联网端优质资产对接相关的授信、账务管理、还款、清算等服务，支持用户购物、旅游、教育、租房等场景分期付款</td></tr>
<tr><td>期限</td><td>3/6/9/12 个月</td><td>7～40 天</td></tr>
<tr><td>模式</td><td>助贷模式</td><td>助贷模式</td></tr>
</table>

资料来源：零壹财经 • 零壹智库。

2012 年，前隆金融以具有传统银行从业背景的创始团队在上海市虹口区提篮桥附近一商务楼的地下室启动创业，初衷是希望通过大数据方式，借助高效率的技术手段，为银行无法服务的人群提供金融服务，其首款产品手机贷是一款超短期小额授信产品，目标人群主要是毕业不久、收入较低，同时消费观念改变、具有提前消费意识的年轻人群。前隆金融利用纯线上运营方式为这些人群提供快速授信服务；随着对用户人群需求的挖掘，前隆金融开始提供额度更高、期限更长的分期授信服务，同时推出基于消费场景的分期授信服务——应花分期，一方面与电商、公寓、家电等品牌企业合作，另一方面尝试自建消费场景。

（2）风控流程

前隆金融的业务开展全部采用线上方式获客，C 端客户在手机端申请相关服务，依照交易要求主动授权并提交相关信息。在法律允许范围内，收集到客户信息后，前隆金融再利用大数据分析挖掘等技术和手段，对申请客户进行反欺诈、信用审核及风险定价等操作；随着推出额度更高、期限更长的分期授信服务，前隆金融的风险管控体系也逐渐变化，在流程上主要体现在贷前、贷中及贷后管理方面。

贷前：贷前一方面防范非本人申请、填写虚假资料、团伙作案等欺诈风险；另一方面通过大数据建立还款能力预测模型，对客户还款意愿进行判断。在反欺诈方面，前隆金融有自主研发的实时反欺诈系统，包含大数据实时计算、反欺诈规则、反欺诈系统、网络图谱、策略配置引擎五大模块；反欺诈依赖于一定的数据源，在这方面，前隆金融一方面有自身业务开展积累的数据，如黑名单等，另一方面与多家依法成立的征信公司、机构进行了合作，并且已经与国内相关行业近 10 家公司联合建立了大数据风控模型。在进行反欺诈判断后，将利用信用模型对用户进行风险定价，并结合客户资质确定其信用额度等。

贷中：贷中主要是监测 C 端客户的各类信息状况，包括历史借款记录、历史还款记录、个人资质变化、外部征信信息变化，前隆金融通过差异化额度策略及续贷审核，不断优化资产品质。针对优质客户进行提额和鼓励续贷，针对风险客户采取不提额甚至降额续贷，针对坏客户将拒绝其续贷申请。

贷后：贷后主要环节是还款服务，前隆金融基于客户逾期等级、客户画像的大数据分析，实行差异化的催收策略，即高风险客户重点关注，低风险客户以关怀及提醒还款为主，甚至免催收，以提升客户体验。由于手机贷的贷款额度小，个别客户会出现忘记还款的情况，但若逾期时间较长，前隆金融则会采用纯线上方式进行催收。

小结：前隆金融的线上风控体系基于依法可获得的各类数据源，具体的合作开展方式是与数据提供方共同建立数据实验室，即前隆金融开发自身的风控模型及算法，对接广泛的合作方底层脱敏数据，并最终得出适用于自身模型后续计算及决策的数据评分或评级等。这种合作方式的优点在于前隆金融可以尽可能多地合法利用合作方的数据，并对合作方的数据进行脱敏处理。这种方式有利于打消各方疑虑，从而利于合作的开展。

（3）资金对接模式

前隆金融选择对接持牌金融机构等合规、稳定的资金，目前阶段主要对接的是银行、持牌网贷公司、信托机构等的资金。主要合作模式包括银行直放模式和信托模式。以银行直放模式为例，前隆金融通过 APP、微信服务号、线上流量合作等渠道获取互联网端资产，在信审系统进行审核后，将优质互联网端资产提供给银行，银行参与资产风控，如果申请用户通过风控审核，银行则会将资金直接发放给用户。

3. 企业特色

前隆金融的业务开展模式是目前市场上典型的助贷模式，其与各类金融机构等的合作体现了信贷业务产业链的分工协作。前隆金融具备信贷流程中前端获客、信用审核与风险定价及贷后催收管理等环节的各项能力，而具备这种能力得益于其积累的大量样本数据。

在上述核心的信用审核及风险定价中，前隆金融大量运用了数据及技术化的操作方式，提升小额分散信贷业务的运营效率及准确性，但同时其又不完全依赖于技术，而是采用人机对抗的理念，即一方面人工要干预及处理机器无法识别的进件，同时对机器进行纠偏和完善；另一方面信审团队要随机抽取机器已经做出明确判断的进件案例，对其进行分析，以保证人能感知到用户及用户需求特征的变化，目的是保持人与业务一定的亲密度，以优化迭代产品及服务等。

五、面临的挑战

（一）征信体系不健全，数据共享难，高信息壁垒加大运营难度

我国的征信行业发展时间短暂，整体体系尚不完善，而对于线上操作的金融业务来说，数据及共享至关重要。目前，央行的征信数据较权威，且属于核心的金融风控强相关数据，但大部分新兴金融服务平台无法直接使用；同时，市场上暂时没有较完善的数据共享系统，这本身需要独立的第三方平台，或具有社会公信力的机构建设，但暂时处于缺位状态。

现阶段存在的矛盾是诸多信息来自本身从事金融业务的平台，但这些平台基于商业利益等无法进行分享。

从总体来看，行业存在数据不共享和带来的信息壁垒较高的问题，因此直接造成各类平台运营难度较大、成本较高，这阻碍了行业的健康及可持续发展。

（二）行业面临政策不确定性风险，平台合规成本高

合规成本主要指的是 P2P 平台的合规成本，主要表现为显性成本和隐

形成本。显性成本具体指账户资金存管、信息安全、定期审计等带来的直接额外支出；隐形成本包括平台将面临严格的信息披露制度、严苛的推广宣传限制等，这对平台的运营能力提出新的更高的要求，大量弱小的平台可能因此退出市场。随着监管步伐的推进，行业整体的合规成本会进一步提升。

P2P 网贷监管的落定及加速成为新兴助贷平台纷纷出现的重要原因之一，但目前这种模式尚存在一定的政策不确定性风险，例如，兜底不良资产如何界定等；同时，对于金融机构而言，也面临着一定的监管风险，例如，消费金融公司管理办法明确提出不得外包资产风险控制的关键环节及流程等，商业银行对利用外部征信机构的信息等也作出一定规定。

在目前的智能信贷业务开展过程中，新兴服务平台与传统金融机构的合作加强，关联性增加，这有利于专业化分工与协作，但与此同时，风险的关联性也得以增加，并且传染的范围将加大，这可能会引起监管层的注意。

（三）金融创新不足，新技术应用不充分

尽管在这一波互联网金融浪潮中，各类创新模式、技术应用层出不穷，但整体而言，金融创新还不充分。尽管智能信贷在渠道创新、效率提升、资金流动性等方面取得了一定的成绩，但关键性的，如资产生产开发、风险管控等核心环节的创新却仍然较为缓慢。

以小微企业的信贷业务为例，目前的操作还是以较为传统的方式，例如，需要信贷员线下借助熟人关系等进行营销及风控，风控方式则多采取抵押担保等形式，数据化、机器化的操作尚在小范围内创新使用。

这掣肘于我国社会长期积累存在的一些问题，如小微企业的财务体系、

会计体系等不完善，人们的信用意识不足，商业征信体系及社会诚信体系不健全等，而这种问题会长期存在。摆在各服务平台面前的则是如何不断创新，不断解决这些问题，例如，发展保险、创新担保抵押方式等。

六、监管研读

作为一种信贷活动，从事智能信贷业务的各类主体都面临一定的监管。在我国，按照对放贷主体的监管划分，目前的主要监管机构是中国银行业监督管理委员会、中国人民银行及各地金融办（局）等。

商业银行开展信贷业务严格受银监会等机构的监管，中小微企业及个人的借贷都有相应条文规定，并对商业银行业务开展的一些行为，例如，服务收费情况、信用评级情况等做出规定，如表 6.16 所示。

表 6.16　小微企业信贷相关政策及监管文件情况

主体	时间	文件	主要（相关）内容
中国银监会	2004 年 7 月	《商业银行授信工作尽职指引》	完善了商业银行授信工作机制，规范授信管理，明确授信工作尽职要求等
中国人民银行、中国银监会	2005 年 4 月	《信贷资产证券化试点管理办法》	规定资产支持证券发行流程等，业务重启
中国银监会	2005 年 7 月	《银行开展小企业贷款业务指导意见》	银行应根据小企业贷款业务特点，开展制度创新，建立符合业务特点的信用评级、业务流程、风险控制、人力资源管理和内部控制等制度

续表

主体	时间	文件	主要（相关）内容
中国银监会	2005年11月	《金融机构信贷资产证券化试点监督管理办法》	在信贷资产证券化发行机构市场准入、业务股则与风险管理、资本要求等方面进行规定
中国银监会	2006年1月	《商业银行风险监管核心指标（试行）》	对商业银行风险监管核心指标、检查监督等作出规定
中国银监会	2006年10月	《商业银行小企业授信工作尽职指引（试行）》	明确商业银行小企业授信的工作机制，规定了授信工作尽职要求
中国银监会	2006年12月	《商业银行金融创新指引》	鼓励商业银行以市场用户需求为导向，开展金融服务创新
中国银监会	2007年8月	《关于银行业金融机构大力发展农村小额贷款业务的指导意见》	调整完善农村小额贷款的相关政策，如放宽小额贷款对象、拓展小额贷款用途、提高小额贷款额、简化小额贷款手续、强化动态授信管理等
中国银监会、中国人民银行	2008年5月	《关于小额贷款公司试点的指导意见》	对小额贷款公司的性质、设立、资金来源、资金运用、监督管理等做出规定，明确小额贷款公司在坚持为农民、农业和农村经济发展服务的原则下自主选择贷款对象
中国银监会	2008年12月	《关于银行建立小企业金融服务专营机构的指导意见》	指出各银行可设立小企业金融服务专营机构，主要为小企业提供授信服务。此类机构可申请单独颁发金融许可证和营业执照
中国银监会	2009年6月	《商业银行信息科技风险管理指引》	对现代信息技术在商业银行业务交易处理、经营管理和内部控制等方面的应用，包括进行信息科技治理，建立管理组织架构，制定管理制度和流程中的风险管理进行说明；提出信息安全问题
中国银监会	2010年2月	《个人贷款管理暂行办法》	规定银行业金融机构可开展个人经营贷款业务，并规定个人申请贷款受理与调查、风险与审批、支付管理、贷后管理等各方面情况的具体开展

续表

主体	时间	文件	主要（相关）内容
中国银监会、发改委、工业和信息化部、财政部、商务部、中国人民银行、国家工商总局	2010年3月	《融资性担保公司管理暂行办法》	对融资性担保公司的设立、业务范围、经营规则和风险控制及监督管理等作出规定
中国人民银行、银监会、证监会、保监会	2010年7月	《关于进一步做好中小企业金融服务工作的若干意见》	表示要把改进中小企业金融服务、扩大中小企业信贷投放作为各银行业金融机构开展信贷经营业务的重要战略，确保小企业信贷投放的增速要高于全部贷款增速，增量要高于上年；提出推进中小企业信用体系建设等其他各项措施
中国银监会	2011年2月	《关于规范商业银行使用外部信用评级的通知》	指出商业银行应审慎使用外部信用评级，外部信用评级结果不应直接作为商业银行的授信依据；商业银行应指定专门部门负责在授信业务过程中管理全行的外部信用评级使用情况，确保外部评级机构具有独立性、专业能力和评级公信力；同时作出其他相关详细规定
中国银监会	2011年6月	《关于支持商业银行进一步改进小企业金融服务的通知》	指出鼓励商业银行先行先试，进行小企业贷款模式、产品和服务创新，根据小企业融资需求特点，加强对新型融资模式、服务手段、信贷产品及抵（质）押方式的研发和推广等
中国银监会	2011年10月	《关于支持商业银行进一步改进小型微型企业金融服务的补充通知》	指出商业银行应加大对小型微型企业的贷款投放，努力实现小型微型企业贷款增速不低于全部贷款平均增速，增量高于上年同期水平，并重点加大对单户授信总额500万元（含）以下小型微型企业的信贷支持；同时作出其他详细规定

续表

主体	时间	文件	主要（相关）内容
中国银监会	2012 年 5 月	《关于鼓励和引导民间资本进入银行业的实施意见》	指出支持民间资本与其他资本按同等条件进入银行业等
中国银监会	2012 年 10 月	《农户贷款管理办法》	对银行业金融机构向符合条件的农户发放的用于生产经营、生活消费等用途的本外币贷款业务作出规定
中国银监会	2013 年 11 月	《消费金融公司试点管理办法》	对消费金融公司的性质、设立、业务范围、经营规则及监督管理等作出规定
银监会、发改委、工业和信息化部、财政部、商务部、人民银行、工商总局、法制办	2014 年 1 月	《关于清理规范非融资性担保公司的通知》	对大量非融资性担保公司不经营担保业务，甚至从事非法吸收存款、非法集资、非法理财、高利放贷等违法违规活动的情况，进行集中清理
中国银监会、国家发改委	2014 年 2 月	《商业银行服务价格管理办法》	对商业银行提供服务收取的费用进行规定，指出商业银行应当进行服务价格信息披露
中国银监会	2014 年 4 月	《商业银行保理业务管理暂行办法》	对保理业务的定义分类、融资业务及风险管理、法律责任等作出规定
科技部	2015 年 1 月	《关于进一步推动科技型中小企业创新发展的若干意见》	指出鼓励互联网金融发展和模式创新，支持网络小额贷款、第三方支付、网络金融超市、大数据金融等新兴业态发展
中国银监会	2015 年 3 月	《关于 2015 年小微企业金融服务工作的指导意见》	指出 2015 年要继续执行好现有各项小微企业金融服务政策，在有效提高贷款增量基础上，努力实现小微企业贷款增速不低于各项贷款平均增速，小微企业贷款户数不低于上年同期户数，小微企业申贷获得率不低于上年同期水平等

续表

主体	时间	文件	主要（相关）内容
中国人民银行等十部委	2015 年 7 月	《关于促进互联网金融健康发展的指导意见》	确立了网络借贷、互联网消费金融等互联网金融主要业态的监管职责分工，落实了监管责任，明确了业务边界
中国银监会、科技部、中国人民银行	2016 年 4 月	《关于支持银行业金融机构加大创新力度 开展科创企业投贷联动试点的指导意见》	明确通过开展投贷联动试点，推动银行业金融机构基于科创企业成长周期前移金融服务，为种子期、初创期、成长期的科创中小微企业提供资金支持
中国银监会、工业和信息化部、公安部、国家互联网信息办公室	2016 年 8 月	《网络借贷信息中介机构业务活动管理暂行办法》	规定网络借贷金额以小额为主、明确客户资金第三方存管制度、更新负面清单制、确定监管框架等核心内容
国务院办公厅	2016 年 10 月	《互联网金融风险专项整治工作实施方案》	以“P2P 网络借贷和股权众筹业务”为重点整治问题，力图规范各类互联网金融业态，优化市场竞争环境，扭转互联网金融某些业态偏离正确创新方向的局面，遏制互联网金融风险案件高发频发势头
中国银监会	2016 年 10 月	《P2P 网络借贷风险专项整治工作实施方案》	指出要全面排查、摸清底数，并分类整顿，主要整治和取缔互联网企业在线上线下违规或超范围开展网贷业务，以网贷名义开展非法集资等违法违规活动
中国银监会	2017 年 4 月	《关于提升银行业服务实体经济质效的指导意见》	提出持续提升“三农”和小微企业金融服务水平；深入推进消费金融和支持社会领域企业发展
中国银监会	2017 年 4 月	《关于银行业风险防控工作的指导意见》	提出持续推进网络借贷平台（P2P）风险专项整治；重点做好校园网贷的清理整顿工作；做好“现金贷”业务活动的清理整顿工作等

资料来源：零壹财经·零壹智库。

对于新兴的互联网金融机构，目前监管主要体现在银监会等多部委联合下发的一系列文件。其中，框架性文件是2015年7月18日中国人民银行等十部委下发的《关于促进互联网金融健康发展的指导意见》；有关网络借贷业务的具体监管文件则是2016年8月24日中国银监会、工业和信息化部、公安部、国家互联网信息办公室等下发的《网络借贷信息中介机构业务活动管理暂行办法》，其主要内容包括规定网络借贷小额为主的原则、明确客户资金第三方存管制度、更新负面清单制、确定监管框架等。

2016年4月，在国务院的统一部署下，全国范围内开始了互联网金融风险专项整治行动，行业因此面临较大合规压力，但也将因此更加规范。

还有一类相对特殊的主体是小贷公司（包括互联网小贷公司），其主要监管主体是各地金融办（局）。自2015年以来，多地政府下发了关于互联网小额贷款公司的指引文件及监管指导意见等，包括江苏（无锡）、江西（赣州）、福建、辽宁（沈阳）、浙江、湖南、北京等，其整体原则是支持并促进互联网小贷公司的发展。同时，部分节奏较快的地区已经下发相关监管指引，从整体上看，设立条件较为严苛，在股东及业务层面等都有较为具体的要求，原则上都将互联网小贷业务作为传统小额贷款的延伸，且对其监管须符合传统小额贷款公司的要求，如表6.17所示。

表6.17　各地互联网小贷公司相关监管指引

地区	下发时间	文件	注册资本要求	股东及持股比例	其他相关规定
江西赣州	2013年11月	《赣州市网络小额贷款公司监督管理暂行办法》	—	—	单户100万元以内小额贷款余额之和占全部贷款余额的比例不低于70%，同一借款人贷款余额不得超过网络小额贷款公司资本净额的10%

续表

地区	下发时间	文件	注册资本要求	股东及持股比例	其他相关规定
江苏	2015年2月	《关于进一步支持小额贷款公司持续健康发展的通知》	最低注册资本为2亿元人民币	放宽大股东持股比例，沪深主板上市高新技术企业、大型企业或地方政府投资平台等公司作为主发起人，大股东及其关联方持股比例可放宽至60%；持牌金融机构、省内排名前5位或国内排名前20位的大型创投企业，大股东及其关联方持股比例可放宽至80%；特别优秀的可放宽至100%； 对于交易额等主要经营指标在国内排名前20位的电子商务平台，主发起人及其关联方持股比例可放宽至100%	支持主发起人电子商务平台上中小微企业和个人贷款余额之和占全部贷款余额的比重不低于70%，期限在3个月以上的贷款余额之和占全部贷款余额的比重不低于70%，小额贷款余额之和占全部贷款余额的比重不低于70%； 单户100万元（含）以下贷款，利率不高于同期人民银行公布贷款基准利率的4倍；单户100万元以上贷款，平均年化利率（按加权平均方式计算）不超过18%；单笔贷款最高利率不高于同期人民币贷款基准利率的4倍
重庆	2015年12月	《重庆市小额贷款公司开展网络贷款业务监管指引（试行）》	小贷公司注册资本3亿元及以上	暂无规定	业务及经营“十不准”等

续表

地区	下发时间	文件	注册资本要求	股东及持股比例	其他相关规定
广州	2016年10月	《广州民间金融街互联网小额贷款公司管理办法（试行）》	注册资本不低于1亿元	主发起人应为境内实力强、有特色、有品牌、拥有大数据基础的电子商务类企业，公司近三年财务指标符合要求； 主发起人与其关联方合计持股比例不得低于35%，原则上，主发起人持有的股份自公司成立之日起3年内不得转让，其他股东2年内不得转让	互联网小额贷款公司贷款年化利率下限是人民银行公布的同档次贷款基准利率的0.9倍，上限不得超过24%； 贷款坚持小额分散原则，同一借款人及关联方贷款余额不得超过互联网小额贷款公司注册资本的5%，且不超过500万元
上海	2016年12月	《上海市小额贷款公司互联网小额贷款业务专项监管指引（试行）》	暂无规定	主要发起人应为稳健经营且主要经营指标在国内排名靠前的互联网企业，或有互联网平台资源支撑的全国性大中型企业（集团）； 主发起人应在中国境内具有长期从事互联网相关业务的经验	互联网小额贷款业务借款人为自然人，上限原则上不超过人民币20万元；借款人为法人或其他组织，上限原则上不超过人民币100万元
湖南	2017年3月	《关于促进小额贷款公司持续健康发展的实施意见》	—	—	允许具有互联网线上经营优势的企业法人发起设立网络小额贷款公司

资料来源：零壹财经·零壹智库。

互联网小贷业务是对传统小贷业务的延伸及突破，尤其在地域范围上的突破，因此，其风险传导路径需重新界定，而地方金融办监管的效用将被重新考量，未来很有可能是银监会等统一制定监管规定。

智能信贷因依托于互联网，因此也需要面临相关的互联网监管约束。目前，在互联网+迅速发展的过程中，网络安全及个人信息保护的问题日渐突出。2016 年 11 月，《中华人民共和国网络安全法》发布，这成为网络安全、个人信息保护等领域的法律依据及监管约束。

从需求方的角度看，鼓励及支持各机构服务中小微企业是当前政策的主基调，但持牌机构与非持牌机构将仍然被区别对待，监管创新及金融服务创新还有较长的路要走。

七、发展趋势

（一）信贷市场服务更加细分垂直，长尾市场被逐渐挖掘

金融服务利用科技最大的改变在于扩大服务的覆盖面、提升客户金融服务的可获得性，这也是普惠金融的体现。

从信贷服务的角度看，新兴金融服务平台可以利用多种信息化技术，针对不同需求兼容多种多样的服务产品；随着运营的流程化与标准化进程，服务平台的效率提升，足以将服务拓展至更多的人群，满足更多的需求。

未来，智能信贷的服务对象将包括各种类型的小微企业及个人，既可以提供生产经营性贷款，又能提供个人生活消费性贷款。用户的不同信贷需求

将被逐渐挖掘，并根据机器辅助的精细化运作过程，提供更加差异化的服务。

（二）针对小微企业的数据化运营成为继个人信贷业务后的蓝海

前文已经进行集中分析，智能信贷发展过程中，相较于针对小微业（主）的经营性贷款服务和针对个人的消费性贷款服务方面，其在利用新兴技术的探索及实践中走在前列。原因体现在多个方面，一方面，如果开展额度小、资金用途明确的消费性贷款，所运用的数据化风控方式集中体现为对“自然人”的信用及资产情况评估；相比之下，开展额度较大的经营性小微贷款，风控方面需要考虑更多维度，如经营情况、所在行业发展趋势、宏观经济要素、地理位置等，其中小微企业与企业主的信用状况高度混杂，数据化操作更加困难。另一方面，之所以数据驱动的信贷业务集中于单笔业务金额低、期限短的消费信贷业务中，原因在于这类业务可以在较短的时间内完成大量借贷样本的循环验证，相比之下，期限长、额度大的借款业务，积累同等样本量需花费更多的资金和成本。多重因素致使针对小微企业（主）的贷款业务显得稍有落后。

未来，随着各项基础设施的不断完善，如物联网、云计算等技术的进一步发展等，针对小微企业（主）的量化，甚至是智能化信贷业务方式将获得快速发展，这将是一个值得期待的蓝海市场。

（三）传统金融机构与新兴服务商合作和关联增加

从长期来看，传统金融机构与新兴金融服务商的合作是必然趋势：

一方面，新兴服务商在业务线上化、利用大数据等新技术的过程中，逐步建立起标准化、流程化的服务系统，包括新型的风险审核与风险定价机制等，这将有可能成为其核心能力，并与传统金融机构合作，进行资产与资金的对接等。从整体来看，掌握核心技术的新兴服务平台可能将对外输出科技能力、为传统金融机构提供标准化服务，甚至成为其基础设施建设的重要部分。

另一方面，传统金融机构本身逐渐受到新兴服务机构的冲击，有内在变革、拓展业务线等的客观需求。因此，在变革的初期阶段，各自利用已有的资源禀赋，将加强相互之间的合作。

（四）产业链形成，信贷业务注重分工协作

智能信贷的一个重要趋势是以新型产业链形态存在。在这种形态中，信贷流程被分割，与此对应的是负责不同流程的商业主体，从而出现专业化的分工与协作。

未来，这种专业化的趋势将更加明显，即数据信息服务商（主要是各类信息提供主体）、信息决策分析商（主要指利用已有信息进行分析挖掘及生产相关产品与服务的机构）、新兴金融服务提供商（主要指专门负责金融信贷服务中资金的筹集、发放、各类金融产品与服务的设计等工作的机构）、资产管理及贷后催收机构等不断分化，变得越来越独立与专业化，各自成为信贷产业链条中的重要参与者。

根据社会分工理论，这将促进社会效率的提高及服务的专业化。

（五）人工智能是必然选择，O2O 运营长期存在

受制于我国尚不完善的征信体系和并不充分的社会信用意识等，尽管智能信贷依托大数据及相关新兴技术手段有所发展，但整体来看尚不成熟。

截至目前，大数据风控暂时主要利用在期限较短、额度较小的信贷场景中，尤其是个人经营性及消费性贷款，主要是因为这种大批量的借贷需求对效率提出了较高要求，依靠技术及机器代替人工，可以在借贷的全流程，包括前端获客、审批、资金对接、贷后管理等多个方面提升效率及运营的精细化程度，这也是目前消费金融及短期企业借贷业务较为主流的操作方式。

然而，在中长期及额度较大的企业信贷业务中，仍然主要依靠信贷员线下操作的方式；即使是在小额短期企业信贷和个人信用贷款服务中，很大程度也需要人工纠偏及手动处理机器无法判断的情况。

因此，在未来相当长的时间内，智能信贷仍将需要采用O2O的运营模式。

（六）资产证券化成为重要的资金周转方式与风险管理方式

在政策鼓励、需求推动等因素作用下，中国的资产证券化市场正在快速发展；作为一种直接融资方式，其日益受到市场关注。

目前，智能信贷服务平台普遍寻求资金来源多元化，并致力于提高资产流动性，资产证券化恰好兼具这两方面的优势。对于平台而言，一方面，相较于 P2P 线上理财资金，资产证券化募资的成本较低；另一方面，小额分散的底层资产支持证券产品较受市场欢迎。实际上，能否发行资产证券化产品，也逐渐成为衡量智能信贷平台资质的一个重要标准。

此外，资产证券化处理也是一种重要的风险管理手段：资产证券化中的打包出售业务可以在一定程度上转移风险并实现资金周转；依靠 CDS 等衍生工具的市场价格，能更加有效地评估风险状况，而在资产证券化过程中也可以实现信息技术的介入。

资产证券化在智能信贷业务中扮演的角色将越来越重要。

（七）监管将更注重金融消费者权益保护

当前阶段的智能信贷业务，主要针对个人开展，一大基础条件是个人用户在网上留存的各类数据将不可避免涉及金融消费者权益保护问题。例如，诸多金融大数据从互联网平台上产生，而很多互联网平台本身开展金融业务等，如此，在数据传递及使用过程中，可能会损害个人用户对大数据的知情权、隐私权、选择权等；加之由于缺乏完善的监管，信息黑产等已经成为行业一大问题。未来，监管可能会加强对金融消费者的保护。

在开展个人信贷业务的过程中，个人用户天然处于较为弱势的地位，在服务费率、贷后催收等方面，应有的权益容易受损。例如，对于贷款服务的真实成本缺乏判断、难以辨别复杂收费名目、知情权受损等；或者被进行不当催收，损害用户的人身及财产权利等；这些在业务开展过程中，已经爆发或潜在的风险将引起监管注意，相应地，监管可能将采取措施整治或管理。

Chapter 7

互联网众筹

众筹一词译自英文 Crowdfunding，意为大众筹资，指项目发起人（融资方）直接向支持者（投资人）进行融资，并承诺给予回报的行为。这一概念历史悠久，但是在互联网时代才获得广泛关注与成功，形成一个行业，因此，目前的众筹一般指互联网众筹，即项目发起人通过互联网平台直接向支持者进行筹资，并承诺给予回报的行为。与通过传统金融机构进行筹资的形式相比，众筹具有如下特点：

- 直接性，众筹虽然一般通过众筹平台进行，但是平台只作为信息中介撮合项目与用户，自身并不吸收和发放资金，不向用户提供信用；融资方（项目）与投资人存在直接对应关系。
- 明确性，众筹项目的目的一般较为明确，资金用途向投资人披露；

项目一般设定有明确的筹资周期和筹资金额，在预定周期内如果无法筹够设定的金额，项目宣告失败[1]，投资人的资金将被退回。

- 便捷性。项目的发起流程与筹资过程较为简捷，投资方便，大部分流程均可在网络上完成，筹资效率较高、时间成本低。
- 灵活性。投资与回报过程均依赖于投融资双方的约定，可灵活约定回报形式、回报内容和回报周期。
- 低门槛。投融资双方的门槛均较传统金融用户低，融资方多为初创企业或小微企业，投资方多为普通个人，适格性要求较低。
- 风险性。上述特点决定了众筹项目具有较大的不确定性，项目可能因为无法筹集够资金而失败，或者筹够资金后未能按照约定给予投资人回报，投资人需要自行判断项目质量、承担项目风险。

根据项目回报内容的不同，传统上把众筹项目划分为以下四种类型：

- 产品众筹。回报内容为实际的产品或服务，不涉及任何资金回报。
- 股权众筹[2]。回报内容为企业股权，投资人成为企业股东，可获得现金分红或股权增值等相关回报。

---

[1] 也存在灵活筹资模式和循环筹资模式，前者在到达规定时间后，无论筹集多少金额，项目都算成功，后者的项目长期存在，随时可以支持，但是这两种模式的占比都很低，不是主流。

[2]我们目前所熟悉的股权众筹在过去被称为“私募股权众筹”，现在规范的全称是“互联网非公开股权融资”。为了方便区分，本书中依然将“互联网非公开股权融资”称为“私募股权众筹”，并与“公募股权众筹”一起统称为“股权众筹”。

- 债权众筹[3]。回报内容为债权，享有债权相关的权益，如利息、追索权等。
- 公益众筹。也称捐助型众筹，类似于慈善捐助，主要为象征性、精神性回报。

上述分类简洁明了，并与传统的产品预购、股权投资、资金出借、慈善捐助相对应。但是自众筹引入我国以来，发生了较大的变化，出现了诸如权益众筹、消费众筹等新类型，其回报物不属于上述任何类型，或者是多种回报形式的综合，因而是非标准化的，可统称为非标权益众筹，其具有如下特点：

- 回报物既非产品/服务，也非股权、债权，而是获得现金收益的权利（如支持者合伙购买一辆汽车再卖出，通过买卖差价获利）。
- 回报物为消费权利，但是金额或内容随时间/项目效益情况进行变动（例如，支持者对餐厅进行投资，餐厅根据经营情况向支持者发放就餐代金券）。
- 回报物既包括现金分红（但并不享有股权或债权）也包括消费权利（如支持者对酒店进行投资，既获得盈利分红，也获得一定的打折或免费入住权）[4]。

---

[3] 债权众筹即所谓的 P2P 借贷，该类型发展迅猛，已经被作为与众筹并列的单独行业看待，详细情况可参阅零壹研究院编写的《中国 P2P 借贷服务行业发展报告 2016》，本报告不再涉及债权众筹方面的内容。

[4] 值得注意的是，某些项目还约定，如果支持者选择不分红或者不消费，项目方将在一定的时间后以约定的溢价回购支持者的支持份额。

自2015年以来，非标权益众筹发展迅猛，已经形成了汽车众筹、店铺众筹、民居众筹、影视众筹等诸多细分领域，颇具“中国特色”[5]，因此，本章把非标权益众筹作为一类，与产品众筹、股权众筹和公益众筹并列。

一、发展历程

截至本书成稿之日，互联网众筹仍属于新兴事物，发展时间较短但演化速度较快。根据近年来的机构数量、基础设施、政策环境的变化，试图将近几年互联网众筹的变化过程分为萌芽、爆发、发展三个阶段。

萌芽期（2011—2013年）：2011年7月，“点名时间”正式上线，标志着我国互联网众筹的开端。此后两年多的时间里，众筹平台数量呈现缓慢增长趋势，各月新上线平台数量保持在个位数，截至2013年年末，中国互联网众筹平台累计上线39家，历年累计筹资规模不超过1亿元。

爆发期（2014—2015年）：经过3年左右的缓慢发展，众筹平台的数量和种类自2014年开始急剧增多，行业交易规模也迅速扩大，2014—2015年经历了爆发式发展。据零壹数据统计，截至2015年年末，国内累计上线的互联网众筹平台至少有415家，当年筹资规模约113亿元，同比增长4倍多。

发展期（2016年至今）：2016年，互联网众筹平台新上线趋势明显减缓，行业去粗取精；筹资规模同比增长95%，约220亿元。与此同时，金融监

---

[5] 某些非标众筹形式存在较多的法律问题，甚至可能成为整治对象，我们将在后面的章节进行具体分析。

管开始从鼓励转为以合规化为主。零壹智库认为，中国互联网众筹步入了发展阶段。

互联网众筹整体上仍保持着较高的增长速度。同时，市场规模开始发生显著变化：①汽车众筹异军突起，成为行业新的增长点，2016 年筹资规模约占整个行业的 43%；②产品众筹和股权众筹的绝对规模仍在增长，前者在流量和资本的驱动下表现强劲，增幅超过 100%，但后者在监管趋严、政策不明的大环境下相对谨慎，增幅已经降到 25%左右；③房产众筹在国内陷入低迷，公益众筹不温不火，二者合计仅占到 2%左右。

表 7.1 所示为 2016 年众筹大事记。

表 7.1　2016 年众筹大事记

事件	详情
奇虎、苏宁、百度、小米等互联网巨头相继入场	2015 年 3 月底，“京东东家”正式上线，标志着互联网巨头开始试水股权众筹；10 月，蚂蚁金服战略投资 36 氪（旗下股权众筹平台于 6 月上线），并于同年年底开始试运营自家平台“蚂蚁达客”。进入 2016 年，更多互联网巨头或科技公司加码股权众筹：奇虎 360 在 1 月推出“360 淘金”，4 月苏宁 “私募股权”板块、“百度百众”和“和讯众投”相继上线，小米科技也在 9 月推出旗下私募股权众筹平台“米筹金服”
国务院、证监会发文规范股权众筹发展	2016 年 4 月，国务院组织 14 个部委召开电视会议，在全国范围内启动为期一年的专项整治活动，对股权众筹提出“不得发布虚假标的”“不得自筹”“不得“明股实债”或变相乱集资”等要求。7 月，私募基金募集新规和合同指引正式开始实施，或将对某些通过私募基金渠道开展的股权众筹带来重大影响。10 月，证监会等 15 部委印发《股权众筹风险专项整治工作实施方案》，确定禁止事项和整治重点

续表

事件	详情
“宏力能源”项目涉嫌欺诈，股权众筹风险事件频发	2016年6月，媒体爆出36氪股权众筹发布的“宏力能源”新三板定增项目存在经营数据造假等问题。或受此次事件影响，36氪股权众筹下半年在线发布的项目数量急剧减少，成功募集项目仅两个。众筹界和原始会也在同期爆出风险问题，包括未能按期还款、众筹回报与约定不符等情况。此外，零壹财经·零壹智库还观察到，京东东家、蚂蚁达客等多家平台在资产开发上更加审慎，2016年下半年项目数量明显减少，汇梦公社等平台甚至放弃股权众筹业务，转型为产品众筹平台
点名时间被91金融收购	2016年7月，点名时间确认被91金融收购，将以子版块形式纳入91金融旗下的摘星众筹。作为我国首家众筹平台，点名时间曾是业内标杆，帮助过1074个项目发起众筹，成功筹集资金超过5300万元，然而在运营五周年之际被收购，不得不说是一个遗憾。不过从另外一个角度看，平台之间的兼并收购也是行业成熟化的特征之一 点名时间曾在2014年8月宣布放弃坚守了三年的众筹业务，转型成为智能硬件首发平台，但智能硬件市场的泡沫，以及京东、淘宝等互联网巨头的强势入场使其日渐沉寂。一年后，点名时间重拾产品众筹，但已无法重拾昔日产品众筹“标杆”的荣光
证监会创新部正式解散，股权众筹监管或将继续拖延	2016年8月，成立仅2年多的证监会创新部正式解散，其原有监管工作可能会被分散到证监会其他部门。创新部是在2014年2月证监会机构大调整时与债券部、私募部和打非局一起新设，目的是为了适应新的金融监管形势，解决监管真空等问题。2015年8月，互联网众筹被正式划到证监会的监管范畴，归创新部监管，公募股权众筹试点工作也未有明显进展，股权众筹相关的监管办法和制度或将继续拖延

资料来源：公开信息，零壹财经·零壹智库。

二、发展现状

（一）业务模式

1. 参与主体及众筹生态圈

一个众筹项目的完整动作，离不开三类角色，分别是筹资人、众筹平台和投资者，其中：

- 筹资人，又称项目发起人或项目创建人，在众筹平台上创建项目介绍自己的产品、创意或需求，设定筹资模式、筹资期限、目标融资额和预期回报，一个项目可能包含多个投资档位，不同档位有不同的预期回报。
- 众筹平台，主要负责审核、展示融资项目，即为筹资人和项目支持人提供信息中介服务，一般从项目融资额中收取一定比例的资金撮合费用。
- 众筹支持者，有时也称为投资人或用户，为筹资人提供资金，以获得产品、现金分红等回报。

围绕互联网众筹以上三个核心环节，本书将与众筹筹资人相关的服务称为资产服务，把与众筹平台运作相关的服务称为运营服务，把与众筹支持者相关的服务成为资金服务；除此之外，随着互联网众筹向着专业化、成熟化的方面发展，诸如众筹媒体、第三方引流渠道、法律服务也逐渐发挥作用，我们将其统一称为公共服务。从资产、运营、资金、公共服务四个角度，可以把众筹生态圈的成员划分为以下类别，如表 7.2 所示。

表 7.2 众筹行业生态圈的主要成员类型

类别		成员
资产端	资产推荐	风投机构、孵化机构、创业园区、专业投资人
	创业培训	创业学院、孵化机构、融资辅导机构
	行政人事	代理注册机构、代缴社保机构、知识产权代理机构、招聘机构、财税服务机构、股权设计机构
	办公&营销	孵化机构、营销机构、视频制作机构、电商平台
	软硬件生产制造	设计公司、软件外包公司、硬件制造商
运营端	IT&安全技术	软硬件及网络解决方案提供商、信息与数据安全技术提供商
	资金管理与支付	第三方支付机构
	合同	合同起草及审核机构、在线合同签署机构
	认证服务	安全与商誉认证机构
资金端	机构投资人	风投机构、专业投资人
	流量服务	互联网广告服务机构、流量推广平台、媒体类网站
	评估服务	众筹企业评估机构、产品价值评估机构
公共服务	法律服务	法律研究机构、律师事务所、第三方证据托管平台
	行业&媒体服务	数据监测机构、行业研究机构、相关媒体及自媒体、投资人论坛及社区
	监管&自律	央行、证监会、各地金融局、证券行业协会、互联网金融协会、其他自律组织

资料来源：零壹财经·零壹智库。

部分生态圈的成员在 2015 年之前已经出现，2015—2016 年则见证了更多类型、更多数量成员的加入。如表 7.2 所述，截至 2016 年年底，除众筹平台外，生态圈的参与机构类型达到 30 多种，数量达到数百家。

整个互联网众筹生态圈由众筹平台连接，共同为创新创业的投融资双方服务。但现阶段，生态圈各个主体联系并不紧密，主要用于执行完众筹流程，未形成共振。随着众筹市场的逐渐扩大，宏观经济环境的变化、市场竞争因素都将促使众筹行业逐渐摆脱粗放式经营，众筹生态圈内生的互助、互促能力也将在这一过程中逐渐增强。

2. 业务流程

一般来说，众筹项目始于投资人向众筹平台提交与项目相关的各种资料。不同众筹形式和项目种类对于提交资料的要求不同，甚至差别巨大。举例来说，在产品众筹项目中，筹资人必须向平台提交详细的产品说明资料，介绍项目的内容、进展安排、对投资者的回报，以及必要的风险提示。众筹平台对项目资料进行审核，出于可行性等方面的考虑，平台可能会要求筹资人额外提交相关的技能证明证书、筹资人本身的履历经验证明，甚至产品原型等材料。股权众筹的资料提交相对更加复杂，通常包括一份完整的商业计划书和拟出让股份的数量和价格。商业计划书描述公司的基本经营状况、发展计划、预期收入和盈利等。为了证明计划书的真实性，企业经营许可文件、公司财报等通常也需要提交。

项目资料经由平台审核后，进行上线准备阶段，筹资人在该阶段的任务包括文案写作、美工设计、拍摄宣传视频等。准备完毕，项目上线，可以正式接受投资者的投资。如果在筹资期限内成功筹集到目标金额，则项目进入正式运营阶段，直至投资人得到预期回报。若在一定期限内未完成筹资目标，则项目筹资失败，平台需要退还已预约资金，如图 7.1 所示。

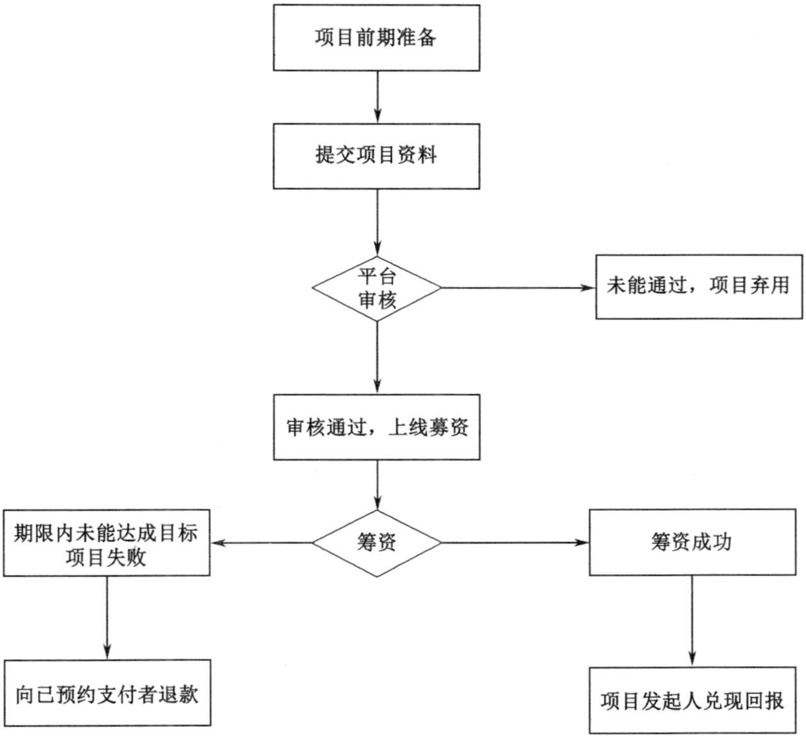

图 7.1　互联网众筹运作流程图

资料来源：零壹财经·零壹智库。

3. 平台盈利机制

不同众筹平台盈利模式不同，单个众筹平台也可能存在多种盈利方式。概括来说，目前市场上主流的收费方式有如下三种。

一是中介费模式。这是市场上最普遍的收益模式之一。项目融资后，平台向融资者收取一定比例的中介费（比例不等，一般是 5%～10%）。几乎所有的产品众筹平台及绝大多数股权众筹平台都采用这一模式。

二是收益分成模式。互联网众筹平台参与到最终的利益分配环节，如股权众筹在融资成功后要求获得部分股权回报，汽车众筹平台收取汽车处置利润的一部分作为回报。这类收费模式下，众筹平台将不再是信息撮合媒介，而作为交易方之一存在；众筹平台收入为浮动收益，它取决于融资项目最终风险水平。

三是增值服务费模式。部分众筹平台为众筹融资方提供增值服务，如创业孵化、财务/法律/政策、团队建设等方面的支持，并对这些增值服务收取费用。由于提供增值服务对众筹平台各方面的资源要求较高，目前这类收费模式的平台数量较少。

（二）行业特点

1. 机构数量有降低趋势，股权众筹平台最多

截至 2016 年年末，我国互联网众筹平台（不含中国港台澳地区，下同）至少有 608 家，其中倒闭、跑路、歇业等问题平台和已转型[6]的平台有 271 家，约占 44.6%的比重。正常运营的平台仅剩 337 家，剔除其中的 119 家汽车众筹平台，传统的众筹平台只有 218 家。

我国互联网众筹平台自 2014 年开始出现爆发式增长，当年上线的平台达到 154 家。2015 年，在政策面整体向好及互联网金融受追捧的情况下，新上线的众筹平台再创新高，达到 222 家。2016 年，随着互联网金融专项

[6] 指改变原有运营方向的平台，本书不将其纳入问题平台。

整治及相关监管措施的实施，传统的产品及股权型众筹平台已基本停止增长，新上线的 193 家平台中汽车众筹有 162 家，占到 83.9%；股权型（包括混合型）平台有 26 家；产品众筹（包括混合型）平台最少。

与新增平台相对应，问题平台及转型平台的数量一路走高，2013 年和 2014 年对应的数字分别是 1 家和 12 家，2015 年有 46 家，2016 年达到 212 家，首次超过了新增平台数量，如图 7.2 所示。

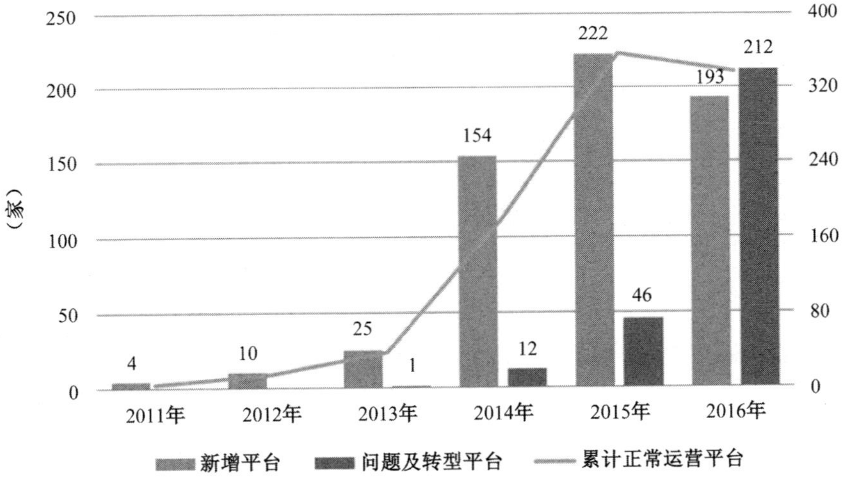

图 7.2　2011—2016 年中国互联网众筹平台数量走势

资料来源：零壹数据。

在正常运营的 337 家平台中，涉及股权众筹业务（含混合型[7]，下同）的有 156 家，占到 46.3%的比例；涉及产品众筹业务的有 75 家，占比 22.3%。

[7] 指涉足股权众筹、产品众筹、汽车众筹中两个类型以上的平台。

汽车众筹平台共有119家，占到35.3%，如图7.3所示。

问题平台中涉及产品众筹业务的共有113家，占问题平台总量的45.6%，其中歇业停业的高达61家；涉及股权众筹业务的有93家，占37.5%。爆出风险的汽车众筹平台有54家，占该类型累计上线平台数量的31.2%。

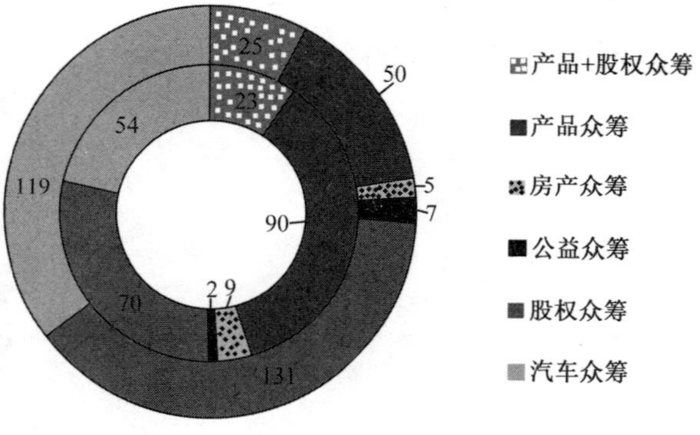

图7.3 中国互联网众筹平台类型分布（截至2016年末）（单位：家）

注外环为正常运营，内环为问题平台。

资料来源：零壹数据。

2. 众筹平台主要分布在东部省市

正常运营的337家平台分布于25个省市（包括自治区、直辖市，下同），其中北京、广东和上海三地分别有65、56和45家，三者合计166家，占到49.3%的比重，这一比例随着2016年下半年汽车众筹数量的增长，呈现快速下降的趋势。值得注意的是，山东平台已达62家（其中58家是汽车众筹平台），基于汽车众筹平台数量增速快于其他类型，短期内山东省（以汽车众筹为主）平台数量将超过北京市。

271 家异常平台（包括问题平台及转型平台）地域分布与正常平台相似，北京、广东、上海和山东四地共有 185 家，占到 68.3%；北京、广东和上海异常与正常平台数量接近，前者略低于后者，但山东省问题平台大幅低于正常平台，这是由于山东省众筹行业起步较晚，以 2015—2016 年兴起的汽车众筹为主，该类型众筹平台数量还处于净增长阶段，如图 7.4 所示。

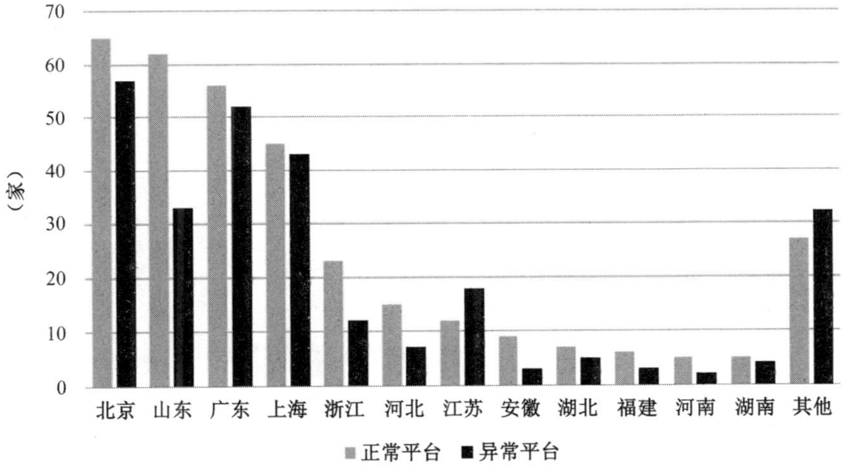

图 7.4　中国互联网众筹平台地域分布（截至 2016 年年末）

资料来源：零壹数据。

3. 交易规模整体呈增长趋势

（1）产品众筹

据零壹数据统计，2014 年之前我国产品众筹平台仅有 27 家，累计筹资额约为 0.12 亿元。此后随着平台数量的快速增多，特别是京东、阿里等巨头的加入，产品众筹行业的交易规模也一路走高，2014 年全年成功筹款金额达到 2.7 亿元。2015 年，平台数量继续大幅增长的同时，京东众筹、淘宝众筹、开始众筹等老平台的规模大幅飙升，全年筹款金额攀升到 27 亿元，为 2014 年的 10 倍。

2016 年，在监管日趋收紧的环境下，平台数量开始减少，交易规模进入存量增长阶段，全年成功筹资额达到 56.0 亿元，同比增长 107%。截至 2016 年年末，我国产品众筹累计筹款金额达到 86 亿元；截至 2017 年上半年，这一数据达到 120 亿元，如图 7.5 所示。

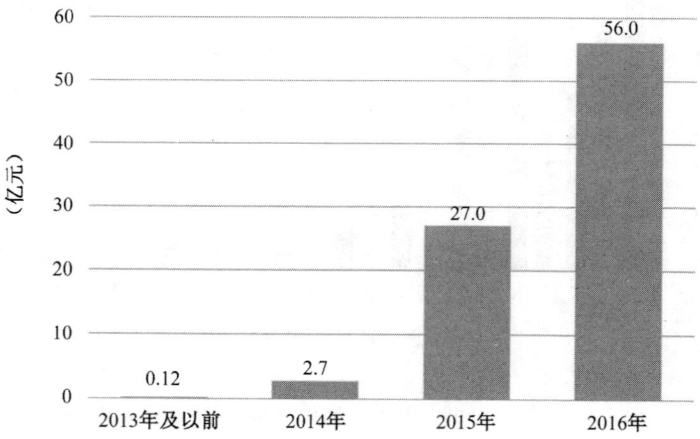

图 7.5 历年产品众筹筹资规模走势

资料来源：零壹数据。

2014 年及以前产品众筹累计支持人次约有 137 万，2015 年以来由于京东、淘宝和苏宁等电商系平台的上线，众筹项目数量和参与人数大幅增长。2015 年产品众筹人次飙升至 1526 万，约为 2014 年的 12.2 倍，2016 年相应的数字则继续增长至 3454 万，如图 7.6 所示。

与图 7.5 中的交易规模相比，2015 年开始支持人数的增长相对更快，单次支持金额也呈同步下降，到 2016 年已经达到 162 元。主要是因为淘宝众筹、京东众筹等拥有较大流量的平台在发布项目的同时也增加了一些金额小、聚人气的回报设置[8]，导致单个项目的参与人数可能高达数十万。

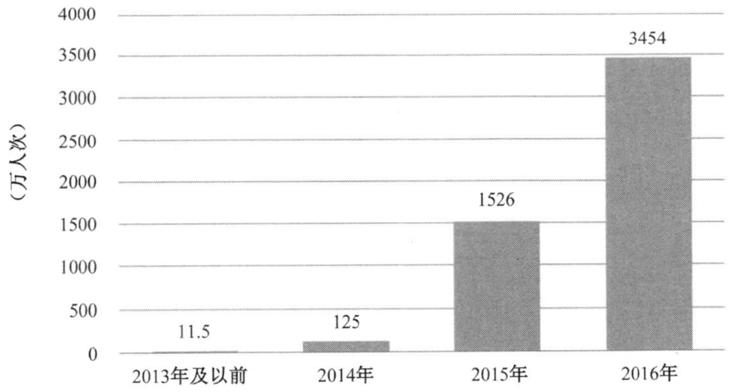

图 7.6　2013—2016 年产品众筹支持人次走势

资料来源：零壹数据。

（2）股权众筹

2014 年以前，互联网非公开股权众筹规模（仅指线上规模）较小，每年均不超过 1 亿元；2014 年飙升至 15 亿元。2015 年，随着京东东家、人人投、爱就投、众投邦等平台大量发布项目，当年筹资额跃升至 53.2 亿元，

[8] 举例来说，对于苏宁众筹和京东众筹上的某些项目，支付一元可以获得一次抽奖机会，奖品一般就是众筹产品本身，中奖率基本不超过百分之一；对于淘宝众筹，金额在 10 元以下可以获得相应的礼券或与众筹产品相关的小礼物作为回报。

如图 7.7 所示。

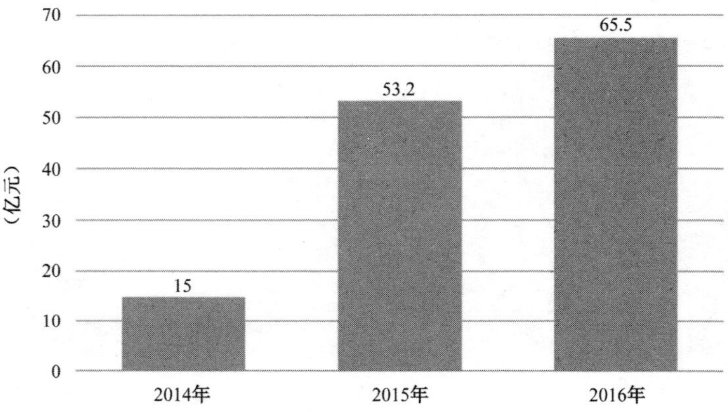

图 7.7　2014—2016 年股权众筹筹资金额走势

资料来源：零壹数据。

2016 年，随着监管加码和相关风险事件的接连暴露，包括人人投、爱就投、36 氪股权众筹在内的多家平台项目数量减少，股权众筹年度交易规模较 2015 年增加了 12.3 亿元，增幅比例大为缩减。

2016 年我国股权众筹筹资规模约为 65.5 亿元，同比增长 23.1%，增速明显放缓。一方面是由于正常运营的股权众筹平台持续减少，另一方面存量平台资产开发的力度有所放缓，尤其是下半年京东东家、36 氪股权众筹、蚂蚁达客、人人投项目数量均明显减少。

从市场份额看，筹资额靠前的 15 家平台总规模达到 32.03 亿元，约占行业整体的 48.9%，这一比例较 2015 年有所降低。京东东家“一骑绝尘”，是 2016 年唯一一家规模超过 5 亿元的平台；阿里系的 36 氪股权众筹和蚂蚁达客紧随其后，都在 2 亿元以上。

2016 年筹资额最高的项目来自粤科创投界（9300 万元），筹资额靠前的 50 个项目主要分布在文娱、农业、环保、能源等行业，而餐饮、健身、酒店、生鲜连锁等单个项目普遍规模较小。

股权众筹未来几年的发展主要依赖于政策因素和市场因素，其中监管政策短期内很难有实质性变化，但市场风险已经逐渐显露出来。可以预测，2017 年私募股权类众筹的玩家减少，但同时，平台也会对私募股权或权益类众筹项目施加更严格的风控措施。

（3）汽车众筹

2015 年 4 月—2016 年 2 月，汽车众筹并不被市场所关注，整体表现不温不火。单月完成的众筹项目均在 500 个以下，众筹金额则呈缓慢增长趋势，累计筹资总额在 10 亿元左右。

2016 年农历春节过后（3 月开始），随着平台数量的增多，以及行业热度的提升，汽车众筹异军突起，月度交易规模猛增到 4 亿元以上，从 8 月开始维持在 10 亿元以上。截至 2016 年年底，汽车众筹累计筹资额接近百亿元，达到 93.9 亿元，约为 2015 年的 12.4 倍。

图 7.8 展示了近两年各月筹资规模走势，2016 年各月筹资规模增速快于 2015 年，但 9 月以后筹资规模呈下降趋势，主要是因为行业风险集中爆发，原有大平台增长基本停滞。

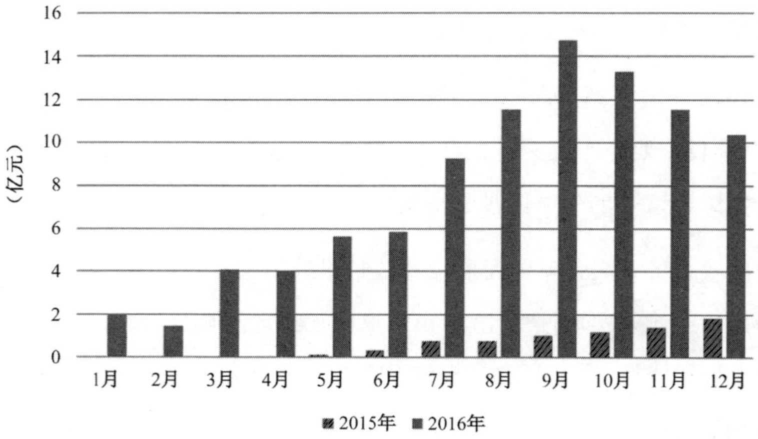

图 7.8　我国汽车众筹各月筹资金额走势

资料来源：零壹数据。

4. 投融资活跃度相对较低

据零壹数据不完全统计，截至 2016 年年末我国至少有 49 家互联网众筹平台完成 67 例投融资，资金总额在 12.4 亿元左右。其中，2016 年共发生 14 例融资事件，融资金额约 5.5 亿元，具体如图 7.9 所示。

表 7.3 列出了 2016 年中国互联网众筹领域内公开披露的融资事件，除开始众筹、轻松筹和柠檬微众筹外，其余获得融资的平台[9]均为股权或权益型。除 36 氪、轻松筹和开始众筹分别获得 E 轮、B+轮和 B 轮投资外，其他平台轮次为 A 轮或天使轮。

[9] 汇梦公社由股权众筹转型成为产品型众筹平台。

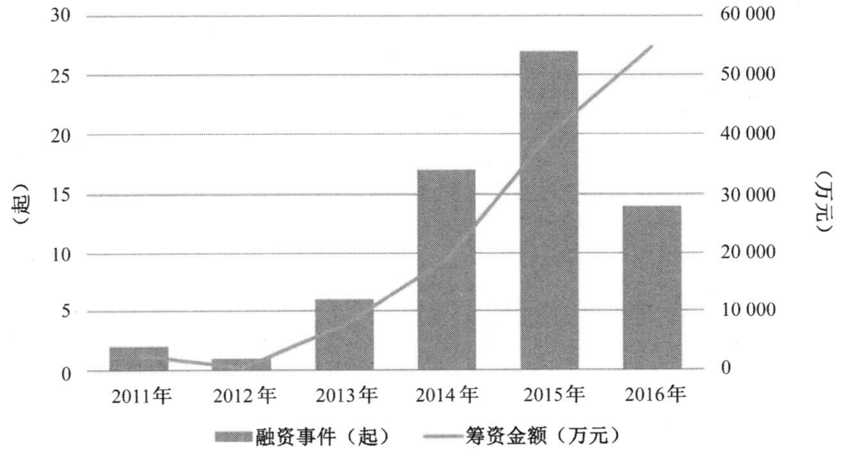

图 7.9　2011—2016 年中国互联网众筹平台融资情况

资料来源：零壹数据。

表 7.3　2016 年中国互联网众筹平台融资情况一览

序号	公开时间	平台名称	投资方（领投方）	融资金额	融资轮次
1	2016-01	牛投众筹	不详	数千万元人民币	A
2	2016-02	开始众筹	经纬中国、远璟资本	未透漏	A+
3	2016-02	聚募网	鼎聚投资、阿米巴资本	数千万元人民币	A
4	2016-03	众筹客	小牛资本	未透露	A
5	2016-04	维 C 理财	戈壁创投	数千万元人民币	Pre-A
6	2016-05	36 氪	投资方未透露	亿元及以上人民币	E
7	2016-05	汇梦公社	乾通资本	1500 万元	A
8	2016-06	轻松筹	腾讯、IDG 资本、德同资本、同道资本	2000 万元美元	B+
9	2016-06	影大人	创梦创投	200 万元人民币	天使

续表

序号	公开时间	平台名称	投资方（领投方）	融资金额	融资轮次
10	2016-06	京北众筹	不详	3000 万元人民币	A
11	2016-06	开始众筹	昆仑万维	1 亿元人民币	B
12	2016-08	多彩投	英诺天使、分享投资、顺为资本	2000 万元人民币	Pre-A
13	2016-08	一米好地	中南资本	1 亿元人民币	A
14	2016-12	柠檬微众筹	大果投资	未透露	天使

资料来源：零壹数据。

小结：自 2015 年开始，中国互联网众筹行业的一个明显趋势是大平台依托自身或合作方的优质资源，开始构建闭环生态，树立竞争壁垒，其影响力和市场份额逐步扩大，形成马太效应，导致很多中小平台的生存空间受到挤压，甚至出局。这在产品众筹领域表现得尤为明显——京东众筹、淘宝众筹、开始众筹、苏宁众筹等互联网巨头公司下设或投资的平台拥有九成以上的市场占用率，而独立型平台筹资额普遍下滑。

在市场竞争日趋激烈的大环境下，部分平台积极探索新模式，或努力打造新生活方式入口，重参与、重品味、重乐趣、重场景；或向纵深方向发展，积极整合上下游产业链资源，提供除资金之外的人才、渠道、传播等多元化服务。典型代表为新型生活消费类平台——开始众筹，影音娱乐类平台——淘梦网、乐童音乐，社交众筹平台——追梦筹、轻松筹，以及空间/实体店众筹的平台——多彩投、汇梦公社等，大部分风险投资也集中在这些平台上。

从 2016 年 4 月开始，多地工商局限制股权众筹机构的注册，将互联网众筹统一纳入到互联网金融专项整治中。一方面，随着前期的众筹项目陆续进入退出期，相关风险也开始集中暴露，平台在业务开发和项目审核上更为谨慎。受此影响，自 2016 年第二季度开始，股权众筹无论在平台数量还是筹资规模上已不再处于主导地位，整个市场表现较为低迷，份额也相对分散。另一方面，巨头们普遍看好股权众筹在政策落地之后的市场空间和发展机遇，愿意冒风险提前做好准备。奇虎（360 淘金）、苏宁（苏宁私募股权）、百度（百度百众）、小米（米筹金服）等互联网巨头仍在加紧布局，与早先入场的实力型玩家，如京东东家、36 氪股权、蚂蚁达客等平台在项目筛选、风险控制、资源提供、投后管理等方面展开角逐。

非标权益众筹虽然发展迅猛，但风险事件频发，普遍缺乏持续的增长潜力。自 2016 年 9 月开始，汽车众筹的欺诈跑路和经营不善等问题特别突出。在完成了第一轮投资人教育之后，行业疯狂吸金的态势有所缓和，若风险得不到有效遏制则可能成为监管层关注和整治的对象。实体店众筹出现了多起项目方挪用资金、携款跑路等风险事件，直接导致人人投等平台放缓扩张速度。

从整体来看，众筹在我国仍处于发展期，在投融资双方的审核与管理、信息披露及投资者教育、投资人权益保护上都缺乏完善的机制。而监管的滞后，一方面为从业者的探索和创新留下了丰富的空间，另一方面也导致了合法性、合规性等面临诸多困惑与分歧，这些都是亟待解决的问题。目前，互联网金融专项整治已经进入深水期，《证券法》的修订面临诸多不确定性，我国互联网众筹在监管趋严和政府鼓励的双重背景下提前进入整合规范期和变革期。

三、新技术的运用

互联网众筹与新技术的关系不仅是运用与被运用，还是相互推动的关系。具体来说，通过众筹平台，技术型企业可以得到资金支持，用于日常运营、产品生产、市场扩展等环节，支持新技术的发展；另外，在项目筹资过程中，用户获取、风险控制、资金支付等环节均可以运用新技术，提高众筹的筹资效率、节约筹资成本。

（一）众筹推动新技术

众筹对新技术的推动作用主要体现在三方面。首先，众筹在传统融资渠道之外，为技术型新创企业提供了新型融资方式，降低了企业融资成本，为产品制作和企业发展提供了资金支持。其次，众筹也对技术型企业起到了产品营销的作用，加之筹资成功至产品面市有一定的时间，这段时间内技术型企业可以进行产品市场测试，不断接收用户反馈并进行产品迭代，降低市场风险。再次，由于众筹的公开性，众筹投资人分布在各行各业，这些投资人带给技术型企业的不仅仅是资金，更包括销售渠道、生产代工、技术性人才、更广泛的资金资源等。

众筹对技术型企业的融资作用主要由股权众筹体现。据零壹智库观察，目前通过股权众筹融资的企业涵盖的高新技术领域包括征信、区块链、物联网、VR 技术、新材料、无人驾驶等。从融资金额和项目数量看，高新技术项目占股权众筹整体规模的比例很小（不足 5%）。股权众筹对新技术的助力目前还不明显，一方面是因为股权众筹远未发展成熟，政策不确定性风险、信用及欺诈风险较高，尚未成为创新型企业的主流融资渠道；另一方面，征信、区块链、VR 技术等领域盈利模式远未到市场验证阶段，需要运营多年才可能进入投资分红期，这类项目融资失败率相对较高。

技术型产品依靠产品众筹平台能够起到较好的营销推广作用，尤其是在流量较大的门户型众筹平台上募资。零壹数据统计了 2016 年产品众筹的项目数据，并以表 7.4 中 7486 个成功项目作为样本[10]分析不同类型项目的筹资情况。科技产品是目前产品众筹市场规模占比最大的类型，这类产品在项目数量、筹资金额、融资完成度，以及支持人次上均高于农林牧渔、设计、文娱等类型。从筹资数据的角度看，产品众筹相比股权众筹而言，对科技类企业的助力作用更加明显；但从另一方面看，产品众筹平台上线的项目主要提供实物回报，诸如征信、反欺诈、区块链等金融科技企业难以通过产品众筹达到宣传作用。

表 7.4　2016 年产品众筹类型分析样本总览

行业领域	项目数量（个）	目标融资额（亿元）	已筹金额（亿元）	融资完成度	支持人次（万人次）
科技	2119	4.9	24.2	496%	1062
农林牧渔	1687	0.9	2.1	244%	871
设计	1260	1.0	3.8	395%	364
文娱	711	0.5	1.7	326%	65
公益	362	0.1	0.3	255%	66
健康	254	0.2	0.7	305%	65

[10] 样本采集自京东众筹、淘宝众筹和苏宁众筹 2016 年已成功筹资项目，由于“一元抽奖档”的众筹对象均为有明确市价的大众消费品，我们将这部分的项目排除在样本之外。

续表

行业领域	项目数量（个）	目标融资额（亿元）	已筹金额（亿元）	融资完成度	支持人次（万人次）
家电	198	0.5	1.6	303%	42
其他	895	1.6	5.4	343%	245
合计	7486	9.7	39.7	411%	2781

资料来源：零壹数据。

（二）众筹的技术运用

众筹的技术运用，即指在众筹业务的各个环节中，使用新技术提高众筹效率的过程。尽管互联网众筹在中国的发展时间已超过5年，但由于市场规模小、发展不平衡、市场风险频发等原因，众筹新技术运用缺乏盈利驱动，行业内普遍采用粗放式的经营策略，高新技术运用并不广泛。零壹智库观察到的技术运用包括如下三种。

1. 众筹与征信

中国最早与征信系统达成合作的众筹平台是天使汇，该平台主要业务为股权众筹，2015 年 8 月宣布与前海征信达成战略合作。在天使汇与前海征信的合作过程中，后者提供创业者（即众筹项目发起人）和投资人的历史征信记录供平台进行风控审核，同时创业者和投资人的信息也将更新至前海征信系统，以补充后者征信数据库。

除与第三方征信机构合作外，依托于大型互联网公司的众筹平台也可将集团自行研发的征信系统与众筹业务相结合，如京东众筹与小白信用、淘宝众筹与芝麻信用，投资人在众筹平台上投资可提高相应的征信分数。

从经济与实用的角度看，征信技术适合筹资项目、参与人数较多的平台，如天使汇、京东众筹、淘宝众筹等，满足这类条件的平台并不多，因此征信技术与众筹的深度结合寥寥无几。随着我国互联网众筹监管环境、市场环境、技术环境进一步完善，未来征信技术或将更加广泛。

2. 众筹与 VR 技术

VR（Virtual Reality），即虚拟现实，此概念最早于 20 世纪 80 年代初提出，具体是指借助计算机及最新传感器技术创造的一种崭新的人机交互手段。众筹支持人通过 VR 等沉浸式体验的技术，能够更加真实地感受到众筹项目的特点，较之传统众筹静态方案，被动播放的视频更加生动全面，提升了众筹投资人的前期体验。

我国互联网众筹曾经将 VR 技术运用于房地产众筹，如无忧我房，在商品房建设完成前，使用 VR 技术构建样本房模型，用户在认购房产前借助 VR 技术提前看房，认购后得到一定程度的价格优惠和理财回报。

由于技术不成熟及成本较高，VR 技术目前还未在市场被广泛推广。随着市场对 VR 领域的资金投入增多，使用成本降低，VR 技术有望大大改善产品众筹的营销方式。

3. 众筹与区块链技术

区块链（Blockchain）是比特币的底层技术，其本质是一个去中心化的数据库，是使用密码学方法相关联产生的数据块，每一个数据块中包含了一次比特币网络交易的信息，其用于验证其信息的有效性（防伪）和生成下一个区块。

2017 年 4 月，法国众筹平台 SmartAngel 与 BNP PARIBAS（法国巴黎银行）宣布建立合作关系，双方将共同开展一项众筹试点项目，并在该项目中使用区块链技术。区块链技术由 BNP PARIBAS 设计并提供，用于加速资金流通和保证投资安全。

全球范围内，区块链技术虽酝酿已久，但在互联网众筹领域的技术落地尚未真正实现。众筹与区块链的主要结合方式为，通过众筹平台为区块链创业公司提供资金支持，典型的包括筹资额高达 1.6 亿美元的区块链项目 The DAO（Decentralized Autonomous Organization），在国内也产生了如币众筹这类为数据货币、区块链创业公司提供融资服务的众筹平台。

四、案例分析

（一）产品众筹[11]——开始众筹

2016 年，累计完成三轮融资的开始众筹从众多平台中成功突围，其市场份额反超苏宁众筹，位居行业第三。将该平台作为案例，从业务模式、项目数据、发展方向等方面来做简单分析，希望为读者提供一些参考。

---

[11] 开始众筹发布的项目通常同时提供产品、股权、消费权益等多种形式的回报方案，因此已不是纯粹的产品众筹平台，但由于无法具体区分，本章依旧将其归为产品众筹。

开始众筹上线于 2014 年 6 月，是一家互联网个性创意生产及众筹服务平台，倾向于实物及消费权益回报。该平台由徐建军、左志坚、桂斌三位媒体人发起，运营公司为杭州捕翼网络科技有限公司。开始众筹曾于 2015 年 4 月和 11 月分别获得 A 轮及 A+轮融资；2016 年 6 月，该平台获得由昆仑万维领投的 1 亿元 B 轮融资。

1. 数据分析

截至 2016 年年末，开始众筹累计上线项目 608 个，成功筹资项目达到 553 个，约占项目总量的 91%。已失败（即项目到期未能筹满目标金额）的项目共有 39 个；项目筹资过程中被关闭或已冻结的项目共有 16 个。

图 7.10 展示了开始众筹历年筹资规模走势，2016 年第 2 季度（即 B 轮融资前后）筹资规模出现突破式增长，成功项目数量首次突破百个，达到 104 个；筹资金额首次破亿元，达到 1.7 亿元。第 3 季度更是有 177 个项目成功筹资，筹资金额达 2.4 亿元；第 4 季度由于年底增速略有放缓，当季筹资额约 3.5 亿元。截至 2016 年年末，开始众筹累计成功筹资金额达到 8.1 亿元，2016 年占到 98%。

按照开始众筹官方分类，平台筹资项目共有“民宿/空间”“餐饮/商铺”“农业/食材”及“其他”四类。民宿/空间类项目数量最多且筹资额最高，分别达到 185 个和 5.0 亿元；其次是餐饮/商铺类；农业/食材类项目虽多于餐饮/商铺，但筹资额大幅落后于后者，如图 7.11 所示。

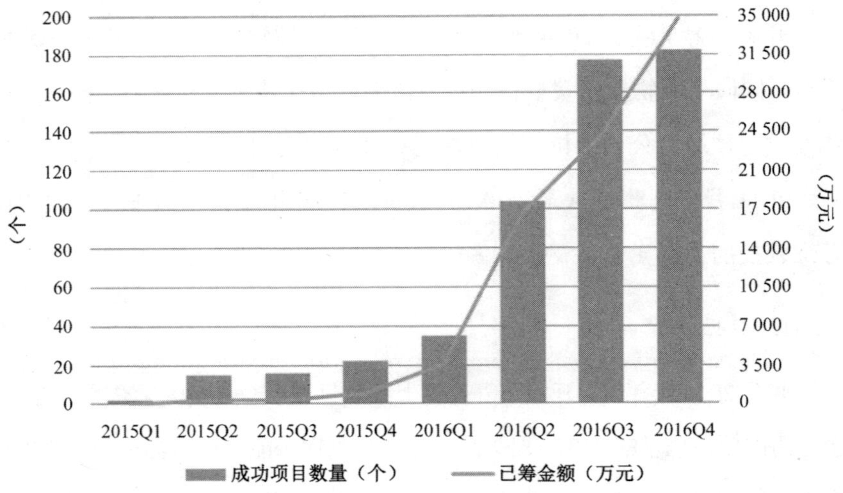

图 7.10　开始众筹筹资规模走势

资料来源：零壹数据。

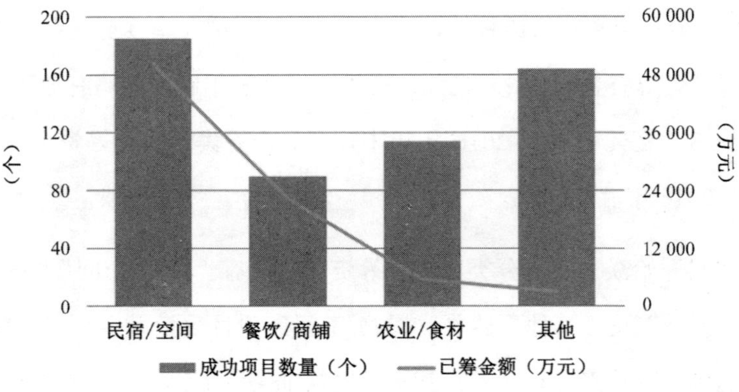

图 7.11　开始众筹各细分领域筹资规模分布

资料来源：零壹数据。

2. 特色及创新

相对于产品众筹领域大多数玩家，开始众筹的创新体现在两方面：一是在产品回报中综合了产品及消费权益回报；二是在项目选择上，侧重民宿新空间众筹。

具体来说，自2015年10月起，开始众筹已开始在众筹回报中加设权益回报档位，投资人成功投资后，即成为项目共建人，可以获得项目股权、加盟资格、代理或代销资格等。从统计结果看，项目共建人筹资金额是目前开始众筹筹资规模的主要构成部分，占到60%以上。项目选择上，开始众筹是最早一批将眼光聚集在民宿领域上的平台，为浙江、云南等旅游大省的民宿项目提供了资金支持。

（二）股权众筹——宜天使

1. 平台概况

（1）平台简介

AngelEase（宜天使）是宜信财富旗下天使投资服务平台，依托宜信十年，深耕金融行业的优势资源，为专业天使机构/投资人、一般投资人、初创企业搭建桥梁，提供包括但不限于优秀创新项目遴选、资金募集、营销推广、项目运营、投后管理在内的全方位服务。

（2）业务数据

宜天使的前身是宜信孵化的众筹平台——“乐筹汇”，后者的运营公司在2014年6月就已开设成立，2015年7月乐筹汇成为首批中关村股权众筹联盟成员。从总体来看，宜信的众筹布局起步较早，但在业务正式开展前相对“谨慎”，2016年下半年才开始集中发力。

截至2017年6月末，宜天使累计成功完成6个股权类众筹项目筹资，筹资总额5650万元，融资轮次均为天使轮或A轮，详情如表7.5所示。

表7.5　宜天使筹资项目一览（截至2017年6月末）

序号	项目名称	项目类型	融资阶段	领投机构	筹资目标|已筹金额（万元）	参与人数
1	新秀滑雪学校	体育、教育	—	—	150 | 150	31
2	《音乐之声》中文版	文娱	—	—	500 | 500	61
3	环球悦时空	亲子消费	A	岭协基金	3600 | 3600	46
4	鹿蜀餐饮股权众筹项目	餐饮	Pre-A	英诺天使基金	600 | 600	49
5	室友	租房服务	Pre-A	Launchpad Capital	300 | 300	71
6	看我看我	教育咨询	天使	华创资本、真顺基金	500 | 500	25

资料来源：零壹数据。

2. 业务模式

（1）平台特点和定位

宜天使背靠宜信强大的投资生态圈，宜信财富私募股权投资母基金在股权投资产业链条中有广泛的布局和充足的资源储备，宜信财富拥有超过10万的高净值客户，具备开展股权众筹业务的天然优势。目前，宜天使重点关注科技+、消费升级、泛文化娱乐等领域的早期投资机会，未来随着平台整合性逐渐增强，涉及领域也可能同步拓宽。

（2）项目来源

- 合作机构推荐：宜天使接受海内外专业投资机构的项目推荐，合作的创投机构包括华创资本、IDG、英诺天使投资等。
- 宜信金融生态圈体系：宜信财富私募股权母基金与多个天使投资基金合作，可以推介项目到宜天使。
- 宜天使云服务平台：项目方在线提交众筹项目，由宜天使风控团队进行审核。

（3）投资机制

宜天使采用领投+跟投的投资模式，由专业领投人和宜天使风控团队共同把控风险、进行项目定价，跟投人委托领投人行使分红和收益权之外的股东权益。

（4）投后管理

宜天使设立专业团队负责全流程的投后管理服务，协助融资企业进行管控和管理，跟踪企业的运营发展状况，并形成投后报告，定期对天使投资人进行披露。截至2017年6月末，宜天使六个已筹项目均已进入“投后管理”流程。

（5）退出渠道

在宜天使的股权众筹模式中，跟投人与领投方设立有限合伙企业，作为共同主体进入被投企业的股权架构。跟投人的退出由领投人负责管理，领投人决定是否在项目后续融资或上市过程中退出，当项目领投人退出时，跟投人以同等条件一起退出。

（6）盈利模式

宜天使作为天使投资服务平台，收取一定比例（一般在5%左右）的项目融资额作为佣金。

（7）风险控制

宜天使众筹项目的风险控制由领投机构和宜天使团队共同负责，领投机构先对项目进行筛选和风险把控，审核通过后推介至宜天使平台。宜天使的风险控制团队依托于宜信财富，在投融资、财务审计、法律咨询，以及互联网产业等方面具备专业能力和实操经验。每个初创项目都需要经过双选、尽调、内审、评审、预审、决选六个风控流程，完全通过后正式上线募资。

在投资人资格审查上，平台用户需要先通过实名认证和合格投资人认证，合格投资人认证要求用户提交持有金融资产、可投资产、所在行业、偏好的投资领域等信息；宜天使团队对用户进行电话访问，通过后正式成为合格投资人，并可以浏览融资项目的详细资料。

3. 平台特色或创新

（1）天使学堂

除了众筹项目展示，宜天使还针对投资人教育推出“天使学堂”，为潜在投资人讲述股权众筹投资方法论，也会举办线下活动。旨在对潜在投资人进行相关教育和风险告知，由于风投是一项高风险、低流动性的投资行为，宜天使建议投资人充分了解风险，分散投资。

（2）科技应用于金融

依托于庞大的金融体系，宜信在金融技术上也有所钻研，包括大数据技术、人工智能等。落地到宜天使的应用场景，通过互联网技术手段或是运用宜信 11 年积累的超过 1200 万笔征信数据，掌握创新行业的相关信息，结合天使/大众投资人、企业创始人、初创企业等创投生态圈中的底层数据进行分析，再按需求筛选出优质项目方或投资人。

综合评价

从 2016 年下半年起，宜信公司开始加大对股权众筹业务的投入，一年以内成功投资 6 个项目。宜天使开展股权众筹业务的最大优势在于其具有天然的投资基因，宜天使创始人唐宁是第一代天使投资人，管理人廖俊霞是股权投资行业的资深人士；背靠宜信的金融体系，与多家专业创投机构深度合作带来的项目资源；宜天使的账户体系与宜信财富连通，便于获取高净值投资用户的同时，也明显降低了审核合格投资人的时间成本。近几年来，宜信在金融科技的各个细分领域发力，在金融业务延伸的同时，技术能力也在逐渐沉淀，这些新型技术已被用于宜天使的获客、风控、项目服务环节。

但同时，宜天使在市场竞争中属于后起之秀，相比京东东家、蚂蚁达客、平安众筹等平台不具有先发优势，成交规模还有较大提升空间。未来，宜天使将定位于构建天使云的平台，聚拢知名天使投资人、专业创投机构和初创企业，凭借宜信的金融优势和技术优势，逐步完成规模扩张和众筹生态圈建设。

（三）公益众筹——腾讯乐捐

乐捐是腾讯公益推出的公益项目自助平台，于2012年5月上线，截至2016年年末，共发起20830个项目，其中18601个项目已结束筹资，共筹得资金15.4亿元。

图7.12所示腾讯乐捐历年筹资规模分布。

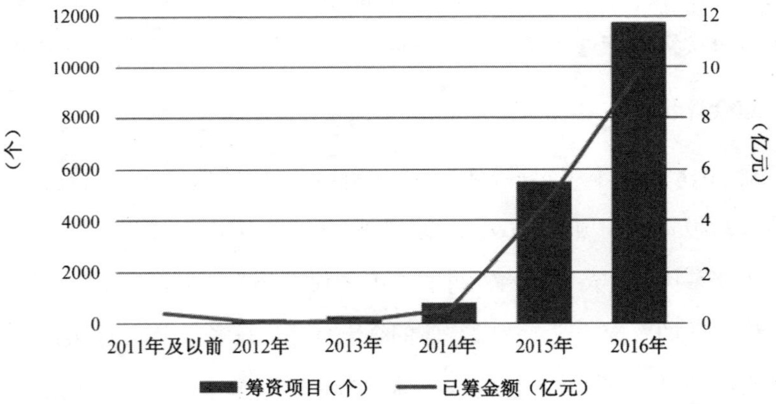

图7.12　腾讯乐捐历年筹资规模分布

资料来源：零壹数据。

个人用户、非公募机构和公募机构均可在线发起项目，经由腾讯乐捐和公募机构审核后可以上线接受捐款。每个线上项目的筹资资金均被暂时保管于公募机构（如中国扶贫基金会人人公益基金、中华少年儿童慈善救助基金会等），募款结束后由公募机构拨付善款给被救助人。

零壹数据统计了在腾讯乐捐上发起项目超过100个的机构，共有19家，这些机构既有公募机构也有民间组织，前者包括中华儿慈会、爱德基金会、中国扶贫基金会、中华思源工程扶贫基金会等，后者的典型代表是天使妈妈基金会和爱心家园义工联等，值得一提的是，美国医疗众筹平台 Watsi 也在腾讯乐捐发起公益筹款，帮助世界多个国家筹集善款，如表 7.6 所示。

表 7.6　腾讯乐捐典型发起机构名单

（按发起项目数量降序排列）

序号	发起机构	发起项目数量（个）	筹款金额（万元）
1	天使妈妈救助团队	903	3756.6
2	搜狐焦点公益基金	782	727.3
3	中华儿慈会 9958 儿童紧急救助中心	521	4008.6
4	北京新阳光慈善基金会	483	1850.3
5	邯郸市慈孝文化促进会	372	267.8
6	江苏省老龄事业发展基金会	274	686.3
7	爱心家园义工联	272	1582.3
8	爱德基金会	261	1299.5
9	深圳市慈善会·德义基金	257	968.7
10	Watsi	235	291.0
11	中国妇女发展基金会	200	7061.1
12	中华儿慈会—西部儿童救助专项基金	156	863.2
13	中国扶贫基金会	152	9098.9
14	河北慈善联合基金会	144	510.2
15	中华思源工程扶贫基金会	127	1084.5
16	北京感恩公益基金会	120	425.3
17	河南省爱心助老基金会	114	104.6
18	中华社会救助基金会	105	1160.5
19	江苏省华夏三农事业发展基金会	102	173.4

资料来源：零壹数据。

五、面临的挑战

（一）存在较大的法律及政策风险

众筹所面对的法律及政策风险主要针对互联网非公开股权众筹，该类众筹一般采用有限合伙形式进行投资，受《公司法》《证券法》等有关法律法规的约束，股东人数不得超过50人，不得向不特定对象宣传推介，合格投资者累计不得超过200人，合格投资人应符合《私募投资基金监督管理暂行办法》的规定。目前，很多股权众筹平台未对投资人的资质做到尽责审核。中国政法大学互联网金融法律研究院院长李爱君也曾表达类似观点："互联网私募股权投资基金作为私募股权投资基金的形式之一，其存在的法律问题主要是公开性问题，即采用互联网形式进行募集的形式是否满足法律对私募股权投资基金所要求的'非公开性'"。

互联网众筹在国内尚处于发展初期，鱼龙混杂，风险事件频发，面临的政策不确定性较大，2016年4月国务院组织14个部委启动互联网金融专项整治，不合格的平台面临整改或清退，已经完成或正在进行中的项目可能会受到影响。作为互联网金融风险专项整治的一部分，多地工商局相继限制股权众筹这类投资类企业的注册，从源头上造成股权众筹新生能量不继。同年10月，证监会等15部门联合公布《股权众筹风险专项整治工作实施方案》，为股权众筹整治提供了纲领。

从总体来看，2016年针对股权众筹的监管力度有明显增加，不合规平台或将退出市场。但从立法的角度看，尽管2015年我国以部门规章的形式将"股权众筹"定义为互联网平台上的公开小额股权融资，厘清了定义，但对股权众筹仍然没有作出具体规范。截至2017年4月，证券法修订草案迎来“二读”，但股权众筹注册豁免等问题仍然没有得到解决。

（二）面临多方道德风险

众筹平台作为项目方和投资人的信息中介，如果其有意隐藏、扭曲，甚至操纵信息，投资者将很难辨别；受利益驱使，不排除平台与领投人合谋，误导跟投人，或者挪用资金另做他用，这些都会给投资人造成资金损失。而这种情况一旦被发现，也会对平台自身的信誉造成恶劣影响。此外，目前众筹行业还未实行严格的资金存管，有的平台采用第三方支付存管，部分平台甚至直接通过企业或平台高管账号进行拨付，完全依靠自身信用和自律经营着庞大的资金量，蕴藏着极高的道德风险。

为规避股东人数限制或方便管理，一些众筹项目存在股权代持情况，显名股东接受隐名股东委托代为行使股东权利，前者容易在各种诱惑面前侵害后者利益。此外，股权众筹还未形成成熟的监管机制，小股东的权益难以得到有效保护。

（三）运营及操作环节影响众筹的成功率和效率

对于平台而言，其高管的资质和能力，对项目的尽职调查及投后管理的水平，直接决定了其是否能获取投资者的信赖。互联网众筹的投资人一般是个人投资者，缺少经验和能力来判断项目的投资价值。作为项目的主要寻找和推介人，平台在投前阶段的疏忽容易给自身和投资者造成极大的风险，而投后管理包括后续拨款、协议签订、工商登记、信息披露、协调沟通、利润分红、到期退出等，与投资人的利益息息相关，但相对繁杂，如何及时有效地处理好这些事项也是其不可忽视的问题。

（四）创新程度有限

从目前市场现状看，有创意又有落地能力的众筹项目严重缺乏。从资金供给的角度看，众筹支持者对众筹失败的容忍度较低，为了规避风险，平台也更倾向发布风险较低的投资项目，如产品众筹平台多为预售模式，众筹产品已然有成熟的商品模型、完整的生产流水线、成型的产品包装系统等；互联网非公司股权众筹则倾向已经过市场验证的商业模式。可以说，真正的创意型众筹只能是小众市场。除却宏观市场环境的因素，众筹项目的包装和宣传也往往缺乏吸引力，重点不够突出，文案设计千篇一律，视频和图片粗制滥造。

在目前的市场环境下，完全效仿国外Kickstarter等平台的创意众筹模式较为困难，市场培育任重道远。电商系平台在流量和资源的助力下已然成为产品销售的重要渠道，将继续发挥虹吸效应，吸引更多优秀的项目或产品，进一步挤压其他平台的生存空间。对于独立型产品众筹平台而言，或许可以从这几个方向突破：①在某一领域深耕细作，锁定特定的人群，如乐童音乐；②围绕上下游产业链做好衍生服务，如淘梦网在筹资、制作、宣发等链条上的运作；③从移动端切入，低成本、轻量化、高频率，圈住用户后再和其他服务结合，如追梦筹及其相关平台Hive游学；④走精品路线，配以灵活的回报方式，如物品+收益+股权，这方面的典型有开始众筹，但是对团队、运营等要求较高。

（五）其他挑战

1. 项目经营问题

受到创业者或项目发起人技能、经验、判断力和执行力等方面的限制，项目的管理和运作可能并不理想，甚至令投资人损失本金。鉴于宏观环境、市场竞争、行业发展周期等原因，项目将面临较高的失败风险。事实上，大多数行业的创业项目在前两年内失败的概率高达 80%以上。

2. 资金闲置问题

由于准备不充分、产品进展缓慢、相关证件迟迟无法办理等问题，导致投资到产品交付，或者项目正式运营存在一定的时间差，可达数月甚至一年之久。此外股东矛盾也可能对众筹项目运营造成不良影响，由于众筹项目股东较多，且普遍存在代持情况，容易造成决策时间过长、互相推诿责任等问题，带来额外的管理成本。

3. 项目退出问题

一般公司的股权流动性较差，投资人退出渠道有限，持有周期较长等可能导致利益受损。

以上三点是项目方及其投资人需要共担的风险，存在非常普遍，由于发生在项目成功筹资后，很难通过投资前尽调来规避。从投资人角度看，可以通过这些方法尽量规避以上风险：①选择专业成熟的创业团队；②筛选已经完成前期准备的项目；③签订回购协议，锁定保底收益。

六、监管研读

中国互联网众筹的几种业务形态中，债权众筹（即 P2P 网贷业务）的监管办法已于 2016 年 8 月发布，本书不作单独讨论；产品众筹类似电商预售，严格意义上不属于金融业务，不受金融监管。谈及互联网众筹监管，主要指的是股权众筹的金融监管。

随着 2014 年我国互联网众筹开始进入爆发期，平台数量激增，2014 年 12 月 18 日，中国证券业协会公布了《私募股权众筹融资管理办法（试行）（征求意见稿）》，对股权众筹融资的性质、投资者、融资者、投资者保护、自律管理等内容进行了规定，如表 7-7 所示。

2015 年 7 月 18 日，中国人民银行等十部委联合发布的《关于促进互联网金融健康发展的指导意见》出台，首次明确界定股权众筹融资主要是指通过互联网形式进行公开小额股权融资的活动，指出：股权众筹融资必须通过股权众筹融资中介机构平台进行。

2015 年 8 月 7 日，证监会发布了《关于对通过互联网开展股权融资活动的机构进行专项检查的通知》，认为股权众筹具有“公开、小额、大众”的特征，涉及社会公众利益和国家金融安全，必须依法监管。未经证监会批准，任何单位和个人不得开展股权众筹融资活动。同时，该通知还明确了一些机构开展的冠以“股权众筹”名义的活动，是通过互联网形式进行的非公开股权融资或私募股权投资基金募集行为，不属于股权众筹融资范围，上述业务需要在《公司法》《证券法》《证券投资基金法》《私募投资基金监督管理暂行办法》等现有法律框架下经营。

2016 年 4 月，国务院组织 14 个部委召开电视会议，在全国范围内启动为期一年的专项整治活动，对股权众筹提出“不得发布虚假标的”“不得自筹”“不得‘明股实债’或变相乱集资”等要求。同年 7 月，私募基金募集新规和合同指引正式开始实施，或将对某些通过私募基金渠道开展的股权众筹带来重大影响。同年 10 月，证监会等 15 部委印发《股权众筹风险专项整治工作实施方案》，确定禁止事项和整治重点。

自 2014 年年底首个专门针对股权众筹的文件发布至今，监管密集程度不断加深，众筹行业逐渐由积极鼓励转向合规与发展并重。在此过程中，股权众筹的定义得到厘清，确立了诸如“不得发布虚假标的”“不得自筹”“不得‘明股实债’或变相乱集资”等禁止事项。但截至 2016 年年末，监管部门尚未对股权众筹作出具体规范，股权众筹过程中关于众筹的地位、资金支付、操作规范等均未落实，在监管未落地的情况，开展股权众筹仍然具有一定的政策风险。

表 7.7　互联网众筹相关监管政策

发布部门	发布时间	法律和行政规章	主要内容
中国证券业协会	2014 年 12 月	《私募股权众筹融资管理办法(试行)(征求意见稿)》	对股权众筹融资的性质、投资者、融资者、投资者保护、自律管理等内容进行了规定
央行等十部委	2015 年 7 月	《关于促进互联网金融健康发展的指导意见》	首次明确界定股权众筹融资主要是指通过互联网形式进行公开小额股权融资的活动，指出：股权众筹融资必须通过股权众筹融资中介机构平台进行

续表

发布部门	发布时间	法律和行政规章	主要内容
证监会	2015 年 8 月	《关于对通过互联网开展股权融资活动的机构进行专项检查的通知》	认为股权众筹具有“公开、小额、大众”的特征，涉及社会公众利益和国家金融安全，必须依法监管。未经证监会批准，任何单位和个人不得开展股权众筹融资活动。同时，该通知还明确了一些机构开展的冠以“股权众筹”名义的活动，是通过互联网形式进行的非公开股权融资或私募股权投资基金募集行为，不属于股权众筹融资范围，上述业务需要在《公司法》《证券法》《证券投资基金法》《私募投资基金监督管理暂行办法》等现有法律框架下经营
中国证券业协会	2015 年 8 月	关于调整《场外证券市场业务备案管理办法》个别条款的通知	将“私募股权众筹”修改为“互联网非公开股权股权融资”。除了阿里巴巴、京东和平安取得股权众筹试点资质外，其他大部分的互联网股权融资平台的业务将被归属于“互联网非公开股权融资”的范畴
证监会	2016年10月	《股权众筹风险专项整治工作实施方案》	确定股权众筹的整治重点和禁止事项。 整治重点包括：互联网股权融资平台（以下简称平台）以“股权众筹”等名义从事股权融资业务、募集私募股权投资基金；融资者未经批准，擅自公开或者变相公开发行股票；平台通过虚构或夸大平台实力、融资项目信息和回报等方法，进行虚假宣传，误导投资者；平台上的融资者欺诈发行股票等金融产品；平台及其工作人员挪用或占用投资者资金；平台和房地产开发企业、房地产

续表

发布部门	发布时间	法律和行政规章	主要内容
证监会	2016年10月	《股权众筹风险专项整治工作实施方案》	中介机构以“股权众筹”名义从事非法集资活动；证券公司、基金公司和期货公司等持牌金融机构与互联网企业合作，违法违规开展业务。 禁止事项包括：擅自公开发行股票；变相公开发行股票；非法开展私募基金管理业务；非法经营证券业务；对金融产品和业务进行虚假违法广告宣传；挪用或占用投资者资金

资料来源：零壹财经·零壹智库。

七、发展趋势

（一）机构数量或将进一步下降，行业进入存量增长阶段

2016 年，传统的产品及股权众筹机构数量出现大幅下降。在竞争加剧和监管趋严的情况下，我们认为机构总量在 2017 年将会继续减少，但筹资规模仍会继续上升，即进入存量增长阶段。京东众筹、淘宝众筹和开始众筹等平台业务一直在大幅攀升，其项目来源稳定且百万元、千万元级别的项目显著增多，苏宁、小米等后起之秀也在开始发力，产品众筹将是未来众筹行业的增长主力。股权及收益权众筹机构数量较多，也在吸引更多高净值投资人的参与，但政策上的不确定性使其展业相对谨慎，预计规模会谨慎增长；如政策明朗，存量平台有望在业务上出现爆发式增长。

（二）产品众筹已现巨头争雄，竞争日趋白热化

从2015年开始，京东众筹、淘宝众筹、苏宁众筹的筹资规模便稳居行业前列，2016年开始众筹和小米众筹规模挤入行业前五，这5家平台均是大型互联网公司背景或大风投注资的平台。众筹网作为年筹资规模最高的独立型众筹平台，2016年规模仅有4679万元，且有萎缩趋势。产品众筹无疑已成为巨头争雄的行业，竞争也渐趋白热化，大平台在资产端的争夺加剧，中小规模平台或面临转型、停业的选择。

（三）股权众筹监管或将明朗化

2016年4月，全国性的互联网金融专项整治拉开帷幕，股权众筹成为重点关注对象，其注册开立受到多地工商局限制，进入门槛已大幅收窄。互联网金融风险专项整治将于2018年结束，股权众筹存在的不合法、不合规的乱象有望得到矫正。2017年4月，全国人大常委会第二十七次会议审议了证券法修订草案二审稿，股权众筹机制得到一定的推动。另外，股权众筹监管细则正由证监会研究制定。

（四）汽车众筹风险加剧，或将面临整改命运

汽车众筹异军突起，2016年出现“大爆发”，平台总数已经超过100家，全年筹资规模达到94亿元，成为新的增长极。但是从2016年第3季度起，汽车众筹积聚的风险开始密集爆发，欺诈跑路和经营不善等问题特别突出，数千人、上亿元的资金受到不同程度的影响。

与早年的P2P行业相似，汽车众筹目前处于野蛮生长期，监管缺位、信披不足、投资者保护等问题未能跟上。存量汽车众筹平台规模仍会继续扩

张，潜在风险加速暴露，如若涉及大量投资人乃至造成较大的社会负面影响，汽车众筹可能成为监管层关注和整治的对象。

（五）收益权众筹将迎来更大发展

收益权众筹模式下，普通投资人不再是真正意义上的股东，但拥有股份对应的收益权。较之于股权众筹，收益权众筹的优势在于投资门槛相对较低、交易结构简单、回报方式灵活，对融资者而言也不会影响其持股比例，因而颇受投融资双方的青睐。随着实体店等生活消费型项目在众筹行业的快速发展，收益权众筹模式很可能受到更多机构的认可，也将迎来更大的发展。

（六）房产众筹将继续低迷

在经历2015年的蓬勃发展之后，房产众筹由于杠杆风险等问题引起政府重视，随后迎来“监管阵痛”，深圳、广州等地全面叫停房产众筹。截至2016年年末，存量房产众筹平台主要从事房租收益权、营销推广式众筹，均不涉及利用杠杆资金炒房的可能。

由于国内对房价的强调控，众筹首付款、众筹建房销售这类众筹基本没有发展空间。但是海外房产则不存在类似政策掣肘，有可能成为新的投资机会。不过，由于各国房地产市场的差异性，众筹海外房产需要高度重视风险，加上我国对于外汇的管控，投资便利性可能也会受到较大影响。

（七）消费升级需求下，消费类众筹有望快速发展

随着国民经济收入的不断提高，中国消费需求正在发生实质性改变，消费升级的步伐逐渐加快，这种趋势将有助于消费类众筹的发展。首先，中高档价位的众筹渐成趋势，以京东众筹、开始众筹为代表的平台在科技、出行、

创意餐饮、新空间领域更加侧重价位，人均支持金额近年来稳步增长；其次，文化类众筹份额提高，包括影视、音乐、游戏、出版类众筹份额逐年增大；此外，装修、美业、婚庆服务等低频消费在众筹中也有凸显。

（八）众筹生态圈进一步完善，广度及深度均将增强

现阶段我国众筹发展虽尚未成熟，但经过三年多的发展，众筹生态圈已现雏形。从广度看，众筹资产端、运营端、资金端和公共服务各个方面的从业主体处于增长状态，尤其是资产端和资金端。从深度看，围绕众筹产业链的各项服务趋于完善，有的平台甚至已形成闭环生态。未来，生态圈成员的类型和数量将继续扩大，宣传、营销、路演、投资人培训等服务机构的重要性将有更大的凸显，项目估值服务将更加壮大成熟，监管和自律也将日益明确，生态圈各成员之间的融合势必会加深。

Chapter 8

智慧银行

金融科技对商业银行的指引并不单单是对某块业务或是对某个产品的启迪，更应该是从发展思维、产品服务、风控技术等全流程的系统重构，实现银行智慧化转型发展，零壹智库认为智慧包含虚拟化、数字化、信息化及智能化。

本书所指的智慧银行是指银行使用包括人工智能、区块链、大数据等新兴技术，对传统银行现有的经营思维、营销与服务渠道、产品设计、信贷及风险管理等各个环节进行重构及优化，为银行赋予新能力。

一、发展历程

互联网及互联网金融的兴起，对商业银行的经营和发展起到重要的推动作用，零壹财经·零壹智库从这一角度切入，将商业银行的发展历程划分为三个阶段，即纯线下业务阶段、线上线下结合阶段，以及线上为主线下为辅的阶段，下面将对商业银行的这三重要阶段进行分析。

（一）线下（网点）业务为主

1. 阶段特征

商业银行发展的第一个阶段经营的全部是线下业务。这一阶段商业银行办理业务完全以线下网点为基础，这种经营方式自银行诞生之日起到现在，历经了数百年而没有发生质的改变。

虽然业务形态没有发生质的变化，但在网点的形态上，国内银行经历了多轮革新。一直到21世纪初，很多银行的网点都还是较为传统的高柜的形态，还谈不上所谓的“功能分区”“差异化经营”“分层级服务”等。直到2005年前后，伴随着国内四大行相继开始网点的第一代硬转型，国内银行网点才开始基本形成现代零售网点的框架体系，并由传统交易型开始向服务营销型转型。

这种转型顺应了时代的要求，也助推了银行业开始向零售业务要业绩。伴随着科技的发展和IT技术的广泛应用，在第一代转型铺开后仅数年，国内银行业很快便开始了再次转型。网点成为银行服务营销的核心阵地，银行纷纷把网点产能的提振视为工作重心，并由此展开了网点的软转型。网点经营、网点定位、基于网点的多渠道营销配合等，成为银行转型重点探索的方向。

2. 小结

单以线下网点为银行经营窗口的经营模式存在着明显的缺陷,这种模式存在的问题主要是银行在日常经营中用于创造价值的营销活动时间占比较小，交易与后台处理效率较低。营业人员绝大部分时间都用在客服、交易、后台处理与行政管理等低附加值的业务上,加上在后台处理和复核方面耗时较多，银行的整体经营效率低下，客户办理业务也耗时耗力，银行核心价值观无法得到有效体现。更加便捷的、低成本的银行经营模式亟待被挖掘。

（二）线上线下模式初步融合

1. 阶段特征

商业银行在经历了相对漫长的纯线下第一发展阶段后,终于进入了以电子银行的产生和应用为标志的第二个发展阶段——线上线下初步融合的发展阶段。在这一阶段，商业银行的线上服务渠道和线下物理网点能实现有效地融合，相互进行补充，线上业务是商业银行提升客户体验和办事效率的重要渠道,线下业务能够充分与客户进行沟通，增加信息的可靠性，保障安全，两者相辅相成，缺一不可。

（1）启蒙和培养了客户网上办理业务的习惯

在商业银行线上线下这一发展阶段网上银行等电子银行渠道推出后,客户依赖银行网点的行为被迅速改变。举例来说，在20世纪80年代中期，几乎所有的银行业务都需要客户通过物理网点来完成。而今天，我们日常所办理的绝大部分的零售银行业务都可以通过电子渠道来进行。当然，对于部分中高端客户群，或者有着较为复杂的理财业务需求的客户群，以及老年客户来说，物理网点的意义依旧十分重要，但它已不再是最主流的零售业务群体办理业务的首选渠道。

（2）线下物理网点是这一阶段的补充，同时也是发展的阻力

商业银行线上线下结合的发展阶段意味着银行业进入电子时代，其拥有一定程度的便捷和迅速性，但也有其局限性。

首先，无论客户开户之后有没有继续前往网点办理业务，客户的账户归属仍为某个具体的网点。在大多数银行，IT 系统仍然在记录客户是被“分配”或“联系”到客户首次开户的网点。如果客户已经搬到另一个城市，到一个新的网点会要求将账户迁移过来，此时，客户在系统中的属性就会发生了归属地的改变——作为一个银行的业务单位，由这个网点的专属客户，转移到另一个网点的专属客户。因此，银行虽然也会调查客户使用各种渠道的频率和习惯，但最终在绩效考核上，银行还是会更关心客户所“归属”网点究竟卖了多少产品。

其次，客户办理业务的最终合规步骤，往往都需要去网点完成。在商业银行的第二个发展阶段，很多基础性的银行业务已经可以直接通过电子渠道完成。但如果客户需要购买一些较为复杂的产品，就很难通过网上银行直接开户、验证、完成购买。这背后的原因有很多，比如，基于风控考虑，客户必须提交相应的证明材料，签署纸质文件和免责声明；比如，基于银行交叉销售的考虑，客户如能前来网点完成相应手续，银行就会多一次与客户接触、营销的机会等。

最后，银行已经开始习惯网上营销，但是网上营销和电子渠道并没有成

为银行发力的重点。换而言之，电子渠道是银行降低成本的一种手段，是物理网点的有效补充，而非银行着力打造的主流销售渠道。电子渠道的交易额虽然一直呈高速增长态势，但其主要构成仍是极为简单的转账、支付业务。

2. 这一阶段典型的银行形态：电子银行

电子银行打响了商业银行布局线上业务的第一枪，无论是产品还是服务，经过这 20 多年的摸索和创新，如今已成功获得大批用户的支持，用户的网上支付习惯已基本形成。网上银行、手机银行、微信银行、短信银行、电视银行等多种电子银行服务窗口，为商业银行的发展不断注入新的血液，如表 8.1 所示。

从 1988 年中国银行推出国内第一台 ATM 机开始，纵观这 20 多年电子银行的发展，无论是出自国有大行还是股份制银行，甚至是城商行、农商行，几乎每年都会增加新的服务功能。在这创新的背后是客户对快速便捷、与时代挂钩的产品市场的需求越来越迫切。

表 8.1 我国电子银行发展历程

时间	银行	具体措施及发展阶段
1988 年	中国银行深圳分行	推出国内第一台 ATM 机
1997 年 4 月	招商银行	建立了自己的网站，成为国内第一家“上网”的银行
1998 年 9 月	招商银行	推出“一网通”服务，成为国内首家推出网上银行业务的银行
1999 年	—	中国建立第一批银行客户服务中心，电话银行开始进入快速发展时期
2000 年 5 月	农行广东分行	首创一种新的金融服务——“用银行账户直接上网”，实行上网费实时扣缴，为客户带来极大便利

续表

时间	银行	具体措施及发展阶段
2004 年	交通银行	推出国内第一家采用无线上网技术、能同时连接中国移动和中国联通的手机银行
2005 年 5 月	中国银行	率先开通家居银行，它是在有线电视视讯宽带网的基础上，以电视机与机顶盒为客户终端实现联网、办理银行业务
2011 年 12 月	光大银行	完成了对全国范围内的自助设备取款流程升级，成为国内首家“先出卡，后出钞”的银行
2012 年 12 月	交通银行	推出远程智能柜员机 ITM，打造全功能、全天候、面对面、类柜面微型智能网点，实现未来网点无人银行、有人服务
2012 年 7 月	广发银行	推出全国首家 24 小时智能银行，以客户自助服务和远程客服协助替代传统柜台服务，实现部分取代银行传统网点功能

资料来源：公开信息，零壹财经·零壹智库整理。

3. 小结

在电子银行为商业银行布局线上业务为主要方式的这一阶段，网上银行的推出与普及帮助客户随时使用银行的服务，实现了前所未有的控制感与多元选择，由此实现了银行电子渠道的快速成长。而当智能手机风靡全球，成为人们生活中不可或缺的一部分后，手机银行的需求得以全面铺开，让客户真正实现了在任何时间、任何地点皆能操作现金以外的银行业务。ATM/POS等银行自助设备是对网上银行、手机银行、短信银行等网上银行渠道的补充，也加速了商业银行的服务效率。

一旦客户可以不受时间和空间的阻碍，便捷地完成银行业务，网点的地位和作用就遭到不可逆转的下滑。这让以物理网点体系为基础的已经平稳运营了数百多年的银行业面临莫大的冲击，物理网点的转型已迫在眉睫。

线下物理网点有其存在的必要性，但是它们在拖延用户习惯线上转移的同时，也降低了银行的服务效率，增加了运营成本，所以商业银行的发展脚步还未停止，商业银行正摸索着金融第三个发展阶段——以线上为主线下为辅的发展阶段。下面将做进一步介绍。

（三）线上为主，线下为辅

1. 阶段特征

商业银行发展到线上为主线下为辅的这一阶段，主要特征体现在这一时期线下实体的网点功能作用被大幅削弱，银行形式更多的是以网络作为交易媒介来体现。在此形式下，银行几乎所有的特性均依托于互联网进行。假定静态地看互联网金融，商业银行在这一阶段发展成熟的话，面对互联网金融的冲击压力将会减小，因为它几乎具备了互联网金融的所有优势，而且还具有众多互联网金融企业所不具备的优势。

与美国 1995 年开展的第一家纯网络银行——美国安全第一网络银行所不同的是，我国纯网络或者说以线上经营为主、线下经营为辅的银行经营模式兴起得较晚。真正引起关注，并且在国内有相应的经营模式产生是在 2013 年，在 2014 年得到快速发展。国内开启线上经营为主、线下经营为辅的银行经营模式以直销银行的纷纷开设和发展，以及 5 家民营银行的获批为标志。直销银行的主要经营模式主要有两种，一种是线上线下相结合的模式，另一种是纯线上的经营模式。而互联网银行方面，在国内处于探索阶段，截至 2017 年 6 月末，已经获批的 17 家民营银行中，有 8 家银行明确其“互联网银行”战略。

2. 典型的银行形态：直销银行、互联网银行

（1）直销银行

2013 年 9 月，北京银行开设第一家直销银行。随后，直销银行开始进入短暂的快速发展期。2014 年是国内直销银行发展最为火热的一年。公开资料显示，民生、平安、招行、宁波银行等至少 15 家银行在 2014 年涉水直销银行。2017 年以来，已有包括中信银行、招商银行和徽商银行等在内的至少 20 家银行发布公告设立独立法人直销银行。除了股份制银行外，以城商行、农商行等中小银行成立的直销银行成为主力。值得注意的是，直销银行不仅上线速度快，推出的投资理财产品也是形式多样，从简单的存储转账业务到基金、P2P 产品等，直销银行都包罗其中。

如前面提到的，直销银行的经营模式有两种，即线上线下相结合模式和纯线上模式，之所以将其放在商业银行发展的第三阶段，是因为中国式直销银行来自于国外网络银行的变异，加入了中国的特色，由于前面有电子银行作为线上线下的融通渠道，商业银行更多地将直销银行作为纯线上渠道进行经营。

（2）互联网银行

自 2014 年首批民营银行试点开始，其发展状况一直受到各方关注。2014 年银监会启动民营银行试点工作，深圳微众银行、上海华瑞银行、温州民商银行、天津金城银行、浙江网商银行 5 家民营银行率先在 2015 年年底前完成开业。2015 年 6 月，监管下发《关于促进民营银行发展的指导意见》，民

营银行组建由试点转为常态化申设。为破解小微企业“融资难”和民间资本的“投资难”，发改委于2016年10月发布《促进民间投资健康发展若干政策措施》，要求进一步加快民营银行审批，如表8.2所示。

公开资料显示，自第二批民营银行开闸后，银监会已批筹12家，加上此前获批的5家试点民营银行，截至2017年10月10日，已经有17家民营银行获准筹建，其中已经开业的有16家，分别为：前海微众银行、浙江网商银行、温州民商银行、上海华瑞银行、天津金城银行、武汉众邦银行、重庆富民银行、四川新网银行、湖南三湘银行、福建华通银行、吉林亿联银行、北京中关村银行、江苏苏宁银行、山东威海蓝海银行、辽宁振兴银行、广东梅州客商银行，尚未开业的只有安徽新安银行。据中商产业研究院的数据显示，今年上半年民营银行核名总数共计68家。

零壹财经·零壹智库根据公开信息统计，在目前获批的17家民营银行中，以互联网、科技金融等定位的民营银行共有8家，深圳前海微众银行、浙江网商银行、四川新网银行定位于互联网银行，福建华通银行、北京中关村银行定位于科技金融，江苏苏宁银行是首家O2O银行，武汉众邦银行的定位是打造国内最大的“互联网+供应链金融”银行，吉林亿联银行定位于智能网络银行。

2017年8月，五家首批民营银行披露2016年业绩报告，这是首批五家试点民营银行自成立以来的第一份完整会计年报，年报显示五家民营银行的营收和净利润均大幅增长，较2015年全部扭亏为盈，资产质量方面不良贷款率总体较低，其中有两家银行的不良率为0。

3. 小结

随着互联网金融开始迅猛发展，银行的“存贷汇”业务受到不同程度的冲击。在此阶段，银行已经意识到转型升级的必要性，所以开始设立直销银行，引入人工智能、区块链等信息技术，转型动作加快。与此同时，监管层鼓励民营资本进入银行业，金融机构之间的竞争进一步加剧。零壹智库认为线上为主、线下为辅的商业银行发展阶段是商业银行线上业务发展成熟后的必然走向，直销银行、互联网银行在我国的生根落地是商业银行在此阶段发展的标杆性事件。

表 8.2　智慧银行大事记

时间	大事记
2014 年 12 月 12 日	我国第一家民营银行——微众银行正式开业。
2015 年 3 月 23 日	工商银行正式发布互联网金融平台“e-ICBC”品牌，按照工行的整体规划，互联网金融战略包括电商平台“融 e 购”、即时通信平台“融 e 联”、直销银行“融 e 行”三大平台，“一中心”为网络融资中心，以及支付“工银 e 支付”和“线上 POS”、融资“逸贷”、投资理财“工银 e 投资”三大产品线
2016 年 5 月 18 日	重庆市金融办宣布，重庆富民银行正式获得银监会批复筹建，银行类别为民营银行。重庆富民银行成为民营银行常态化设立后全国首家获批的民营银行，也意味着第二批民营银行正式开闸
2016 年 9 月	微众银行宣布与华瑞银行联合开发区块链应用系统，用于两家银行微粒贷联合贷款的结算、清算，已在当月投入试运行，国内首笔银行区块链业务上线
2016 年 11 月 9 日	建行宣布推出支付产品“龙支付”，特色是刷脸即可在 ATM 机上取款。
2017 年 1 月 5 日	中国工商银行推出了个人信用消费贷款品牌——工银融 e 借，宣布将进入消费金融的万亿级市场。此次推出的个人信用消费贷款品牌融 e 借将与此前推出的“融 e 行”“融 e 联”及“融 e 购”共同形成工行触网四大布局

续表

时间	大事记
2017 年 8 月 21 日	我国首家独立法人模式的直销银行——百信银行宣布获得中国银监会核发的《中国银监会关于中信百信银行股份有限公司开业的批复》（银监复[2017]255 号），银行类别为有限牌照商业银行，中信银行、福建百度博瑞网络科技有限公司作为发起人，入股比例分别为 70%、30%。自 2015 年 11 月中信银行与百度公司宣布准备筹建百信银行算起，历时近两年终于正式获批开业

资料来源：公开信息，零壹财经·零壹智库整理。

二、发展现状

长期以来，传统银行依赖线下渠道，高成本、低效率的信用中介服务模式，已不能满足社会和银行自身对于金融交易的现时需要，互联网金融的兴起更激化了这一矛盾。近年来，传统银行最基本的存贷汇业务都不同程度地受到了互联网的冲击，如表 8.3 所示。

表 8.3　商业银行受到互联网金融的冲击

存款业务	据央行统计，2017 年前三季度人民币存款增加 11.68 万亿元，同比少增 1.13 万亿元。其中，住户存款增加 4.48 万亿元，非金融企业存款增加 2.03 万亿元，财政性存款增加 7892 亿元，非银行业金融机构存款增加 1.24 万亿元
贷款业务	零壹数据显示，截至 2017 年 9 月末，P2P 网贷行业累计交易额约为 5.39 万亿元。而据央行统计数据，截至 2017 年 9 月末，人民币小微企业贷款余额 23.5 万亿元

续表

汇款业务	第三方支付全面抢夺银行阵地，2016年非银行支付机构累计发生网络支付业务81639.02亿笔，金额99.27万亿元，同比分别增长99.53%和100.65%。而同期银行卡消费业务只有383.29亿笔，金额56.50万亿元，同比分别增长32.03%和2.72%

资料来源：中国人民银行统计数据，零壹财经·零壹智库整理。

根据表8.3可以看出，随着互联网金融的迅猛发展，银行的基础业务（存贷汇）已经受到了巨大的冲击，银行不得不思考解决办法并走上转型升级之路。

（一）银行的互联网化布局现状

1. 直销银行成转型标配，同质化严重

据公开资料显示，截至2016年12月末，已上线直销银行数量超过60家，商业银行推出在线直销银行的直接推动力来自于以余额理财为核心的互联网金融的迅速崛起，因此，已上线运行的在线直销银行无一例外将余额理财作为主打和必备产品。不受地域限制可以跨区域开展业务，是众多中小银行倍加青睐直销银行的主要原因。从更深层次来看，随着互联网和移动通信技术的深入应用，社会消费习惯和商业模式将发生深刻变化，从而引发金融行为模式乃至商业银行服务模式的改变。在线直销银行正是商业银行的提前布局。然而，目前大部分直销银行在产品服务方面缺乏创新，主要集中于货币基金、银行理财及存款业务等方面，产品单一，同质化现象严重。

2. 网贷存管业务呈爆发式增长

2017年2月23日，中国银监会发布了《网络借贷资金存管业务指引》，

明确了网贷平台的存管形式和存管条件，并给出了6个月的过渡期。随着监管政策的出台，网贷平台纷纷寻求与银行合作以谋求合规。网贷存管业务成为众多中小银行及民营银行新业务的增长点。

据零壹数据不完全统计，截至2017年9月末，正式上线存管系统的网贷平台有469家，已与银行签订存管协议但系统暂未上线的平台至少有85家。随着整改期限愈加紧迫，网贷存管系统的上线还在加速。

从具体数据来看，2016年年末上线直接存管或银行直连系统的平台共有117家，9个月内，上线存管系统的网贷平台增加352家，平均每月约39家，网贷平台资金银行存管明显增速。

存管银行方面，至少有47家银行与P2P网贷平台完成资金存管系统对接并正式上线。华兴银行、江西银行、恒丰银行、浙商银行、海口联合农商行和新网银行对接P2P网贷平台数量分别达到79家、70家、43家、40家、33家和30家，这6家银行合计对接295家P2P网贷平台，占已上线存管系统平台总量的62.9%。华瑞银行是首家从事网贷资金存管的民营银行，新网银行则是对接网贷平台资金存管最多的民营银行。值得注意的是，四大行中的中国农业银行和中国建设银行也已开展了网贷资金存管业务，对接的平台均有2家。2017年5月5日，建行广东省分行正式发布了资金存管产品“龙存管”。从地区来看，网贷平台接入银行资金存管系统最多的分别是广东、北京、上海、浙江，分别达到139家、125家、69家、45家。除此之外，安徽和江苏各11家；其余省份均不多于9家。

3. 发力社交金融，升级渠道服务体验

互联网、移动通信和大数据技术的广泛应用在带来新的竞争对手的同时，也给商业银行带来新的机会。越来越多的商业银行借助社交平台的便捷性及其积累的庞大客户群，推出微信银行、微博银行等。一方面，丰富产品宣传和品牌传播渠道，提高宣传的针对性和有效性；另一方面，基于社交平台，融入网点查询、转账支付、交易提醒、理财购买、无卡取款等功能，构建起一种新的服务模式，提高对客户的服务能力。此外，通过开发微融资、微理财等专属产品，在营业场所或其他场所引入自动获取微信客户并推送产品信息的技术，实现主动获客，提高经营能力。

4. 银行系电商成为重要导流平台

众所周知，银行系电商平台本身拥有诸多优势，例如，金融服务的专业性、客户信息的真实性等，但是就银行本身来讲，其劣势要远远大于优势。就电商平台本身来讲，无论是产品、商户、平台认知度、客户体验度都远远不如一些知名电商平台（如淘宝、京东等）。而从发展历程来看，众多银行系电商平台都是由信用卡商城转变而来，建行的“善融商务”就是其典型代表，可以说银行系的电商平台都是银行应对互联网金融冲击下的临时性产品，还是用传统金融服务的思维在运营。综上所述，电商平台也只能算银行的“副业”。目前多家大中型银行已经把其电商平台作为导流其他金融平台的重要渠道，其前景不容乐观。

5. 大中型银行纷纷调整架构，成立互金部门

在组织架构上，传统银行也进行了改革调整。以在 A 股上市的银行为统计范围，包括工农中建交五大行在内的至少 10 家银行，近两年来，将电

子银行部更名为网络金融部，或增设互金业务中心等；银行业内涌现高管离职潮，仅在2015年一年就有超过50位银行高管离职。

6. 发力移动金融战略，创新移动支付产品

根据各家银行2016年年报显示，多家银行在移动端的金融服务进一步深化。移动金融战略成为2016年各家银行的战略重心，如表8.4所示。

表8.4 部分银行互金战略概览

银行	互联网金融战略
工商银行	优化支付产品功能，丰富应用场景，推出二维码支付、推广一键支付，在同业中首先开展ApplePay 线上收单业务，推出三星Pay、华为Pay、小米Pay等手机移动支付产品
农业银行	新推出的个人网上银行和掌上银行在业务流程、产品功能等方面进行优化改造，融入了生活场景体验流程，丰富了该行客户注册、线上理财、线上融资、快捷认证等亮点功能
中国银行	该行以移动互联为重点，培育客户电子渠道使用习惯。电子渠道客户活跃度和忠诚度持续提升，手机银行业务量快速增长，对该行客户服务和业务发展的支持能力显著增强。 另外，该行在移动支付产品方面还推出HCE 云闪付、Apple Pay、Samsung Pay 等近场支付（NFC）产品
建设银行	建设银行坚持“移动优先”策略，持续推动智慧银行建设，加速创新，为客户提供智能高效的移动金融综合服务
招商银行	2016年，招行积极布局移动互联网，大力建设以手机为中心的零售业务轻平台，推出了招商银行APP5.0新版本，以智能化、融合服务、金融自场景为核心理念，推出多项服务
中信银行	该行一方面与互联网企业合作布局新兴业务板块。另一方面，中信银行在原有业务基础上积极探索服务与产品的“互联网+”升级
民生银行	该行除了推出“民生付®”品牌，构建移动支付用户体系，此外还在直销银行、手机银行、移动支付、网络支付、网上银行、微信银行等网络金融产品和服务方面发力，积极构建“金融+科技+生活”互联网金融生态圈

续表

银行	互联网金融战略
兴业银行	积极发展移动支付与网络银行业务，实现移动支付业务覆盖主流安卓、苹果手机。领先推出云闪付线上支付、ATM 云闪付取款功能，以及手机银行客户端 ApplePay 空中发卡功能，使云闪付服务全面覆盖线上线下业务
交通银行	交通银行于 2016 年 6 月成立了手机银行项目部，并在 2016 年年底升格成为线上金融业务中心，全面负责手机银行的策略分析、产品研发和业务推广

资料来源：公开信息，零壹财经·零壹智库整理。

可以看出，目前多家银行在进一步深化移动金融战略，概括来说有以下几种做法，例如，通过传统网上银行及手机银行的优化，打造移动金融服务平台，这类以农行、交通银行及建行为主，属于传统电子银行的渠道升级；第二种是推出专门的移动金融 APP，融合金融服务、消费、娱乐等场景，打造移动金融生态体系，这类以招商银行最为典型；第三类是跨界合作，这类以中信银行较为典型。

除了战略层面，还可以看到 2016 年各家银行主攻移动支付产品，除了多家银行和手机厂商（苹果、华为、三星等）建立合作推出移动支付产品，还有很多银行在研发自有的移动支付品牌，例如，民生推出的“民生付®”品牌。

7. 智能机具日益普及，网点智能化进一步升级

根据央行数据显示，截至 2017 年二季度，POS 机具 2899.94 万台，ATM 机具 94.35 万台，金融服务受理环境持续改善，另外随着 VTM、ITM、自助发卡机等智能化自助交易设备的普及，网点面对面的柜台交易日益被自助交易和网上交易所替代。为了顺应这一趋势，商业银行一方面重新进行功能布局，增加智能化自助交易设备，打造无人值守的智能轻网点，打破交易的时间限制；另一方面在传统业务流程中引入智能元素，如借助移动 Pad，更

高效便捷地为亲临网点的客户提供服务，提高客户体验度。

8. 民营银行开闸，“互联网基因”兴起

传统银行转型之余，随着监管政策对民营银行的解绑，一大批民营银行喷涌而出，自2013年6月国务院常务会议首次提出“探索设立民营银行”以来，诸多上市公司便开始布局，纷纷申请设立民营银行。据中商产业研究院的数据显示，今年上半年民营银行核名总数共计68家。截至2017年10月，我国已获批成立的民营银行有17家，除去首批试点5家，2016年获批的民营银行有12家。值得注意的是，在17家民营银行中共有8家银行明确打出了“互联网银行”的招牌，占据半壁江山。

而这些民营银行的互联网基因主要来自其股东背景及互联网资源，具体整理如下，表8.5所示。

表8.5 民营银行互联网背景概览

银行	互联网背景
微众银行	大股东是腾讯（占股30%）
网商银行	大股东是阿里旗下浙江蚂蚁小微金融服务集团（占股30%）
新网银行	小米（占股29.5%）
吉林亿联	第二大股东是吉林三快科技有限公司（占股28.5%），与美团点评紧密关联
福建华通银行	永辉超市（占股27.5%）和阳光控股（占股26.25%）
北京中关村银行	用友网络（占股29.80%）；11家发起股东多为注册于中关村国家自主创新示范区的科技创新企业
苏宁银行	第一大股东是苏宁云商（占股30%）
武汉众邦银行	大股东为卓尔控股（占股30%）

资料来源：公开信息，零壹财经·零壹智库整理。

虽然目前多家民营银行因其“互联网”背景被市场所关注，但是目前这些银行由于开业时间尚短及业务资质等问题，未来前景仍待考量。

综上所述，传统银行为“互联网+”转型做了诸多尝试，凭借自身多年积累的资产、用户、数据及经验等诸多优势，已经取得了一定的成绩，例如，由被动型吸储转变为销售理财来主动获取资金等；但内部组织结构僵化、运营和管理无法充分市场化、整体效率低下等问题仍然存在，传统银行在电商、P2P 存管、直销银行等方面的转型成果仍差强人意。

目前，大数据、云计算、区块链、人工智能等新技术的快速发展和应用，迎来了金融科技时代，这无疑为传统金融行业（尤其是银行业）带来了全新的挑战与机遇。在国家经济增长乏力、进入震荡调整期的大背景下，传统银行将告别过去“躺着赚钱”的时代，转型升级已迫在眉睫。根据零壹智库总结的年报来看，金融科技已然成为多家上市银行关注和布局的重点，例如，工商银行在 2016 年已创建互联网金融、大数据与人工智能、云计算、区块链与生物识别等“七大创新实验室”，在“融 e 行”“融 e 购”“融 e 联”三大平台和网络融资中心及支付产品线建设上持续发力。而农业银行则以其巨大的农业网点布局优势打造了以社交电商为主的金融平台。据农行 2016 年年报披露，该行优化互联网分销渠道，推动网络金融业务转型升级，持续打造金融、社交、电商三大平台。因此，银行必须面临金融科技变化的挑战并重新设计运营模式。通过连接银行业务和所掌握的大量数据，银行可以不断开发新的客户需求，推动产生更多价值。国际领先银行都宣布了对数字化银行数十亿欧元的投资，推动银行内部金融科技的运用和发展。

（二）业务模式

1. 智慧银行参与方

用户：所有符合银行相关业务要求和资质的企业及个人。

前端：线下端主要是传统商业银行的网点及一些智能机具（如POS机、ATM或VTM等），线上则是各家银行（包括民营银行）的门户网站及电商平台，当然还有电子银行的相关渠道，包括手机银行、网上银行、微信银行等线上渠道。

中端：主要是IT系统端，该系统接收前端多渠道的客户及交易信息，另外进行系统的存储、分析及传递，同时设立信贷标准或规则。

后端：该部分在传统银行属于人工决策，负责判断用户及交易服务是否成立等。而在人工智能兴起后，民营银行及部分传统银行开始实践人工智能决策代替传统人工手动决策。该部分使用智能决策后，可以提升服务效率，减少人工成本。

第三方服务商：包括银行信贷业务的贷前调查辅助、贷后催收方、不良资产处置机构、第三方支付机构、数据信息提供机构及IT服务商等，此外还包括法律服务机构。

监管方：主要包括央行（中国人民银行）及各地分支机构，银监会及各地分支机构。

2. 各参与方

（1）传统商业银行

传统银行在经历互联网金融的冲击后，自身发生由内而外的变化，一方面通过自身业务流程的优化降低成本、提升服务效率，另一方面升级 IT 系统构架，创新产品及服务。但是上述这些服务主要还是由外部推动而产生，目前智慧化转型成果并不显著。

（2）民营银行

当前民营银行已经成为我国金融行业不可小视的一股力量，从监管上看，民营银行是国家推动金融体系多元化的重要战略方针。而从民营银行自身来讲，由于其存在成立时间短，缺少品牌认知、缺少金融底蕴等多个问题，走之前各家银行的老路是无法赶超目前这些传统商业银行的，所以它们必须要独辟蹊径，进行差异化经营才有可能实现弯道超车。而智慧银行的建设恰恰能满足弯道超车的必要条件，所以民营银行恰恰是技术改变世界的忠实拥护者，也是智慧银行探索的积极分子。

3. 业务模式

新型技术已经成为当前商业银行新的发展驱动力，面对非传统金融机构主导着的互联网金融大潮，商业银行通过改造传统线下网点业务模式来提升银行服务效率及客户服务体验。通过线上建立直销银行的方式应对新兴金融科技企业在线上的“绞杀”。另外，随着利率市场化进程的稳步推进，监管层也意识到传统银行业的种种问题，民营银行的开闸也就成为大势所趋。同时也给更多的商业银行制造了众多有潜力的竞争者，以期使传统商业银行加速转型，应对日新月异的变化。

（1）直销银行

近几年，直销银行往往被看做传统银行机构向互联网金融生态延伸的重要典范。然而自 2016 年以来，直销银行的话题热度渐渐降温，前有电子银行站路，后有互联网银行追赶，定位不明且缺乏特色的直销银行位置变得尴尬。不过，在 2017 年 1 月，我国第一家独立法人模式直销银行——百信银行获批筹建，使得行业关注点重新聚集到了直销银行上来。

2013 年 9 月 18 日，北京银行宣布与荷兰 ING 集团合作，正式开通直销银行服务模式，并以线上和线下融合的方式提供服务，拉开了国内直销银行发展序幕，2014 年 2 月，中国民生银行推出了纯线上的直销银行服务平台，被视为我国第一家直销银行。公开资料显示，截至 2016 年 12 月末，已上线直销银行数量超过 60 家，2016 年新设立的直销银行不足两位数，增速大大放缓，如表 8.6 所示。

从各商业银行直销银行上线时间来看，直销银行大规模上线时间为 2014 年下半年与 2015 年下半年。小型股份制商业银行反应速度较快，集中推出时间为 2014 年下半年，城市商业银行布局也较早。大型股份制商业银行、农商行的反应速度较慢。

表 8.6　部分直销银行数据

银行	直销银行	上线时间	渠道	目前流量	产品与功能
工商银行	融 e 行	2015.2	移动端	截至 2017 年上半年末，工行直销银行"融 e 行"客户数量突破 2.67 亿户	理财、基金、贵金属、手机炒股、结售汇、外汇买卖等
北京银行	北京银行直销银行	2013.9	移动端+PC 端	截至 2017 年年上半年末，直销银行客户达 38.1 万户，其中行外客户占比达到 67.5%；资金量余额 22.6 亿元，较年初增长 21.8%；储蓄余额(含保本理财)22.5 亿元，较年初增长 23.4%。自成立以来，资金量累计销售额达 65.2 亿元	更慧存（存款）、更慧赚（理财、货币基金)、更会贷(消费贷)、更汇付
民生银行	民生银行直销银行	2014.2	移动端+PC 端	截至 2017 年上半年末，直销银行如意宝申购总额 17,174.33 亿元；个人网银交易笔数 9.71 亿笔，交易金额 5.29 万亿元	如意宝(货币基金)、定活宝（理财)、基金通、银行理财、民生金(贵金属)、利多多（定期存款)、好房贷、随心存（储蓄存款)、轻松汇（转账）
兴业银行	兴业银行直销银行	2014.3	PC 端	无	兴业宝（货币基金)、现金宝(活期理财)、兴业红（基金)、智盈宝（封闭式存款)、理财、基金代销、定期存款

续表

银行	直销银行	上线时间	渠道	目前流量	产品与功能
平安银行	平安橙子	2014.8	移动端+PC端	截至2015年年末，平安橙子客户数 506 万户，较年初增长 883%，	定活通（存款）、平安盈（余额理财）、快e盈、基金、黄金账户、理财产品
南京银行	你好银行	2014.6	移动端+PC端	无	鑫欢喜（银行理财）、年安享、好享富（票据类理财）、鑫钱宝（货币基金）等

资料来源：银行财报，零壹财经·零壹智库整理。

通过对比几家较为知名的直销银行相关资料可看出，中国直销银行服务趋同。虽然其产品较最初创立时有所丰富，但仍集中于货币基金、银行理财及存款业务等，产品较为单一，同质化现象严重，缺乏创新。

直销银行虽然有着深厚的金融背景，但其产品的互联网创新程度还远远不够，难以对客户产生足够的吸引力。总之，目前的直销银行还只能算是传统银行的网上银行、手机银行等虚拟渠道部分销售功能的整合与集中。

查询各银行年报发现，在直销银行的运行数据方面，公开披露的信息很少。大部分传统银行在服务体系设计和搭建上仍将直销银行作为渠道的一种拓展看待。缺乏独立运营能力的中国直销银行逐渐沦为银行理财业务拓展的渠道，而在其他服务匹配上也是较依赖于传统银行机构本身。

直销银行的运营发展因缺乏独立性一直饱受诟病，而随着第一家独立法人模式的直销银行——百信银行开业，此类型直销银行或将为银行业互联网化转型注入新的血液。

（2）民营银行

2015 年 6 月，银监会印发《关于促进民营银行发展的指导意见》，鼓励民间资本进入银行业。第二批民营银行正式开闸。截至 2016 年 12 月 31 日，我国已批准设立民营银行 17 家，除 2014 年首批五家试点机构外，2016 年第二批民营银行开闸，已批复 12 家。2016 年 11 月和 12 月，审批速度大大加快，其中 12 月就有 7 家民营银行获得批复，如表 8.7 所示。

表 8.7　已获批复的 17 家民营银行基本信息

名称	获批时间	开业时间	注册地点	注册资本（元）	主发起人
微众银行	2014.7.25	2014.12.12	深圳	42 亿	腾讯 30%、百业源 20%、立业集团 20%
温州民商银行	2014.7.25	2015.3.26	浙江温州	20 亿	正泰集团 29%、华峰氨纶 20%
金城银行	2014.7.25	2015.3.27	天津	30 亿	天津华北集团 20%，麦购(天津)集团 18%
网商银行	2014.9.26	2015.6.25	浙江	40 亿	阿里小微金服 30%、上海复星 25%
华瑞银行	2014.9.26	2015.1.27	上海	30 亿	上海均瑶集团 30%
富民银行	2016.5.18	2016.8.26	重庆	30 亿	瀚华金控 30%、宗申集团 28%、福安药业 16%、渝江压铸公司 13%
新网银行	2016.6.13	2016.12.28	四川	30 亿	新希望集团 30%、四川银米科 29.5%、成都红旗 15%、其他 25.5%
三湘银行	2016.7.29	2016.12.21	湖南	30 亿	三一集团 18%、湖南三一智能控制设备 12%、湖南汉森制药股份 15%、湖南省邵东县新仁铝业 12%

续表

名称	获批时间	开业时间	注册地点	注册资本（元）	主发起人
华通银行	2016.11.28	2017.1.16	福建	24 亿	永辉超市 27.5%、阳光控股 26.25%
众邦银行	2016.12.6	2017.4.25	武汉	20 亿	卓尔控股 30%、武汉当代科技产业集团 20%、壹网通科技 20%、钰龙集团 10%、奥山投资 10%、武汉法斯克能源科技 10%
亿联银行	2016.12.27	2017.5.16	吉林长春	20 亿	中发金控 30%、三快科技 28.5%
新安银行	2016.11.7	尚未开业	安徽	20 亿	南翔集团 30%
苏宁银行	2016.12.21	2017.6.15	江苏	40 亿	苏宁云商 30%、日出东方 23.6%
蓝海银行	2016.12.22	2017.5.27	山东威海	20 亿	威高集团 30%、赤山集团 22.5%、迪尚集团 12.5%
振兴银行	2016.12.23	2017.10.9	辽宁沈阳	20 亿	沈阳荣盛中天 30%、沈阳天新浩科技 28%、沈阳启源工业泵研究所 22.5%
梅州客商银行	2016.12.29	2017.6.28	广东省梅州市	20 亿	宝新能源 30%、塔牌集团 20%、喜之郎集团 19.9%、超华科技 17.6%、温氏股份 12.5%
中关村银行	2016.12.21	2017.7.17	北京	40 亿	用友网络 29.8%

资料来源：公开信息，零壹财经·零壹智库整理。

从筹建过程看，民营银行由中国银监会作出批准筹建的批复，当地银监局做出开业批复。从拿到筹建批文到正式开业，一般要经历 5～8 个月。从注册资本看，目前已经获准筹建的民营银行注册资本在 20 亿～40 亿元。

2014 年 7 月，第一批民营银行筹建申请获中国银监会正式批准，也意味着我国金融改革历史性的开端。微众银行为首家获批开业的民营银行。2015 年 8 月 15 日“微众银行 APP”正式上线，这标志着微众银行已经初步建成一套具备自主知识产权、世界领先的“去 IOE”银行科技系统。该系统能支持亿级海量客户和高并发交易，账户运维成本降到传统银行的 10%，已有 21 项新技术应用申请国家发明专利。同时代销理财产品的“微众银行 APP”开户数已经超过 50 万户，管理资产超过 150 亿元。公开资料显示，截至 2017 年 5 月末，微众银行微粒贷白名单客户开户数为 2318 万人，累计放款额突破 3000 亿元。而与微众有同样互联网“基因”的网商银行，截至 2017 年 1 月末，网商银行服务小微企业和经营者的数量达到 271 万户，覆盖全国 23 个省、直辖市和自治区；累计放款金额 1151 亿元；贷款金额 331.93 亿元，户均贷款金额为 1.7 万元。

与微众和网商相比，其他三家民营银行更接近于传统银行，主要通过线下网点面向区域性客户提供传统金融服务，并辅之以互联网渠道建设。华瑞银行 2016 年年报显示，截至 2016 年年底，华瑞银行的自贸业务资产规模达到 171.62 亿元，为小微企业提供跨境金融服务、线上供应链金融服务等。互联网业务总部资产规模为 11.67 亿元，其移动微银行 2.0 版全面升级，直销银行正式上线，科创金融业务资产规模为 23.96 亿元。值得注意的是，2016 年华瑞银行非息收入中，手续费及佣金净收入为 6593 万元，同比增长 89.8%，投资收益为 1.2 亿元，非息收入占营业收入的 28.29%，其中投资收益占 18.2%。

在筹建之初，这 5 家民营银行就有差异化的市场定位。如今，它们在创新原动力和政策规则之间探索前行。

由于市场竞争不断加剧，不同细分市场之间的界限很难区分，再加上受制于远程开户的限制，目前几家民营银行在受许可的业务范围上和普通银行没有明显的差异，定位基本都集中于小微企业和个人消费者。但由于个人业务涉及的资质限制相对较多，获得许可需要一段时间，目前阶段，几家银行贷款业务大部分还集中在小微企业。

零壹智库认为，金融科技是民营银行未来发展的一个主要方向。民营银行可基于互联网平台创新产品和模式，一是可以充分发挥互联网渠道低成本、广覆盖的优势，弥补物理网点和人力资源严重不足的问题；二是利用互联网和大数据，可以缓解信息不对称问题，批发式开发小微企业和个人业务；三是可以实现银行“轻资产”的发展，以突破注册资本金较小对民营银行业务发展形成的制约。

银行乃一国金融之重器，大力发展民营银行能在增加金融供给的同时，促进金融体系的完善和效率提升。民营银行自成立之初就制定了差异化的发展战略，重点发展普惠金融，在经营上体现出差异化的区域、行业和客户定位，未来要摒弃拼资本、拼规模、拼网点的传统发展模式，利用互联网、大数据等技术优势提升风险控制水平，实现对客户的精准营销和服务，培育自身的核心竞争力。

随着首批五家民营银行的业绩亮相，目前开业的几家民营银行的发展显得“中规中矩，亮点不足”。除了网商银行、微众银行等具有“互联网”基因外，其他更接近于地方性质的传统银行（如城商行、村镇银行），而互联网银行的发展又受到账户限制，目前暂无法开立I类账户。从整体来看，民营银行目前尚未探索出一条区别于传统银行机构的明确商业模式。

（3）智慧网点

随着互联网金融越演越烈，来自互联网企业的冲击也愈加迅猛。而随着

2015 年伊始，首家民营银行——深圳前海微众银行正式上线，使得传统银行感到空前的紧张，它们意识到以后的竞争已经不单单是跨界的竞争。另外，随着微众银行和网商银行公布它们的战略思想——放弃与传统银行比拼网点和人数，集中主攻线上金融服务，各家传统商业银行也开始意识到互联网的重要性。

与此同时，面对网络经济时代大众生活消费习惯从线下向线上转移的态势及大众生活消费模式差异化、个性化的发展趋向，商业银行传统的、标准化的金融创新和服务模式显然已经不能完全适应市场需求，高品质、个性化的服务体验已经成为各家银行服务转型的基本取向。

应对互联网金融大潮，各银行纷纷亮出自己的创新招数，智慧网点的建设便成为了重要的创新发力点。自 2013 年以来，包括五大国有银行、部分股份制银行，以及城商行在内的诸多商业银行集中展开了智能网点的布局。可以说，网点智能化升级是互联网时代银行的必然选择，一方面智能网点达到一定规模后能降低运营成本、提高服务效率；另一方面将严格按照流程办理的银行业务搬上自助机具操作后，可以加速银行向“营销服务行”网点的转型，提升客户体验，增加客户黏性，如表 8.8 所示。

2015 年，除了工商银行西单智能网点开业外，北京银行的首家智能银行也在中关村开业。此外，建行、农行、民生银行、广发银行等多家银行均推出各类不同的智能银行，一场创新的较量在陆续上演。如果说互联网金融的异军突起给传统商业银行带来了巨大的挑战的话，那么传统商业银行在智能网点建设上的行动便是它们在自身优势的基础上直面挑战最好的佐证。“双线”出击，全面提升网点智能化程度。

据不完全统计，目前开设智慧网点的银行有中国银行、中国农业银行、中国工商银行、中国建设银行、交通银行、中信银行、广发银行、内蒙古银行等。

表 8.8 智慧网点产品及服务

主要服务	手机银行、办理并领取银行卡转账汇款、卡片启用、开立网上银行并领取 U 盾、账户查询与明细打印、购买理财基金等非现金项目、自助填单、其他跨界服务
产品	全行统一智能排队系统、微信银行预约、预填单系统、智能预填单系统、客户人脸识别系统、新型全功能自助柜台、网点智能导览系统、网点综合管理系统、金融超市解决方案、银行互动营销系统、银行网点多媒体互动系统
服务	支付、融资、理财、其他金融服务等

资料来源：公开信息，零壹财经·零壹智库整理。

所谓的“智慧网点”，就是通过各种智能设备和新技术的组合运用，在物理网点实现“客户自助+ 协同服务”的智能化服务，一方面可以为增进客户体验、实现线上线下服务的无缝连接和闭环运行提供渠道和支持，有效激发二者协同互动的潜能和效应；另一方面也可为银行网点从“业务处理型”向“营销服务型”转变奠定基础和条件。

传统物理网点运营模式的突出特点是“以柜台为中心”，业务处理的完成需要柜员经手。客户来到网点后，根据业务需要，在不同的区域间等候和移动，而柜员则是固定在相应区域内，坐等客户上门，这种模式更像是“医院候诊”的模式，医生不动，患者跑上跑下。多年来尽管划分出高柜、低柜、贵宾区、自助区等，但以柜台为中心的模式并未发生根本改变。而物理网点智能化运营就是将网点运行服务模式由原来以“柜台为中心”的“医院候诊式”变成以“客户为中心”的“餐馆就餐模式”，其基本思路是持续大力推进网上金融和移动金融，实现普通客户和简单交易离行，同时依托技术平台，对物理网点保留的柜面交易业务和产品销售全面实行客户自助处理、自主自选购买。

在互联网金融竞争日益激烈的时代，传统商业银行大都采用分支行架构，以物理网点为基本业务单元和主要渠道为客户提供服务，ATM、网上银行等新型渠道也只是物理网点的拓展，这种经营理念和管理模式已经不能适应新的发展要求。

互联网金融在客户集聚、信息积累和传递、数据挖掘、成本等方面，显示出强大竞争力。传统金融在线上领域已经落后，但仍拥有线下渠道的优势。针对大额、复杂、专业化等互联网无法直接替代的业务，利用线下渠道有接触时间多、互动效果好、银行参与度高的特性，重点做好对高端、专业客户的差异化服务，打造O2O的综合化服务能力，这是智慧网点转型的出发点。

三、新技术的应用

（一）二维码支付

账户支付的本质是向自己的账户发送指令，将资金从本账户转移至对方账户，但传送指令的技术手段（交互手段）日新月异，从传统的磁条卡、IC卡到近年来的NFC、二维码、声呐、蓝牙、生物识别等。所以，二维码技术本身是一种交互技术，理论上可以用于各种账户支付，并非支付公司专属。在移动支付领域，与NFC技术相比，二维码支付技术的手机终端门槛更低，具有一定优势。银行、银联近两年推出多项二维码支付服务。

2016 年 11 月，建设银行正式推出支付品牌“龙支付”，在原有支付场景的基础上，增加了二维码收付款，支持客户持手机扫、被扫等多种场景支付，既可用于个人客户之间的相互转账付款，也可以用于小商铺、小摊贩生成二维码收款，并支持扫码枪收款。建行的“龙支付”从页面设计来看，与微信支付、支付宝非常相似，有 AA 收款、付款码等功能。

除了建设银行外，工商银行、民生银行等多家银行都已进军扫一扫领域。工行的二维码支付产品可覆盖线上线下和 O2O 支付全场景，此外，农业银行推出 K 码支付，交通银行推出了“云闪付”“立码付”，邮储银行、民生银行、平安银行等也陆续推出二维码转账支付。

与第三方支付相比，“银行系”二维码个人付款、收款均无手续费，且个人间交易资金实时可到账。第三方支付机构则对提现加收手续费，支付账户内的资金不能再免费回到个人银行账户。因此，银行系的二维码在手续费上有一定的“先天”优势。

在安全方面，工行二维码支付过程可对原始卡号变异处理，隐藏真实卡号信息，并可进行单笔、日累计交易限额管理，且 24 小时实时监控二维码支付交易。民生银行和建行的二维码采用 Token 技术，本身不包含账户敏感信息，提供银行级安全保障。

根据央行统计数据，2016 年全国共办理非现金支付业务 1251.11 亿笔，金额达 3687.24 万亿元。其中，移动支付保持了快速增长的势头，业务笔数和金额分别同比增长 85.82%和 45.59%。

（二）区块链技术

2017 年，工商银行、招商银行及邮储银行都宣布利用区块链技术进行银行内部系统架构和业务流程的优化，区块链技术本质是一种去中心化、分布式数据存储及传输技术，其具有分布式、共识信任机制、信息不可篡改、开放性、匿名性等多个特性，能有效解决金融交易中去中心化及去信任化等核心问题，对目前传统金融机构（尤其是商业银行）现有的基础电子系统架构及行业规则有重大影响。

同时，在跨境支付领域，区块链技术可以优化银行传统支付体系的底层架构，简化发起→回馈→记账→交易→对账等烦琐复杂的支付流程。在跨机构的信任构建中，区块链技术可以弱化跨机构的清算组织的智能，将交易数据直接记录在区块上，有效克服信息不对称及数据更新慢等问题。

在传统银行的业务流程上，银行需要大量人工进行交易、记账等工作，而区块链技术可以通过多重签名和智能合约的方式替代大量的人工服务，不仅可以解决中后台流程长、环节多、效率低下的问题，还有利于提高内部审计的透明度。

（三）大数据技术

马云曾在 2015 年的云栖大会上表示，人类已经由 IT 时代进入了 DT 时代，数据取代了石油成为了最核心的资源。在未来，数据会成为像水、电、石油一样的公共资源。而数据在各行业领域内基础性资源的重要地位，将给未来经济金融发展带来极为深远的影响。

针对当前金融业来说，随着金融交易活动产生的大量信息，在大数据技术的驱动下，逐渐改变传统金融机构原有的信用体系及风控模式。技术创新下的大数据技术可以在前端通过整合大量数据，有效甄别用户信用信息，降低信用成本，同时，可以改善前端营销模式，通过基于数据化的智能推荐和精准营销来提升客户服务体验。

在金融脱媒化的大背景下，众多金融科技企业与大数据公司在迅速发展，导致银行的金融服务及交易信息的垄断优势逐步瓦解，信息传导的中断致使银行信息中介的职能被削弱。根据相关的调研结果显示，国内大数据市场规模从 2013 年的 5.3 亿元增长到 2016 年的 23.6 亿元，年平均增长率高达 64.5%。而从国家层面来看，大数据已经成为推动国家金融持续发展的原动力之一，根据不完全统计，2013—2016 年年底，国家相继出台各类推动大数据发展的政策 126 条、专项大数据政策 11 条，大数据已经成为“十三五”时期国家经济与金融发展的一项基础性战略。随着信息技术的不断发展，可以预计，未来大数据技术对银行服务的转型升级起到重要作用。

（四）人工智能

2017 年李克强总理在政府工作报告中首次提到人工智能，同时国家发改委也在 2016 年底，发布了《关于组织实施 2017 年新一代信息基础设施建设工程和“互联网+”重大工程的通知》，这一文件里提出 8 大项“重大工程”，其中就有一项名为“人工智能基础资源公共服务平台”。由此可见，人工智能已经成为国家战略重点发展项目，而对于传统金融业来说，人工智能也在引领着银行的转型，随着人工智能的快速发展，商业银行将从金融电子化进一步向智慧型银行转型。与传统金融服务相比，人工智能最大的优势在于更简洁、更高效，从理财顾问、征信辅助、人机交互等层面深入优化银行服务模式，通过智能机器人的自我学习，提高产品和服务的场景适应性，推动银行业务的智慧化转型。

在银行网点服务领域，金融科技运用人工智能可以持续完善客户服务，帮助银行形成标准化、模型化服务流程。早在2015年，交通银行就推出国内首款实体智能机器人“交行小e”；随后，工行也开始推出“计算机+人工”智能服务模式，通过网点配备的智能柜员机、产品领取机、智能打印机等设备可以自助高效地帮助客户办理大部分银行业务。另外根据数据统计，2016年银行业平均业务离柜率达 84.51%。依托电子科技技术，传统银行正加速向智能化、轻型化转型。

四、案例分析

（一）传统银行智慧化转型——工商银行

1. 发展概况

中国工商银行成立于1984年1月1日。2005年10月28日，该行整体改制为股份有限公司。在 2013 年，工行提出转型的五大格局和三大战略，即资产、负债、渠道、国际化发展和综合化经营格局，大零售、大资管、大数据和信息化三大战略。而2015年则成为一个分水岭，2015年3月 23 日，中国工商银行在北京并通过视频会议系统向全国正式发布了互联网金融品牌“e-ICBC”和一批主要产品，成为国内第一家发布互联网金融品牌的商业银行，这也标志着中国最大的商业银行已经全面加快互联网金融战略的实施。

工商银行此次发布的“e-ICBC”互联网金融品牌主要包括“融 e 购”

电商平台、“融 e 联”即时通信平台和“融 e 行”直销银行平台三大平台，支付、融资和投资理财三大产品线上的“工银 e 支付”“逸贷”“网贷通”“工银 e 投资”“工银 e 缴费”等一系列互联网金融产品，以及“支付+融资”“线上+线下”和“渠道+实时”等多场景应用，如表 8.9 所示。

在 2016 年，工商银行进一步推进互联网金融发展战略，升级完善以电商平台融 e 购、即时通信平台“融 e 联”、开放式网络银行平台“融 e 行”为主体，覆盖和贯通金融服务、电子商务、支付、社交生活的互联网金融整体架构。

表 8.9　工行在互联网金融领域的发展情况

平台	金融服务
融 e 购	电商平台聚合了客户和商户，链接了交易与融资
	引入客户黏性高，适合积分消费的快速消费品、地方特产
	丰富行业应用，对接上海迪士尼乐园门票、各大航空公司机票业务
融 e 联	构筑社交化金融、互动式营销的金融服务新模式
	开拓应用领域，打造特色服务号
	推出国内首款防范电信诈骗公益平台“融安 e 信公益版”，供公众在转账汇款前查询有关账号的安全性，保护客户财产安全
	完成工银信使切换，运用数据挖掘方法，定位目标客户开展精准营销
融 e 行	推出扫码取现、亲友挂号、境外他行汇款等新功能
	利用直播等新平台积极开展各类社会化营销活动
网络融资	运用互联网与大数据建立风险控制模型，完善产品和流程，实现线上自助操作、业务自动处理、风险精准监控、提升客户服务体验
	提高法人客户业务办理效率，推出法人客户网上信用贷款、线上票据池质押融资、电子银行承兑汇票在线开票等产品
	开展“贷款 1 万元，日息 1 元”活动，树立融 e 借额度高、价格优、到账快的良好口碑

续表

平台	金融服务
支付	优化支付产品功能，丰富应用场景，推出二维码支付、推广一键支付，工银e支付客户数突破1亿户
	丰富工银e缴费服务项目，涵盖水电煤气等便民项目及交通罚款、ETC充值等特色项目
	在同业中首先开展ApplePay 线上收单业务，推出三星Pay、华为Pay、小米Pay等手机移动支付产品
投资理财	工银e投资涵盖账户贵金属、账户原油、积存金等多个种类，新增账户天然气、账户基本金属、账户农产品交易品种

资料来源：公开信息，零壹财经·零壹智库整理。

目前，工商银行已经是最大的互联网银行，根据2016年年报，电子银行用户数已突破5亿户，以互联网业务为主的电子银行业务在全部业务量的比重超过90%。工行表示在2016年已创建互联网金融、大数据与人工智能、云计算、区块链与生物识别等“七大创新实验室”，在“融e行”“融e购”“融e联”三大平台和网络融资中心及支付产品线建设持续发力。截至2017年上半年末，“融e行”开放式网络银行平台客户达2.67亿户；“融e购”电商平台年交易额达5239亿元；“融e联”即时通信平台客户达9349万户，增长40.6%；网络融资规模达到7400亿元，继续保持国内最大的网络融资银行地位。

2. 运营模式

（1）互联网电商平台——融e购

2014年1月12日，中国工商银行电商平台“融e购”正式上线，其实这个项目早在2013年5月10日就开始启动，到最终完成上线历时约7个月。

在工商银行的规划中，“融 e 购”的定位是“打造消费和采购平台、销售和推广平台、支付融资一体化的金融服务平台”。

工行年报显示，2016 年工行“融 e 购”电商平台交易额达 1.27 万亿元，累计交易额达 2.22 万亿元，平台注册会员超过 6400 万人。

与非银行系电商平台相比，以“融 e 购”为首的银行系电商有着其他电商无可比拟的优势。银行经营多年打造的良好商誉为银行系电商提供了信誉背书；在支付、融资、资产管理等金融服务方面，银行系电商也令其余电商望其项背；庞大的原有客户群体及丰富的线下网点，更是成为银行系电商的核心竞争力。携这些天然优势，乘“互联网+”东风，以“免费”的姿态进驻电商领域，“融 e 购”无疑将给电商行业带来新的冲击。

零壹智库认为，银行做电商，目的不在“商”，而在“融”。“商”仅仅是实现“融”的手段。工行通过搭建“融 e 购”电商平台，打通了生活、信息、金融服务全链条，从中获取到涵盖商户和消费者注册、社交、物流、交易等各个节点的信息，使商品流、资金流和信息流“三流合一”，形成了数据的聚合效应。电商平台作为银行服务前移的重要窗口，需要掌握各项交易数据，并结合银行已经积累的金融数据，发展相关的金融业务。

工行“融 e 购”电商平台不向商户收取入驻费、平台费、广告费等其他电商平台收取的多项费用，并可以便捷地向客户和商户发放贷款。银行看中的是电商平台交易衍生的结算和贷款机会，看中的是低成本获客的机会。

另外该平台聚合客户和商户，链接交易与融资，业务涵盖 B2C、B2B 和 B2G（企业与政府采购电商平台），提供的商品和服务涵盖日常消费品、金融产品、地产、旅游、汽车、教育和集中采购等领域。

（2）互联网社交平台——融 e 联

“融 e 联”是工商银行自主研发的一个社交型金融服务平台，该平台以建设银行与客户、客户经理与客户、客户与客户之间的即时信息交互、业务咨询、沟通分享的互动平台为目标，构筑社交化金融、互动式营销的金融服务模式。根据其年报披露，2016 年“融 e 联”客户数已经突破 6000 万户。

零壹智库认为，“融 e 联”未来的潜力，来自“融 e 联+”的概念，和“融 e 购”等平台可以起到互相引流的作用，凝聚人气，提升客户黏性的作用。除此之外，商业银行的电子网络体系安全性更好，在防范信息泄露和电子诈骗方面也更有优势。根据数据统计，在 2016 年推出的国内首款防范电信诈骗公益平台“融安 e 信公益版”，累计识别并堵截电信欺诈 6 万余起，涉及资金超 9 亿元。

为客户提供个性化、大规模、全天候服务，一直是服务行业难以解决的难题，微信等即时通信工具的出现，使解决这一难题有了可能。通过朋友圈、好友群等机制，服务人员可以将标准服务转化为个性化服务，由原来的被动式应答变成主动式推送，由原来的陌生人服务变成熟人服务，显著提高沟通效率。工行推出“融 e 联”即时客服平台，探索移动化金融社交服务，“融 e 联”具有针对性的营销宣传及专业的金融交流圈等功能，搭建起客户与客户经理、在线客服之间的社交圈子。依托“融 e 联”的大规模、个性化、全天候服务将颠覆传统客服中心被动应答的服务模式。

零壹智库认为，“融 e 联”是工行继电商平台“融 e 购”上线之后，在互联网金融领域迈出的重要一步。未来，工行的“融 e 联”或将与手机银行、“融 e 购”形成协同效应，分别从信息服务、金融服务、电子商务角度构建起工行的移动互联网金融生态圈。

（3）直销银行——融 e 行

工行直销银行平台工银“融 e 行”在 2015 年上线，该平台是工行对原有网上银行、手机银行整合改造形成的，更加适应移动金融趋势，更为开放的直销网银平台。目前提供的功能有 4 个：存款、投资、交易和转账汇款。上述功能中，转账汇款是基本功能，炒黄金的交易功能是小众需求，分析的意义不大。而对于存款和投资功能来说，这款直销银行产品的一个问题是，其目标战场到底是工行自己的地盘还是竞争对手的地盘，似乎不够清晰。

在传统的银行模式下，客户开设一个新的银行账户，必须持相关有效证件前往银行网点办理，而随着工银“融 e 行”平台的出现，客户可直接通过互联网在线注册银行电子账户并获得相关金融服务。工银“融 e 行”通过手机独立 APP 为客户提供电子账户开立、存款、投资、交易、跨行资金划转五大类功能。

工银“融 e 行”重点打造开放式的精品业务平台，在产品和功能上力求少而精。存款业务方面，工银“融 e 行”推出人民币储蓄增值服务，投放节节高（部分区域）、汇利存两款专属的高利率、随存随取的存款产品，采取分段计息，以此来实现闲钱的增值功能，随用随续来提升收益。投资业务方面，“融 e 行”支持 T+0 赎回的工银瑞信添益快线货币市场基金产品，同时滚动发行、定期开放且收益具备竞争力的稳利型理财产品，以及不定期投放的有一定锁定期且收益率具备竞争力的期次型理财产品，保险业务首期投放工银安盛趸交五年期投资类保险产品1款，与资产投资项目挂钩，在提供稳健收益的同时提供双重保障。与此同时，账户黄金、白银和积存金等产品，也可在“工银融e行”根据客户业务需要进行参数化配置。

（4）其他

“一中心”指的是网络融资中心，成立于2015年9月，产品体系主要包括个人逸贷、公司逸贷、商e贷、小额信用贷款、金融资产质押贷款、网贷通6大类。截至2017年上半年末，网络融资规模超过7400亿元。

另外根据工商银行2016年年报，该行优化支付产品功能，丰富应用场景，推出二维码支付、推广一键支付，工银e支付客户数突破1亿户。

丰富工银e缴费服务项目，涵盖水、电、煤气等便民项目及交通罚款、ETC充值等特色项目。在移动端支持他行客户缴费。

工银e投资涵盖账户贵金属、账户原油、积存金等多个种类，新增账户天然气、账户基本金属、账户农产品交易品种。2016全年交易金额超过5000亿元。

3. *产品优势*

对于传统银行来说，做互联网金融最大的优势在于渠道优势和客户优势，电子银行业务如此高速地增长，一方面说明大行做互联网金融的基础正在不断增强，另一方面也说明互联网金融作为未来商业银行发展的趋势已经形成。

互联网金融战略，旨在构建集支付、融资、金融交易、商务、信息五大功能于一体的互联网金融服务和运营体系。这一战略的核心就是建设电子商务、开放式网络银行、即时客服三大平台。

国有大行在大数据挖掘应用上具有得天独厚的优势和巨大潜力，依托商品流、资金流、信息流“三流合一”打造的经营新模式，将使改善服务和风险管理有无限可能。作为数据依赖型行业，银行具有完整的数据收集、整理和应用体系，所积累的数据规模大、历史长、且是真实的交易记录，是一座蕴含无限价值的“宝藏”。

零壹智库认为，工行以电商平台积累大数据，核心思路仍然是将用户圈在自己的范围之内，客户有什么需求，就提供什么业务，这是“e- ICBC”之下，工行提供电商、IM（即时通信）和直销平台等的逻辑。电商平台、即时通信平台和直销银行平台“三大平台”，支付产品、融资产品和投资理财产品“三大产品线”，以及高效协同、无缝对接的线上线下一体化服务体系，正是“e- ICBC”的亮点。

如果“e-ICBC”能进一步提升线上和数字化渠道效率，提高风险管理能力，将会把工行的估值提高 20%以上，这将进一步带动中国银行业及互联网金融公司的创新。

“e-ICBC”的良好开局使互联网金融的广阔前景更让人振奋。随着国家促进互联网金融发展战略的实施，以及相关政策和监管法规框架的日臻完善，互联网金融发展将更加规范、健康，从而成为我国经济最具增长潜力和活力的重要领域。商业银行应在互联网金融基础架构之上，积极把握前沿信息科技发展成果，更加敏于客户体验、长于创新研发，加快推动从单项产品创新向整体服务创新升级发展，积极打造一个以平台战略为牵引、以智能金融服务为重点、以线上线下交互为特色、以大数据全面应用为支撑的金融服务新模式，努力在新一轮互联网金融的竞争中占得先机。

（二）新型银行智慧化建设——微众银行

1. 发展概况

民营银行试点自 2013 年 9 月银监会相关办法出台开始，经历了两年左右的筹备。在存款利率进一步放开，存款保险制度征求意见稿落地之后，2014 年年底中国银监首次批复了 5 家民营银行，12 月国内互联网巨头腾讯公司旗下民营银行——深圳前海微众银行（以下简称微众银行）正式获准开业，成为中国首家落地的互联网民营银行。

微众银行注册资本达 30 亿元人民币（2016 年 8 月 26 日腾讯增持微众银行 3.6 亿股，持股比例仍然为 30%，微众银行注册资本追加到 42 亿元人民币），由腾讯、百业源、立业为主发起人；其中，腾讯认购该行总股本 30% 的股份，为最大股东。

2015 年 1 月 4 日，李克强在深圳前海微众银行敲下电脑回车键，卡车司机徐军就拿到了 3.5 万元贷款。这是微众银行作为国内首家开业的互联网民营银行完成的第一笔放贷业务。

目前微众银行以完全意义上的事业部化编制进行组织架构的设计。微众银行下设五个事业部，包括三大前台部门和两大平台部门。三大前台部门包括企业同业金融事业部、零售与小微事业部、信用卡事业部；两大平台部门则包括科技事业部和微金融事业部。根据不完全数据统计，目前微众银行在深圳的总部到位的员工人数大约在 400 人，其中一半左右的人员为科技互联网方面的 IT 人员，另一半为金融从业人员。微众银行从股东到高层管理人员都有极强的互联网背景，其内在创新精神将作为互联网银行先驱的重要基因所在。

2. 运营模式

（1）业务模式

对比微众银行与招商银行的经营范围，主要的差别在于以下几个方面：

在一般的存贷款业务方面，微众与一般银行无异，主要限制在小存小贷上，即个人及小微企业存贷款业务为主；

在中间业务方面，微众拥有结算、代理担保、交易及投行等一般业务资格，相比而言，招行拥有衍生品的交易资格及短期融资券的承销资格是微众所没有的；两者主要的不同点在于招行被授予外汇方面的代理交易等业务资格，以及证券基金、社保的托管资格，这两方面微众银行并没有获得相关的资格，如表 8.10 所示。

整体而言微众被赋予了较宽泛的银行业务经营范围，仅在外汇、投行、托管等几个业务领域略有局限性。同时，存贷款业务的主体也会受到一定的限制。在经营领域方面并没有看到微众超越一般商业银行的特殊地位（如互联网银行的经营方面）。预计进入营业之后，互联网银行也需要按照一般银行一样受到存贷比、资本充足率、流动性比例、资产质量等监管指标的约束。在经营的法律公平上，并不会有明显的特殊性。

表 8.10 微众银行与传统银行经营范围方面的具体差别（以招行为例）

	微众银行	招商银行
负债业务	吸收存款：主要是个人及小微企业存款、发行金融债券	吸收公众存款、发行金融债券
资产业务	发放贷款：主要针对个人及小微企业发放短期、中期及长期贷款；同业拆借	发放短期、中期和长期贷款；同业拆借，同业外汇拆借
结算	国内外结算、票据承兑/贴现、银行卡业务	国内外结算、票据承兑/贴现、银行卡业务
代理担保	提供信用保证服务及担保、代理收付款项及保险	提供信用保证服务及担保、代理收付款项及保险
交易	买卖政府及金融债券	买卖政府及金融债券、衍生品交易
投行	代理发行、代理兑付、承销政府债券	代理发行、代理兑付、承销政府债券；短期融资券承销
外币业务	买卖、代理买卖外汇	外汇存款、外汇贷款、外汇汇款、外币兑换及结售汇、买卖和代理买卖股票以外的外币有价证券、发行及代理发行股票以外的外币有价证券、离岸金融业务
托管	无	证券基金托管、QFII 托管、企业年金管理、社保基金托管、
其他	保管箱	保管箱；资信调查、咨询、见证业务

资料来源：公开信息，零壹财经·零壹智库整理。

（2）产品模式

微众银行最典型的产品就属于“微粒贷”了，该产品由于采用自动化审批和放款，微粒贷可以提供 7×24 服务，15 分钟即可完成贷款全部过程。具体额度由腾讯公司的互联网大数据风控模型确定，主要基于互联网行为数据，如消费、社交、游戏等，以及第三方数据等多维度数据，额度为 2 万～20 万元。

在贷款利息方面，微粒贷日利息为万分之五，折合年化利率 18.25%。未来随着用户范围的进一步放开，将实行差别化定价，信用良好的客户可享受到万分之二到万分之三的日息，折合年化 7.2%～10.8%。

“微粒贷”初期的主要客户都是通过微众银行“白名单”机制筛选出的最优用户，范围不大，首批客户数量约为 5 万人，主要在微众银行和腾讯内部。随着微众银行的发展，截至 2017 年第一季度，微众银行旗下产品微粒贷累计放款额突破 3000 亿元，累计用户数突破了 2000 万人。

五、面临的挑战

大数据、区块链、人工智能等新兴技术的不断发展，也指引着国内金融科技行业快速发展，当新兴技术作用于金融业，也必然会衍生出新型的商业模式及新的金融创新服务。然而，以用户体验为导向，数据为驱动，互联网为渠道的新型金融科技企业可以通过技术不断的迭代和优化，创新出传统商业银行不能提供的优质服务。伴随着金融科技的发展，也实现了金融企业的多样化服务，在产品思维、运营成本、运行效率、传播介质、数据分析等多方面对传统银行业形成冲击，并且在逐渐削弱商业银行的相关职能。

商业银行自身在应对金融科技浪潮时也存在很多困难，第一是在思维理念方面，银行内部机制较为僵化，各个部门信息传递较为闭塞。银行的转型创新往往更多地集中在单一某个部门，很难做到更宏观地站在整个银行的角度来思考，部门的局限性带来很多转型创新产品无疾而终。

第二是技术研发能力薄弱，尤其体现在中小银行上，很多中小银行相关技术开发力量只有十几个人甚至更少，与之相对的很多互联网企业的技术研发团队都有上百人的规模。所以导致很多中小银行没有能力进行自主研发，而一些依靠和第三方合作研发的银行也失去了自主可控的能力。

第三是数据应用能力有待提升，这块也集中体现在中小银行上，虽然各个银行都有之前存储的大量非标准化数据，但是其数据分析及处理能力较弱，导致虽有数据却无法实际支持业务的开展。

最后是整个 IT 系统构架缺乏整体性和前瞻性。目前银行内部系统的信息传递相当闭塞，部门之间的信息沟通相当不畅，导致客户在办理跨部门业务时工作效率相当低下。

六、监管研读

近年来，随着我国银行业电子化、互联网化节奏加快，央行（中国人民银行）及银监会相应出台多项监管政策，规范和引导商业银行转型，如表 8.11 所示。

表 8.11　我国银行业电子化、互联网化的相关监管条例

政策名称	发布时间	发布机构	主要内容
《网上银行业务管理暂行办法》	2001 年 6 月 29 日	中国人民银行	对银行通过因特网提供的金融服务进行规范（该法规已于 2007 年 1 月 5 日废止）
《电子银行业务管理办法》	2006 年 1 月 26 日	银监会	包括风险管理、数据交换与转移管理、业务外包管理、跨境业务活动管理及监督管理等九部分，进一步加强我国对电子银行业务的监督管理
《关于开展 2006 年度电子银行安全评估机构资质认定的公告》	2006 年 8 月 8 日	银监会	电子银行安全评估机构资质认定
《关于做好网上银行风险管理和服务的通知》	2007 年 6 月 29 日	银监会	促进网上银行健康持续发展，积极防范针对网上银行的不法活动，维护商业银行和客户权益
《关于进一步加大对科技型中小企业信贷支持的指导意见》	2009 年 5 月 5 日	银监会	加强科技资源和金融资源的结合，进一步加大对科技型中小企业信贷支持，缓解科技型中小企业融资困难，促进科技产业的全面可持续发展，建设创新型国家
《商业银行信息科技风险管理指引》	2009 年 6 月 1 日	银监会	加强商业银行信息科技风险管理
《关于鼓励和引导民间资本进入银行业的实施意见》	2012 年 5 月 26 日	银监会	鼓励和引导民间资本进入银行业，加强对民间投资的融资支持。民营企业可通过发起设立、认购新股、受让股权、并购重组等多种方式投资银行业金融机构

续表

政策名称	发布时间	发布机构	主要内容
《关于大力推进体制机制创新 扎实做好科技金融服务的意见》	2014年1月7日	中国人民银行、科技部、银监会、证监会、保监会、知识产权局	推动体制机制创新，促进科技和金融的深层次结合，支持国家创新体系建设
《关于促进民营银行发展的指导意见》	2015年6月22日	银监会	积极稳妥推进新设民营银行，支持民间资本通过增资扩股、股权受让、二级市场增持等方式进入现有银行业金融机构
《关于促进互联网金融健康发展的指导意见》	2015年7月18日	中国人民银行、公安部、财政部、银监会、证监会、保监会等十部门	鼓励金融创新，促进互联网金融健康发展，明确监管责任，规范市场秩序
《国务院关于印发推进普惠金融发展规划（2016—2020年）的通知》	2015年12月31日	银监会	大力发展普惠金融，促进金融业可持续均衡发展，推动大众创业、万众创新，助推经济发展方式转型升级
《关于支持银行业金融机构加大创新力度开展科创企业投贷联动试点的指导意见》	2016年4月21日	银监会	为完善科技金融服务模式，支持科技创新创业企业发展，现就银行业金融机构加大创新力度，开展科创企业投贷联动试点
《互联网金融风险专项整治工作实施方案》	2016年10月13日	银监会	规范互联网金融业态，优化市场竞争环境，提高投资者风险意识，建立和完善适应互联网金融的长效监管机制
《关于进一步提升大型银行县域金融服务能力的通知》	2016年11月24日	银监会	积极推广互联网技术和金融的结合，提高区域金融能力

续表

政策名称	发布时间	发布机构	主要内容
《关于民营银行监管的指导意见》	2016年12月30日	银监会	民营银行应当加强资本管理，强化资本约束，加强股权管理，规范股东持股行为；鼓励民营银行探索创新差异化、特色化经营模式
《中国银监会关于银行业风险防控工作的指导意见》	2017年4月10日	银监会	严格执行《网络借贷信息中介机构业务活动管理暂行办法》和备案登记、资金存管等配套制度，按照专项整治工作实施方案要求，稳妥推进分类处置工作，督促网络借贷信息中介机构加强整改，适时采取关、停、并、转措施等

资料来源：公开信息，零壹财经·零壹智库整理。

我国商业银行电子化、网络化的第一部监管法规为2001年6月中国人民银行发布的《网上银行业务管理暂行办法》，该法规对银行通过因特网提供的金融服务进行了初步规范。

随着近年来互联网金融及金融科技等概念的兴起，商业银行在互联网转型方面动作频频。银监会及央行等监管部门发布多项监管政策，包括《商业银行信息科技风险管理指引》《关于促进民营银行发展的指导意见》等，另外，2017年上半年，监管层三次重申要求大型银行要在年内完成普惠金融事业部的建立。从总体来看，监管层的主要态度是鼓励和规范商业银行互联网化转型，同时要求商业银行加速下沉普惠金融服务，帮助商业银行积极应对金融科技的浪潮，增强行业竞争力。

七、发展趋势

（一）整合多渠道，构建虚拟银行

线上（无实体）网点搭建的目的是为了提高客户办理业务的便捷性，提升客户体验，通过 PC 端和移动端的服务打造一个“线上银行”。一方面大力发展客户流量入口，整合网银、手机银行、微信银行等渠道，建立多渠道服务平台。与此同时，积极利用相关技术，不断收集各个服务通道中客户信息行为数据，梳理全渠道客户体验报告，为银行大数据体系建设提供基础数据。另一方面应该加快不同场景模式下的移动支付产品创新设计，同时重视加密算法、人脸识别、智能穿戴等新技术的运用。零壹智库认为，在创新移动支付产品过程中，场景与技术缺一不可。

（二）利用区块链技术，重构银行数字化架构

在银行内部流程方面，可以通过区块链系统，输入标准化的智能合约和自动化操作流程，优化现有业务流程，加强银行内部各部门之间的联系。另外通过内部孵化或外部合作等形式继续探究区块链基于银行场景的应用。综上所述，区块链技术本身的智能合约功能及不可篡改、可追溯的特性可以有效解决银行现有系统中后台流程长且环节多的痛点，提升商业银行中后台数字化运营的能力。目前全球已有多家商业银行开始探索区块链技术的应用，但不得不说，时至今日，大都处于探索与论证期。传统银行业的区块链应用爆发还有待时日。

（三）运用大数据技术，构建信息化银行

目前，国内银行业对于大数据技术的重要性已达成共识，大多数银行已

经开始拥有大数据的实践产品或服务，体现在渠道拓展、产品设计、个性化服务、精准营销、信贷管理、风险管理等各个方面，尤其以民生银行、浦发银行、招商银行、中信银行和光大银行等股份银行为代表。浦发银行推出“SPDB+”互联网金融战略，用新的产品设计满足个性化需求，精简了服务流程，如针对网络消费贷款的“浦银点贷”，业务模式为“纯信用、全线上、无须纸质资料、实时审批放款”，实现贷款流程 1 分钟内完成。民生银行基于阿拉丁移动云平台研发了“蒲公英”“啄木鸟”“猫头鹰”三大独具特色的数据产品，覆盖业务规模分析、公司客户管理、风险预警领域，如“蒲公英”是民生银行研发的客户关系管理与服务 APP，将云、社交、移动与大数据等技术无缝融合，为客户经理提供所辖客户的业务概况和详细信息，还具备客户智能推荐、产品智能推荐、实时余额查询、大额变动和到期提醒等功能。“啄木鸟”运用大数据挖掘技术，以预警事件驱动的方式触发风险审计及贷后管理，形成“以客户为中心”的风险预警信息全视角展现，全面建立了风险传导的工作机制。

上述各家银行通过大数据技术有效地利用数据分析和数据挖掘技术不断打磨自家金融科技特色服务，从而实现为银行前、中、后台等全流程提供系统辅助，不断提升商业银行业务水平及信息化水平。

（四）使用人工智能，打造智能网点

根据四大国有银行（工农中建）年报显示，2016 年年底，四大行的员工总数减少了 17824 人，这是自 2011 年来首次呈现下降趋势。而与此同时电子渠道交易服务却在稳步增长，根据中国银行业协会的数据，2016 年中国银行业交易中超过 84%是在实体网点之外完成的，而 2013 年大约为 63%。

综上所述，通过电子渠道完成交易服务的方式已经逐渐替代实体网点的功能及服务。另外，根据工行等多家年报披露，计划控制网点总数，并部署更多ATM机、发展网上银行和依赖人工智能的银行服务的战略方向。可以预计，未来以新增网点数量及网点人数为衡量银行发展情况的标准将成为过去式。未来，网点数量及网点内人员数量将下降，而新型智能设备将增多。另外，从网点经营模式上，以往以销售为主的经营模式正在被以客户需求为主的智慧网点模式所替代。

致谢

本书在研究与调研过程中得到了以下机构与人士的大力支持，特此致谢。

机构	职务	姓名
宜信公司	首席战略官	陈欢
大数金融	创始人、董事长	柳博
明特量化	联合创始人兼 CEO	李英浩
夸客金融	创始人、首席执行官	郭震洲
百融金服	董事长、CEO	张韶峰
网信集团	CEO	盛佳

Appendix

研究合作单位简介

宜信

宜信是一家从事普惠金融和财富管理事业的金融科技企业，在支付、网贷、众筹、机器人投顾、智能保险、区块链等前沿领域积极布局，通过业务孵化和产业投资参与全球金融科技创新。自成立11年以来，宜信始终坚持以理念创新、模式创新和技术创新服务中国高成长性人群、大众富裕阶层和高净值人士，真正实现让金融更美好。

2010年4月，国际创业投资机构KPCB对宜信进行了数千万美元的战略投资（KPCB曾投资谷歌、亚马逊、美国在线等企业）。2011年，IDG资本和摩根士丹利亚洲投资基金（MSPEA）与宜信达成战略合作。这两家投资机构携手 KPCB，联合向宜信注资数千万美元，并将它们在过去数十年投资金融与高科技等行业、帮助不同阶段企业成长的成功经验带进宜信，助力宜信推动普惠金融和财富管理在中国的发展。

2014 年 12 月，宜信当选“北京市网贷行业协会”会长单位，CEO 唐宁当选为协会会长。2015 年 1 月，宜信当选“中国小额贷款公司协会”副会长单位。2016 年 3 月，宜信当选中国互联网金融协会常务理事单位，为促进互联网金融行业和小贷行业的持续稳健发展发挥了重要作用。

2015 年 12 月 18 日，宜信旗下宜人贷（NYSE:YRD）在美国纽约证券交易所成功上市，这不仅是宜信历史上的里程碑事件，对中国互联网金融行业发展和中国金融改革创新的进程也具有重大意义。

2016 年 12 月 14 日，国际金融服务业战略情报领衔提供商《亚洲银行家》授予宜信财富中国“最佳非银行私人财富产品（Best Non-Bank Private Wealth Product）”殊荣。这是《亚洲银行家》首次在财富管理领域针对产品进行专业评选，宜信财富是首家并唯一获此殊荣的财富管理机构。

2016 年 12 月 19 日，宜信博诚在新三板挂牌，这是宜信在资本市场的又一重要举措。依托国内资本市场，宜信博诚将不断加大在金融科技和互联网保险领域的投入，把专业、便捷、人性化的保险服务带给更多客户。

2017 年 6 月 26 日，享誉全球资本市场的《亚洲货币》杂志在 2017 年度中国卓越独立财富管理机构评选中，授予宜信财富唯一的“年度最佳财富管理机构（Best Wealth Management Firm of the Year）”大奖。宜信财富凭借其综合实力成为首家获得《亚洲货币》母公司欧洲货币机构投资者集团认可的中国独立财富管理机构。

宜信公司创建于2006 年，总部位于北京，目前已在255个城市（含中国香港）和20个省（直辖市）的农村地区建立起强大的全国协同服务网络。

大数金融

大数金融，国内领先的金融科技公司，第三代小微贷款技术的引领者，致力于打造开放的数据化风险管理平台，赋予银行业迭代升级的信贷能力，践行普惠金融。

公司专注于目前小型银行和新金融缺乏能力进入、大中型银行缺乏经验进入的中大金额无担保贷款市场，管理团队有发放近1000亿元（50万户）同一产品的风险管理经验，是第三代小微贷款技术的开创者，有连续8年稳定损失率的风险控制能力。

2014年7月成立之初即获得红杉资本的天使轮融资1亿元；2015年底完成B轮融资5亿元，投资方为PAG（太盟投资）和红杉资本；2017年6月完成C轮融资8亿元，投资方为春华资本、光大控股、PAG和红杉资本。截至2017年三季度末，大数金融通过输出第三代小微贷款技术，与银行业金融机构合作，累计帮助全国近8万家小微企业获得了来自银行机构、价格合理的无担保无抵押经营性贷款，累计放款185亿元。

明特量化

明特量化创办于 2015 年，是一家全球化金融科技公司，同期布局海内外金融业务。公司以跨学科人才为主，智能风控技术为辅，用数据定位用户需求，提供智能网络信贷业务，致力于成为中国的 Capital One。目前已在北美、东南亚等区域建立了分支机构，为全球客户提供优质专业的金融创新服务。

公司借助科技金融、数据推演等技术创新，自主研发了独具特色的全流程智能金融服务体系“智能量子引擎”，涵盖了“变量引擎、定量引擎、筹量引擎、盘量引擎”四大模块，全方位变革新金融体系，智能化满足用户需求。

目前拥有员工 500 余人，均来自海内外一流 IT 科技、金融领域的复合型人才，拥有天然国际化的金融及 IT 基因，是跨学科金融人才培养基地。2016 年获红点投资、洪泰基金的 A 轮融资。2017 年获高德地图创始人领投、红点创投跟投的 B 轮融资。

信和大金融

信和大金融是工商部门核准的互联网金融平台，隶属于信和上融网络科技（北京）有限公司，总部位于北京 CBD，注册实缴资本 5000 万元，管理团队均有十年以上金融和互联网从业经验。

信和大金融积极布局金融咨询、农业金融、供应链金融、汽车金融、安居金融、消费金融、智能投顾等领域，上线了信和大金融、资产家、借么等产品。

目前，信和大金融已经与新网银行签署银行直接存管协议，并已获得ICP经营许可证、ICP备案证，跨入合规平台前列。

信和大金融力图打造互联网金融生态圈，通过与汇诚信用等三方征信机构深度合作，致力于以健全的风险管控体系为基础，为广大机构、普通及合格投资者提供透明、专业、高效的投融资顾问服务。

图书在版编目（CIP）数据

金融科技发展报告. 2017 / 零壹财经·零壹智库著. —北京：电子工业出版社，2018.3
ISBN 978-7-121-33340-8

Ⅰ. ①金… Ⅱ. ①零… Ⅲ. ①金融－科技发展－研究报告－中国－2017 Ⅳ. ①F832

中国版本图书馆 CIP 数据核字（2017）第 318071 号

策划编辑：刘声峰
责任编辑：刘声峰　　特约编辑：刘广钦　刘红涛
印　　刷：三河市鑫金马印装有限公司
装　　订：三河市鑫金马印装有限公司
出版发行：电子工业出版社
　　　　　北京市海淀区万寿路 173 信箱　邮编 100036
开　　本：720×1 000　1/16　印张：25.25　字数：342 千字
版　　次：2018 年 3 月第 1 版
印　　次：2018 年 3 月第 1 次印刷
定　　价：75.00 元

凡所购买电子工业出版社图书有缺损问题，请向购买书店调换。若书店售缺，请与本社发行部联系，联系及邮购电话：（010）88254888，88258888。

质量投诉请发邮件至 zlts@phei.com.cn，盗版侵权举报请发邮件至 dbqq@phei.com.cn。

本书咨询联系方式：39852583（QQ）。